全球价值链、中国经济增长与碳排放

GLOBAL VALUE CHAIN, CHINA'S ECONOMIC GROWTH AND CARBON EMISSION

主　编／孟　渤　高宇宁
副主编／薛进军　王　直

社会科学文献出版社
SOCIAL SCIENCES ACADEMIC PRESS (CHINA)

本书主要作者

- 孟渤，日本贸易振兴机构亚洲经济研究所、发展研究中心高级研究员
- 高宇宁，清华大学公共管理学院副教授
- 薛进军，名古屋大学经济学院教授
- 王直，对外经济贸易大学全球价值链研究院外方院长
- 裴建锁，对外经济贸易大学国际经济贸易学院副教授
- 郭琳，对外经济贸易大学国际经济贸易学院讲师
- Alan Fox，美国国际贸易委员会国际经济学家
- Glen Peters，挪威国际气候环境研究中心高级研究员
- 邹乐乐，中国科学院科技政策与管理科学研究所副研究员
- 刘宇，中国科学院科技战略咨询院副研究员

总　序

作为产业发展与环境治理研究论丛的主编，我们首先要说明编撰这套丛书的来龙去脉。这套丛书是清华大学产业发展与环境治理研究中心（Center for Industrial Development and Environmental Governance，CIDEG）的标志性出版物。这个中心成立于2005年9月，得到了日本丰田汽车公司的资金支持。

在清华大学公共管理学院设立这样一个公共政策研究中心主要是基于以下思考：由于全球化和技术进步，世界变得越来越复杂，很多问题，比如能源、环境、健康等，不光局限在相应的科学领域，还需要其他学科的研究者参与进来，比如经济学、政治学、法学以及工程研究等，进行跨学科的研究。参加者不应仅仅来自学术圈和学校，也应有政府和企业家。我们需要不同学科学者相互对话的平台。而CIDEG正好可以发挥这种平台作用。CIDEG的目标是致力于在中国转型过程中以“制度变革与协调发展”、“资源与能源约束下的可持续发展”和“产业组织、监管及政策”为重点开展研究活动，为的是提高中国公共政策与治理研究与教育水平，促进学术界、产业界、非政府组织及政府部门之间的沟通、学习和协调。

中国的改革开放已经有30多年的历程，它所取得的成就令世人瞩目，为全世界的经济增长贡献了力量。但是，近年来，中国经济发展也面临着诸多挑战：如资源约束和环境制约；腐败对经济发展造成的危害；改革滞后的金融服务体系；自主创新能力与科技全球化的矛盾，以及为构建一个和谐社会所必须面对的来自教育、环境、社会保障和医疗卫生等方面的冲突。这些挑战和冲突正是CIDEG开展的重点研究方向。

为此，CIDEG专门设立了重大研究项目，邀请相关领域的知名专家和学者担任项目负责人，并提供相对充裕的资金和条件，鼓励研究者对这些问题进行深入细致、独立客观的原创性研究。CIDEG 期望这些研究是本着自由和严谨的学术精神，对当前重大的政策问题和理论问题给出有价值和独特视角的回答。

CIDEG 理事会和学术委员会设立联席会议，对重大研究项目的选题和立项进行严格筛选，并认真评议研究成果的理论价值和实践意义。本丛书编委会亦由 CIDEG 理事和学术委员组成。我们会陆续选择适当的重大项目成果编入论丛。为此，我们感谢提供选题的 CIDEG 理事和学术委员，以及入选书籍的作者、评委和编辑们。

目前，产业发展与环境治理研究论丛已经出版的专著包括《中国车用能源战略研究》、《城镇化过程中的环境政策实践：日本的经验教训》、《中国土地制度改革：难点、突破与政策组合》、《中国县级财政研究：1994－2006》、《寻租与中国产业发展》、《中国环境监管体制研究》、《中国生产者服务业发展与制造业升级》、《中国应对全球气候变化》、《构建全面健康社会》等。这些专著国际化的视野、独特的视角、深入扎实的研究、跨学科的研究方法、规范的实证分析等，得到了广大专业读者的好评，对传播产业发展、环境治理和制度变迁等方面的重要研究成果起到了很好的作用。我们相信随着产业发展与环境治理研究论丛中更多著作的出版，CIDEG 能够为广大专业读者提供更多、更好的启发，也能够为中国公共政策的科学化和民主化做出贡献。

薛澜

产业发展与环境治理研究中心主任

清华大学公共管理学院院长

2014 年 5 月

序　言

清华大学产业发展与环境治理研究中心（CIDEG）重大科研项目“追溯全球价值链里的中国碳排放”的系列成果以此书的形式正式出版，谨表祝贺。与孟渤先生相识于2011年2月在日内瓦召开的国际贸易统计全球论坛，在那次论坛上，联合国统计局（UNSD）提出了国际贸易统计的发展愿景，与世界贸易组织（WTO）共同倡导各国提高贸易统计的数据质量，不断改进统计制度方法，加强贸易统计与其他社会经济统计数据的联系以及大数据的应用，重视从全球价值链的角度开展全球经济分析。今天看到孟渤先生率领的研究团队的研究成果，作为一名贸易统计数据的生产者，真是十分欣喜。

全球价值链的兴起与演进已成为21世纪国际贸易的主要特征。新兴经济体国家作为全球价值链的参与者，进出口贸易规模显著扩大，其经济发展也从中受益。然而，全球价值链在创造收益和就业机会的同时，也引发了一些社会和环境问题，成为国际关注的焦点。例如，国际贸易中商品的生产和跨国运输所带来的碳排放和污染问题，对外直接投资所引发的排放和污染的国际转移问题，等等。当今，以分段式生产、跨境加工服务等为特点的全球价值链日趋复杂，其参与方式的多样性和受到外部因素冲击后的不确定性也给政策制定者带来了诸多新的挑战。如何科学地追溯各参与国在全球价值链中的排放和污染、参与国如何合理地承担环境责任等问题成为贸易分析中的难点。

上述问题的解决涉及国际贸易、国际投资、产业发展、环境保护等诸多政策领域，需要进行全球治理和国际合作。而扎实的科学研究是政策出台的基础，这需要搭建科学的理论框架，形成严密的研究体系，搜集可靠的数据信息，进行严谨的实证分析。本书所展现的清华大学 CIDEG 重大科研项目中的一系列科研成果，为解决相关问题提供了重要参考。

该书的主要特点可以归纳如下。第一，选题具有前瞻性。将目前国内和国际社会高度关注的全球价值链与环境问题相联系，其部分研究成果已于 2016 年在摩洛哥召开的《联合国气候变化框架条约》第 22 次缔约方会议（COP22）上发布，并受到国际社会的广泛关注。第二，理论具有创新性。将国际贸易与国民经济核算领域的最新科研成果“贸易增加值”的概念与温室气体排放相关核算方法相结合，为科学合理地追溯全球价值链中的排放、污染以及相关国家行业的责任提供了理论和方法。第三，成果具有实用性。在贸易和环境数据库建设方面进行了大胆的尝试，将中国海关发布的货物贸易统计数据以及其他部门的经济数据与世界各国贸易数据相链接，按照省市和企业类型进行分析，为全面细致地研究全球价值链大背景下中国各省的经济发展和环境问题提供了重要支持。第四，建议具有可行性。该书基于新的核算框架，利用新的数据库资源，构建强有力的政策模型，对中国在全球价值链中如何实现绿色低碳发展，提出了诸多切实可行的宝贵建议。

改革开放 30 多年来，中国是全球价值链的重要参与者和践行者，是贸易自由化的坚定支持者和建设者，也是经济全球化的受益者和贡献者。中国作为世界工厂，为世界提供了价廉物美的商品。与此同时，中国也付出了高昂的环境代价。作为负责任的大国，追溯并降低全球价值链中的碳排放和污染已成为转变发展方式的必然选择和重大机遇。当前，中国在国内积极推进供给侧改革，提倡“既要金山银山，也要绿水青山”发展理念；在国际上坚守自由贸易方向，稳步推进“一带一路”发展战略。我相信本书的出版恰逢其时，希望广大读者能从中得到有益的启发。

统计数据呈现的是过去，但启迪的是未来。期待本书的研究成果能够带来政策的调整，为全球贸易与经济可持续提供动力。

国家海关总署综合统计司副司长　金弘蔓

2017 年 3 月 28 日

目　录

第三部分 环境保护与碳排放的政策思路

引 言

中国在成为世界第二大经济体和第一大进出口贸易国的同时，也成为全球温室气体排放第一大国和环境污染大国。目前，中国正在中共十八大精神的指引下实施“十二五”规划，通过发展绿色低碳经济，为实现新常态下经济发展模式的根本转变而努力。因此，节能减排和保护环境不仅有来自国际社会的压力，更是自身经济社会发展的需要，以及公众对提高发展质量的诉求。从这个意义上讲，节能减排和保护环境是中国可持续发展的关键所在，也是当前社会政治稳定的迫切需要。

2010 年，中国的 GDP 总额超过日本成为世界第二，2013 年，中国的进出口贸易总额超过美国成为世界第一，我们在自豪这些成就的同时，也应该看到，中国的人口只占世界人口的 19%，制造业产值只占世界制造业总额的 13%，二氧化碳排放却占世界总量的 27%，成为国际社会抨击的对象（尽管人均排放较低）。同时，中国的二氧化硫等主要污染物排放也名列世界第一。2013 年，大气污染成为受到高度关注的国际问题，雾霾笼罩中国 1/5 的国土，形成全球最大规模的环境灾难。近些年，中国民众的主要关注对象已经越来越转向健康安全、污染防治等许多同环境直接相关的问题。可以说，环境问题已成为中国社会新的不稳定因素，而过多的二氧化碳排放、过快的能源消费和能源进口增长，既影响国际能源市场价格，也涉及中国能源安全问题，从而成为引发国际摩擦的重要因素。中国的碳排放增加和环境污染的根本原因在于中国以追求脱贫、经济发展优先为目标的低层次发展理念，以高耗能、高排放为特征和以制造业为主的产业结构，以及在全球价值链中处于低端地位、以煤炭为主的污染型能源结构。因此，目前的治理污染、节能减排政策和政府主导的投资带动式的治理方式，还没有找到治理碳排放源、环境污染源的根本。

中国不仅面临日益趋强的环境约束，同时也在承受国际社会的批判和减排压力。中国是排放大国，国际社会要求中国减排也在情理之中。但问题是，在没有厘清国际分工中各种排放在生产和消费之间关系的情况下，我们并不能确定中国在参加全球价值链的过程中到底为谁，通过哪些链条，“净排放”了多少。“共同但有区别的责任”如何在价值链上界定？而这个问题，只有国际社会搞清楚，才能就环境治理达成共识，中国也只有搞清楚，才能正确应对。如果不探究全球价值链与碳排放责任的内在联系，在国际环境治理中，就既有可能损害本国利益也有可能损害贸易伙伴国的利益。这一点有必要弄清楚。

中国政府制定了自主减排的40%～45%的目标（到2020年，中国单位GDP二氧化碳排放将比2005年下降40%～45%），为了实现这些承诺，“十二五”规划中制定了节能16%和减排17%的目标，国家发改委也将指标按各地区的经济发展水平分解到各个行业和地区。但是，中国在向各行业和各地区分摊排放指标时，没有充分考虑各产业、各地区在国内、国际价值链上的位置、生产技术以及节能减排技术的差异性，这可能会影响减排目标的合理性和可行性，难以规避排放天堂的出现或国内省份间的排放泄漏现象。

与之密切相关的问题是这些污染、资源耗竭的经济成本是什么？如果考虑到泄漏，各地区和各行业真实的价值形成又是什么？现行的基于名义GDP的国民经济核算体系存在严重缺陷，不仅没有扣除自然资产损失，而且将其中过度开采资源和能源特别是不可再生资源（所产生的价值），作为附加值计算在GDP总量之中。这就人为地夸大了经济收益，它是以资源的急剧消耗和环境的严重退化为代价的，必将导致真实的国民福利大为减少，因而必须对现有的国民核算体系进行校正。

2014年11月，中美在APEC会议上达成新的共识并发表《中美气候变化联合声明》，习近平主席和奥巴马总统宣布了各自在2020年后应对气候变化行动目标，习近平主席首次提出中国计划将二氧化碳排放峰值控制在2030年左右，并尽早实现。与此同时，中国还开始实施“能源革命”，将大幅度降低煤炭使用，并计划2030年前将非化石能源在一次能源消费中的比例提高至20%左右。这些政治承诺，为今后中国的节能减排提出了新的目标和方向，令人振奋。但是，要实现这些承诺，还需要坚实的理论研究并制定切实可行的政策。本书就是旨在科学研究的基础上，为中国的政策制定提出一些理论依据。

21 世纪是一个全球化的时代，国际分工的不断深化对国际贸易和投资政策的制定，以及国际环境治理带来了重大挑战。中国自加入 WTO 后迅速融入国际化分工的大潮，成为全球价值链中不可或缺的重要组成部分。全球价值链在产生价值的同时，也产生了大量的副产品，比如温室气体和污染物排放。中国的环境问题与其参与全球价值链的程度、方式以及所处的位置有着密不可分的关系。本书将全球价值链研究的前沿成果，与环境经济学、国际贸易理论的学术洞见整合在一起，利用国际环境投入产出模型，系统地分析全球价值链与温室气体排放之间的内在联系，在提出新的学术研究方法和观点的同时，为中国的绿色发展提供理论依据和实证结论。

由于世界各国不同企业的生产分工布局形式越来越复杂，要想理解“在世界经济环境中，到底谁是生产者，为谁生产”变得越来越困难。目前越来越多的零部件等中间商品和服务是在不同国家分多个工序生产而成，“任务贸易”已经成为各国进行贸易的重要形式，在生产链中每个国家或地区负责不同的阶段，完成一系列任务后创造并积累附加值，从而形成一个被称为“增值贸易”的新概念。这也是前任世界贸易组织总干事帕斯卡尔·拉米喜欢用“世界制造”这一新的表述方法而非“美国制造”或“中国制造”来解释当今世界贸易的原因。

全球价值链的快速扩张使得工业化的进程发生了巨大的变化。为实现工业化，发展中国家无须掌握所有生产技术和能力，而可以通过利用各自的相对优势专注于生产过程的某个具体环节，融入全球经济体系。从中国近年来的发展经验可以看出，参与全球价值链为发展中国家提供了将大量农村劳动力转向工业和服务型生产的机遇，从而为发展中国家的现代化提供了一条新型快速发展的道路。

然而，这样一条实现快速工业化的道路通常也伴有严重的负面效应，最突出的一点就是许多发展中国家收入分配不均和环境恶化。例如，在分析因全球价值链产生的二氧化碳排放时，可以发现由于物质生产活动主要集中在发展中国家，因此发展中国家会排放更多的二氧化碳，而发达国家则主要从事非物质生产活动，“微笑曲线”可能就此变成“哭泣曲线”。如果发展中国家缺乏与排放相关的规定和政策，则可能会因为参与全球价值链以及国际分工生产的深化而在快速工业化的过程中发生严重的碳泄漏危机。多数关于全球价值链的研究都主要关注附加值、就业机会和收入的创造与分配，但这仅仅是全球价值链的一个方面。另一方面，伴随着全球价值链的发展，也出现了温室气体排放和污染等问题。最近的一项研究表明美国西部每天 12% ~24% 的硫酸污染都与中国出口相关，这种温室气体排放和污染对环境影响重大。Lenzen 等人进行的一项有趣的研究发现全球 30% 的物种威胁是由国际贸易造成的。

在当今世界经济体系中，很难想象一个国家可以脱离全球价值链单独存在。因此，为满足国外的最终需求，无论是发达国家还是发展中国家，因生产出口产品而获得附加值或产生的废弃物排放量都在以直接或间接的方式增长。而结果是，一个国家因进口国外商品和服务用于最终消费而导致他国废弃物的排放。这些影响不是边际性的，而是随着时间不断加深。发展中国家通过国际贸易向发达国家转移的净排放量（生产减去消费）从 1990 年的 0.4Gt 二氧化碳增加到 2008 年的 1.6Gt，超过了《京都议定书》中提议的减排量。所有这些事实表明从生产者和消费者两个角度来看，一个国家的排放量与其直接或间接通过国际贸易参与全球价值链的地位和程度紧密相关。

随着全球经济的快速发展，有关可持续性绿色增长的诸多问题已经变得越来越重要。第一，造成排放的是谁？而这些造成污染物排放的产品的最终消费者是谁？全球价值链是如何将排放源和消费者联系在一起的？第二，一个国家在全球价值链中的地位和参与是如何影响其排放量的？第三，分工生产作为全球化经济的基础，应该如何对它的环境成本进行衡量？第四，如何正确评估消费者和生产者在全球价值链中的排放责任？

以上问题既迫切又复杂，涉及环境科学、环境治理、国际贸易理论、全球价值链理论以及国民经济核算诸多领域，没有任何一个领域可以单独给出答案。本书的目的是整合以上各领域的最新研究成果，建立一个基于全球价值链的环境、能源、污染物排放的综合核算体系，并根据该核算体系，从国际、国内、产业、企业以及时间层面追溯中国在全球价值链中的各类排放和污染源，找出平衡生产和消费者责任，支持绿色 GDP 核算、绿色生产率核算的新方法。同时，利用基于全球价值链的空间动态可计算一般均衡模型并进行政策模拟分析，创建一个可视化环境政策空间效果地图，以求为政府优化国内的减排政策，提高减排政策的可操作性，实现中国在环境约束下的产业升级转型和可持续的绿色发展目标，提升中国在环境国际治理领域的发言权做出实实在在的贡献。

全球价值链的日益复杂化不仅在经济方面，而且在环境政策制定和国际治理等方面都带来了巨大挑战，因为排放和污染均为价值创造过程中产生的副产物，它们存在于全球价值链的每一个阶段。在就任何环境政策进行讨论之前，其中一件最重要的事情就是精确测定全球化分工和分散化在何等程度上会影响到价值创造和产生排放，因为“你永远不可能管理不可衡量的事情”。

本书的首个目标就是建立一个跨领域的研究框架，并借此将现有的与环境相关的方法以及与全球价值链相关的最新创新型分析工具整合在一起。我们将全球价值链研究的最前沿成果与环境经济学和国际贸易中的隐含碳、碳足迹的学术积累相结合，试图建立一套基于国际投入产出模型，在全球价值链中同时追溯增加值和碳排放的核算体系。该体系不仅提出通过价值链上下游关系追溯碳排放的理论框架，同时通过对出口总值的分解将基于生产排放和需求排放的两种核算体系有机地结合在一起。通过这一核算体系，我们可以在国家、国家间、产业以及产品层面按照不同的贸易途径，系统地追溯国际价值链中增加值和碳排放的产生、分配和转移。这一框架将帮助我们增强对全球价值链上每个阶段附加值和二氧化碳排放量之间关系的理解，同时还能够帮助我们更好地解决以上列举的问题。

开展这项跨领域综合性研究需要采用一套循序渐进且一致的方法。首先，应充分利用最新创新成果，并将其与现有的和环境相关的文献相结合，从而建立一个统一的核算框架，通过这一框架可以对国际贸易不同的路径在国家、行业和双边等层面上对全球价值链中的附加值和碳排放进行持续跟踪。然后，我们可以将这一框架应用于世界投入产出数据库（41 个经济体，35 个行业，1995 ~ 2009 年），从而跟踪全球价值链中中国的二氧化碳排放。实证结果能够帮助我们更好地了解以下问题：谁产生的碳排放，这些碳排放是为谁产生的；中国全球价值链的参与程度与二氧化碳排放量之间是什么关系；国际分散生产各阶段的环境成本如何；等等。

为深度了解中国各个地区以及不同类型企业在产生二氧化碳排放的同

时如何参与全球价值链，我们将统一核算框架分别应用于中国跨地区投入产出数据库（31 个省份/8 个地区，42/17 个行业，2007～2010 年）、中国国家投入产出企业差异性信息表（135/42 个行业，2007 年），并嵌入世界投入产出数据库之中的中国跨地区投入产出表（4 个中国地区，4 个国外经济体，10 个行业，2007 年）。实证结果为我们提供了更加详细的信息，使我们能够更深入地了解中国国内不同地区和不同类型企业在全球价值链的各个环节中进行附加值创造和产生二氧化碳排放时发挥的作用，国内跨地区碳排放转移发生的规模和程度有多大，以及当国内各地区和企业参与全球价值链时，所涉及的潜在环境成本有多高。

最后，基于所有上述概念创新和实证研究成果，我们对中国减排和可持续发展的三个重要相关政策问题进行了研究。第一，在把中国环境破坏的因素考虑在内时，利用一个计量经济模型，对真正 GDP 增长率和全要素生产率进行了测量。测量结果可以帮助决策者在数量上更好地了解中国高速经济增长所产生的环境成本。第二，通过利用一个基于投入产出的因素分解模型确定地区层面上各种主要驱动力以及其在决定中国碳排放量增长方面所起到的不同作用。第三，利用两个可计算的一般均衡模型（CGE）对能源税/碳排放税以及监管减少排放的方式和其对中国经济增长带来的负面影响等问题进行了评估。

本书的第二个目标是利用统一核算框架从全球价值链的国内和国际领域来追踪中国的二氧化碳排放。正是因为中国是世界上最大的“工厂”经济体，同时也是世界上最大的二氧化碳排放国，如果不对中国进行深入分析，我们就无法完全理解当前国际二氧化碳排放转移的详细情况和意义。2010 年，中国的名义 GDP 超过了日本，成为世界第二大经济体。然而，在经济快速增长的同时，中国也付出了巨大的环境成本，其中包括空气、水、土壤、噪声污染以及二氧化碳排放，而二氧化碳则被认为是温室气体的主要来源，这些环境代价在引发各种健康问题的同时也降低了人们的生活质量。在二氧化碳排放强度（按照不变价格计算的单位 GDP 所对应的二氧化碳排放量）方面中国也位居前列，其二氧化碳排放强度数值比经济合作与发展组织各国在 2008 年的平均值高出 6 倍之多。因此，中国一直被称为“黑猫”。即使从人均 GDP 与二氧化碳排放量之间的关系来看，中国也被认为是“高碳”经济体。由于中国在全球价值链中的位置和参与程度方面的重要性，对中国或与中国有关的二氧化碳排放进行管理将为降低全球二氧化碳排放量做出显著贡献，换句话说，“中国一小步，世界一大步”。

当我们重点关注中国与环境有关的问题时，两个重要方面不容忽视，即：地区和企业差异性。与小国相比较，中国作为世界第二大经济体，国内各省之间存在显著差异。例如，在 GDP 方面，中国第一大省（广东省）的经济规模已经接近墨西哥全国的经济规模。中国经济的最大特征就是国内各个地区（省）之间在产业结构、生产技术、能源利用效率、收入水平以及国外依赖程度等方面存在差异。全球价值链不仅需要直接向世界市场出口商品和服务的国内地区的支持，同时也需要一些其他国内地区的支持，这些地区通过国内供应链间接参与全球经济，它们为以出口为导向的地区提供零部件、元器件和中间业务。为了更好地理解全球价值链在中国国内如何分工和扩展，以及国内地区在全球价值链中的地位和参与程度如何影响二氧化碳排放量，有必要采取国内－地区观察视角。另外，中国的地方政府拥有很大的权力，它们是中央政府环保政策的实际执行者。对于了解自身参与全球价值链的方式和地点，以及如何在提升当地产业和企业的同时以更少的二氧化碳排放量带来更多的地方附加价值、就业岗位和收入，它们都抱有极大的兴趣。充分了解全球价值链影响中国国内各地区的方式可以帮助地方政府制定更有效的措施以成功应对快速全球化所带来的各种挑战以及来自二氧化碳减排要求的压力。将新开发的核算框架应用于中国国内各个地区，并在此基础上进行深入分析，会生成一系列与政策有关的深入见解，这些见解既适用于中央政府也适用于地方政府。

企业差异性是中国经济的另一个重要特征。与其他大国相比，中国经济在企业所有权和贸易模式（除出口商和非出口商以外，还有加工贸易和非加工贸易）方面存在更多变化。由于全球经济一体化，国家和行业层面的碳排放信息已经不能满足我们应对各种国际挑战的政策要求。例如，在中国，中资企业和外资企业哪一个才是最大的排放大户？哪一个能耗更高，排放强度更大？当为外资企业提供中间投入时，国有企业会产生多少排放量？将企业差异性信息引入中国核算系统，不仅能够在全球价值链中的国内和国际两个层面提高中国二氧化碳排放量测量精度，而且能够提供一些有价值的信息，这些信息能够帮助政策制定者制定出专门的激励性环境规定和政策。

本书提出的核算体系首次明确地提出了国际价值链里碳排放的自主责任指标。该指标是一个国家不经由任何国际贸易环节，完全为自身的最终需求所产生的碳排放。这一研究为实施联合国气候谈判“各国根据自己的能力自主制定减排目标”的最新原则提供了具体的量化指标。通过该核算体系，还可以科学地测算在全球价值链里获取单位价值量（GDP）所需付出的碳排放代价。为评价一个国家参与价值链的方式、程度以及其在价值链中所处的位置与碳排放之间的关系提供了科学依据。

将该核算体系应用于中国国内地区层面，利用中国2007年和2010年区域间投入产出模型，本书追溯了国内价值链里的碳排放，考察了地区间碳泄漏的程度，并且对各地区参与国内国际价值链的方式、程度及其对碳排放的影响进行了系统的分析；利用反映企业异质性信息（企业所有制、贸易方式等）的中国2007年投入产出表，对中国各行业各类型企业的出口隐含碳、最终需求隐含碳从价值链的上下游关系进行了测算；利用数学规划模型，将中国地区间投入产出表完全内生地嵌入国际投入产出表，系统地研究了中国国内各地区在同时参与国内和国际价值链时的产业分工与碳排放之间的关系。

本书的第三个目标是充分利用二氧化碳排放和全球价值链之间的关系所测得的结果，并借此就中国绿色可持续增长以及国际环境治理提出政策建议。为了实现这一目标，需要使用三种类型的经济模型。第一种是广泛使用的可计算一般均衡模型（CGE），该模型能够分析与环境相关的财政政策和规定同时影响二氧化碳减排和中国经济增长的方式。第二种是以投入产出模型为基础的因素分解分析。在测定中国二氧化碳排放量和碳排放强度方面，该模型作为量化经济增长、技术变革、跨地区溢出以及消费者偏好变化等因素的角色。第三种是计量经济模型，该模型能够估算出中国的绿色增长比率和真正的全要素生产率（GTFP）。

从以上模型中得出的主要结论和比较可行的政策建议包括以下8个方面。

第一，一个国家的碳排放水平与其参与全球价值链的程度、方式及其在价值链中所处的位置有着密切关系。我们通过对41个国家1995~2009年的数据测算发现，无论是发达国家还是发展中国家，与创造的国内增加值相比，它们通过国际贸易获取增加值的碳排放的成本相对较高。这主要是由于近年来国际分工的快速发展，带来了国际贸易中大量的高碳中间产品交易。截至目前的贸易和投资便利化政策，在促进全球价值链发展的同时，相对低估了国际分工、中间产品的跨国多次重复运输所带来的环境成本。在全球价值链时代，贸易和投资政策只有和环境国际治理密切结合才会有效促进全球范围内的减排目标早日实现。

研究中发现，在 1995～2009 年期间，对于《京都议定书》附件 B（以下简称附件 B）所列国家以及附件 B 中未列出的国家而言，通过“二氧化碳排放贸易”和“增值贸易”测得的环境成本均呈下降趋势。尽管相对于附件 B 所列国家，附件 B 中未列出的国家的下降速度更快，但是，附件 B 中未列出的国家经济的快速增长在绝对值上导致了更大的排放量，也就是说，附件 B 中未列出的国家经济快速增长的过程中，单位 GDP 环境成本下降的速度仍低于二氧化碳排放量增长的速度。这意味着，在过去和将来，在提升发达和发展中国家贸易和投资自由化和便利化方面所做的努力可能会通过以下两个主要渠道刺激全球二氧化碳排放绝对值的增加：第一，增加了国家之间的碳泄漏，其中既包括发达国家和发展中国家之间，也包括发展中国家彼此之间；第二，如果贸易和投资政策只专注于附加值收益、就业机会和企业竞争力，而没有充分考虑抑制相关的环境成本，那么发展中国家本身的境内排放也会增加。

第二，本书的研究表明，近年来，中国与其他发展中国家之间的碳泄漏要比其与发达国家之间的碳泄漏更为严重。得出的实证结果表明，发达国家和发展中国家在碳排放强度以及它们在全球价值链中地位的差异导致了国际贸易过程中发生“碳泄漏”：发达国家倾向于从发展中国家那里进口更多的高碳排放强度中间商品，然后用这些中间商品来生产最终商品和服务。这种“碳泄漏”也发生在附件 B 中未列出的国家的内部。主要原因是第三世界国家在经济发展过程中对中国产品的需求迅速增加，同时“中国制造”对其上游的第三世界国家的高碳中间产品投入的依赖也日益加深。其结果就是两者间大量碳贸易的产生。这是亟须高度关注的问题。因为发展中国家的环境约束都相对薄弱，如果这种趋势得不到很好的管控，会给全球减排带来很大压力。就中国而言，对进口的中间商品，特别是来自发达国家的中间商品立即免征关税和增值税，可以降低中国生产型排放，同时能够降低全球碳泄漏，因为中国国产的和进口自其他发展中国家的中间商品均嵌入了很高的碳含量。从这个意义上讲，中国应对碳泄漏承担较大责任，而这一问题的解决，需要中国拿出勇气和智慧，主动发起南南合作，在加快自身节能减排步伐的同时，帮助上下游的其他发展中国家共同维护绿色价值链的发展。

第三，1995～2009年，发达国家和发展中国家的碳强度都在下降，发展中国家下降的幅度更大，能效改善显著。但是，技术提高所带来的减排效果无法抵消经济增长所带来的碳排放增加，其结果造成发展中国家的碳排放总量继续增加。长期以来，国际社会已就“共同但有区别的责任”达成了共识。然而，关于如何有效地实施“共同但有区别的责任”，仍然存在许多挑战，特别是在如何处理气候变化的历史责任这一问题上。对西方国家工业化时代产生的历史累积二氧化碳排放量的关注水平可能会降低，因为在最近20年中，发展中国家自我负责型的二氧化碳排放出现了迅速增长。相比分配共同责任，这种方式可能相对更容易就自我负责型的二氧化碳排放限值达成共识。中国已经承诺要在2030年前达到碳排放峰值，同时也积极地为其他发展中国家早日设定合理可行的碳峰值建言献策，提供必要的资金与技术支持。

第四，中国内陆欠发达地区的隐含碳出口近年增长很快。究其原因，在一定程度上是国家的西部开发政策和东部支持西部的协作方式促进了内陆地区的经济发展，使得这些地区通过提供大量的高碳中间产品给发达的沿海地区用作出口产品生产，从而间接地融入了国际价值链。因此，国内在产业转型升级的过程中需要不断强化准入门槛，统一环境标准，以免造成国内“污染避风港”。近年，节能减排技术、生产技术以及消费方式的变化促进了中国各地区的减排，但是，这并没有抵消资源耗费型和产能过剩型的经济增长，最终需求结构不合理所带来的排放增加。因此，应该通过合理优化投资方式来调整最终需求结构，促进低碳投资型的高效发展方式。旨在促进生活方式转向更加环境友好的方式的各项政策（即以环境为导向的公共教育投资）耗时较长，但从长远来看，这对于需求推动的碳减排而言是一项非常重要的举措。从短期和中期来看，通过使用诸如税收、金融政策等以市场为导向的工具以及监管措施或对地区公共投资进行更好的控制等方式来调整资本构成，并借此对最终需求结构进行优化对碳减排而言应该是一个具有建设性的方法。碳排放强度变化取决于生产技术和节能技术两个方面的创新成果。引入排放交易体系（ETS），将地区排放交易体系融入国家或国际框架之中可以给企业带来更多的以市场为导向的激励机制和选择，能够帮助企业积极开展以降低碳排放为目标的创新活动。

第五，国内地区之间的碳泄漏很严重。在国际层面上附件 B 中未列出的国家中所发现的类似结果在中国国内各地区也能发现。也就是说，在 2007～2010 年期间，中国沿海地区（发达地区）和内陆地区（发展中地区）的环境成本都有所下降。然而，单位 GDP 所对应的环境成本降低并不能补偿所有内陆地区以及大部分沿海地区经济规模增长所产生的额外碳排放。更详细的实证结果表明，最终需求结构，特别是资本构成的大部分，已经成为地区二氧化碳排放迅速增长的另一个重要驱动力。另外，由于服务消费在家庭总支出中所占的份额越来越大，生活方式的转变的确对所有地区的碳减排带来了积极影响，特别是在大型城市（北京、天津）。然而，上述生活方式转变所带来的积极影响无法抵消大部分地区最终需求结构不平衡所带来的负面影响。这主要是由各地区参与价值链的方式、程度及其在价值链中所处的位置等决定的。考虑到各地区收入差距和经济发展状况不同，国内版本的“共同但有区别的责任”的原则也应当适应并通过政策落实，以保证落后地区在大幅度节能减排的条件下实现较快的经济发展。

第六，将经济普查中得到的企业属性信息与传统的投入产出统计相结合对于提高碳排放的测算精度意义重大。按生产法测算，中国碳排放的 93% 来自中国企业自身的生产活动（2007 年）。其中从事非加工贸易品生产的企业为主要排放大户且碳排放强度很大。外企的碳排放占比不到全国的 7%，相对中国企业的生产性碳排放更为环保。加工贸易由于其特殊的生产方式碳排放很少。外企在生产过程中碳排放较少，但其所带动的整个上游产业链的碳排放要高于中国企业。忽略企业异质性（企业所有制、贸易方式等）会造成对中国出口隐含碳 20% 的高估，对最终需求隐含碳 7% 的低估。在行业层面，传统的测算方法所造成的误差更为明显，比如电子产品行业，忽略企业异质性会造成对出口隐含碳高估 70%。除化工工业外，无论是中企还是外企，非加工型企业的碳排放强度均远超加工贸易型企业的碳排放强度。

外资企业本身产生的碳排放并不多，但是诱导了进行非加工贸易的上游中资企业排放大量的二氧化碳。这一发现可能有助于我们就发达国家和发展中国家在全球价值链中分担碳减排责任设计出更具建设性的方法。其中一项政策建议是改变主要针对发达国家的国际共识，这一国际共识要求发达国家的跨国企业遵守绿色供应链管理规则，并且要求这些跨国企业位于发展中国家的供应商也采取相同的环境标准。最重要的是在发展中国家之间所适用的标准不应存在差异性。这可以帮助发展中国家避免陷入“逐底竞争”的竞争局面。反过来，对于发展中国家来说，在邀请外国投资或参与由跨国公司主导的全球供应链时，它们应该加强彼此间的协作，在环境法规方面建立一套通用的标准。这可以防止某些跨国公司进行“污染避难所”搜索。

第七，将 GDP 进行绿化，将环境要素纳入国民经济核算体系，用自然资源的损耗价值和生态环境的降级成本以及自然资源、生态环境的恢复费用等调整现有的 GDP 指标，把它们从国内生产总值中扣除，以综合反映环境经济的变化。自然资源的过度消耗和污染将会与工业领域的附加值增长的资本存量相抵消，环境破坏造成中国产业 GDP 的潜在损失为 10% 左右，而其累积效应带动的资本存量损失在 2007 年达到了平均值 30% 的峰值水平。它们还导致了行业层面生产率增长的下降，按照传统测量标准，会拉低技术进步率 3% ~6% 。在国家和地区两个层面都采用绿色 GDP 核算可以帮助政府了解绿色增长的重要性，同时了解它们所承担的环境责任。早日实现全国和地区层面的绿色 GDP 核算，并将其纳入地方政府的国民经济发展目标以及干部考核指标，这将会有利推动经济发展方式的转变。

第八，我们利用动态 GCE 模型对碳税问题进行的研究表明，按目前经济发展模式，中国碳排放的峰值将在 2034 年出现（这与政府的政治承诺有所不同）。但如果实施较为严格的碳税（100 元/吨）和能源税（5%），碳峰值会提前到 2032 年出现。结果显示：尽早实行较为严格的碳税或能源税对经济增长和就业的损失会比推迟实施这些政策要小，换言之，延缓碳税的实施会对今后的减排造成更大的压力，对经济增长和就业的负面影响也会更大。

在本书的研究中，我们也进行了一些模拟分析，以评估与环境有关的税收和监管对中国经济的影响。我们的研究结果表明，如果不采取任何行动（基准情景），中国的二氧化碳排放量峰值将出现在 2034 年，届时二氧化碳排放量将为 10. 5Gt 左右。由于 2015 年中国开始征收 100 元/吨的碳排放税外加5%的燃油税，二氧化碳排放峰值将提前至2032年，届时二氧化碳排放总量将达到8.8Gt左右。然而，为了实现这一目标，相比基准情景，在国家层面上，中国需要承担6.7%的GDP损失，同时，在某些高碳行业将会导致大约8%的失业。

本书是受清华大学产业发展与环境治理研究中心2013～2014年度重点项目“追溯全球价值链里的中国碳排放”、2008年度应急项目“环境因素对中国省际生产率的影响”、挪威气候与环境研究所的项目“Trans China on a Low－carbon Path”（Glen Peters研究员为总负责人，薛进军教授、赵忠秀教授为分课题负责人）、清华大学2014～2016年度人文社科振兴基金课题“绿色生产率视角的地区与行业经济增长质量投入产出核算分析”（课题编号：20145081013）和2016～2018年度自主科研计划课题“全球价值链视角的真实生产率核算：基于增值税大数据的分析”（课题编号：20151080359）资助，由日本贸易振兴机构亚洲经济研究所与清华大学公共管理学院、日本名古屋大学国际低碳经济学院和美国国际贸易委员会等多家研究机构的学者共同完成的。编者在这里要感谢名古屋大学经济学院附属国际经济政策研究中心的出版资助并邀请作者孟渤作为国内研究员，刘宇、邹乐乐、冯奎双、裴建锁作为国外客座研究员去名古屋大学进行合作研究；感谢为本研究提出宝贵意见的清华大学公共管理学院院长薛澜教授、清华大学国情研究院院长胡鞍钢教授、清华大学产业发展与环境治理研究中心陈清泰理事长、中国科学院战略咨询院王毅副院长、名古屋大学经济学院附属国际经济政策研究中心主任山田基成教授；感谢郑云峰、于淼、李晓凤、胡小红、张宁、许海萍、张美晨等许多位同学为本书出版所做的出色的助研工作；感谢社会科学文献出版社经管分社社长恽薇、副社长高雁、责任编辑颜林柯等人对本书出版的大力支持。

第一部分

全球价值链与碳排放的研究方法创新

第一章

追溯全球价值链中的中国二氧化碳排放：发生、转移和吸收*

孟　渤　Glen Peters　王　直**

一　引言

2010年，中国的GDP总额超过日本成为世界第二大经济体；同年，中国制造业总产出超过美国成为世界第一大制造业国家；2013年，中国的进出口贸易总额超过美国成为世界第一大贸易国。中国在经济发展上所取得的成就，不仅得益于国内的经济体制改革和制度创新，也与中国积极参与全球价值链密不可分。与此同时，2014年中国二氧化碳排放已占世界总量的约30%。即便是中国的人均二氧化碳排放，2014年也已经超过欧盟的水平。把中国比作世界经济的重要引擎并不为过，可是这个引擎是一个高碳高污染的排放源。这种高碳式的经济增长使中国面临着来自国内外的双重压力。从国内看，环境问题的区域性影响日益严峻。雾霾笼罩着中国近1/5的国土，形成了全球最大规模的环境灾难。中国民众的关注对象也越来越转向健康安

* 本文是2014年国际重大合作研究项目CIDEG-IDE/JETRO-USITC-IGLCE（2014－2015）"Tracing China's CO_2 Emissions in Global Value Chains"的部分成果。本文得到清华大学产业发展与环境治理研究中心（CIDEG）的大力支持，作者感谢日本名古屋大学薛进军教授提出的宝贵意见。文责自负。

** 孟渤，日本贸易振兴机构亚洲经济研究所（IDE-JETRO），电子信箱：bo_ meng@ ide. go. jp；Glen Peters，挪威国际气候环境研究中心（CICERO）；王直，对外经济贸易大学全球价值链研究院。

全、污染防治等许多同环境直接相关的问题。从国际层面看，中国过多的二氧化碳排放、过快的能源消费和能源进口增长，既对全球减排带来巨大挑战，同时影响国际能源市场价格形成，从而成为引发诸多国际摩擦的重要因素之一。另外，即使中国已经进入“新常态”，由于经济体量巨大，在碳排放强度不再有明显改变的情况下，中低速的 GDP 成长也会带来大量的排放。

中国是碳排放大国，国际社会要求中国加大减排力度也在情理之中。但问题是，在没有厘清国际分工中各种排放在生产和消费之间关系的情况下，在没有细致研究垂直专业化以及分段式生产如何影响全球价值链参与国的碳排放的情况下，我们并不能确定中国到底为谁，通过哪些价值链，净排放了多少。“共同但有区别的责任”如何在价值链上界定？而这个问题，国际社会只有分析清楚，才能就环境治理达成进一步的共识；中国也只有研究清楚，才能正确应对。如果不探究全球价值链与碳减排责任的内在联系，在国际环境治理中，既有可能损害本国利益也有可能损害贸易伙伴国的利益。这一点有必要做深入研究。

本文的主要目的是介绍一套最新的环境核算体系（Meng，Peters & Wang，2015），并通过实例演示该体系是如何用于系统追溯全球价值链中的中国碳排放，以及中国参与价值链的程度与碳排放之间的关系，以及中国通过国际贸易创造 GDP 的潜在环境成本。

二　文献综述

系统地建立一套追溯全球价值链中碳排放的核算体系主要涉及两个学术领域：全球价值链和贸易隐含碳。全球价值链作为研究全球化的一个新视角，近些年来备受关注。关于全球价值链的研究主要涉及三个领域：第一个是传统的社会学领域，通过案例研究总结和分析全球价值链的概念、特征以及内在机制，为企业经营战略、商业模式选择等提供理论和实证支持。该领域的主要代表成果参见 Gary，Humphrey & Sturgeon（2005）。第二个是国际贸易领域，这是因为全球价值链与贸易和投资密不可分。正如 Richard Baldwin（2014）所言，全球价值链是继工业革命所带来的第一次伟大的分离（生产和消费地的分离）和信息化所带来的第二次伟大的分离（总部与工厂的分离）后出现的 21 世纪最具代表性的新贸易方式。与此相关的学术研究涉及垂直专业化分工（Hummels，Ishii & Yi，2001）、任务贸易（Grossman & Rossi-Hansberg，2008；Baldwin，2014）、分段式生产（Yi，2010）、价值链与产业组织理论（Antràs & Chor，2013）等诸多贸易学分支领域。第三个相关领域是从国民经济核算角度出发，利用投入产出模型对全球价值链进行研究。这方面的代表作包括 Johnson 和 Noguera（2012），Koopman，Wang 和 Wei（2014），Wang，Wei 和 Zhu（2013），Timmer et al.（2014b）等。与此同时，我们也看到以上三个领域在不同程度上出现了交叉，即以跨学科的方式对全球价值链进行研究。比如，Xing 和 Detert（2010）将 iPhone 的案例研究与国际贸易相结合；Antràs et al.（2012）和 Fally（2011，2012）等将基于投入产出模型测算得到的厂商到消费者的距离概念与贸易学和产业组织论相结合；Ye，Meng 和 Wei（2015）将社会学研究全球价值链时经常用到的微笑曲线概念通过投入产出模型进行了新的诠释等。另外，全球价值链不仅有其重要的学术价值，也具有重大的政策含义。因此众多国际机构也陆续发表了相关报告（WTO-IDE，2011；OECD，WTO & UNCTAD，2013；UNCTAD，2013；OECD，WTO & World Bank，2014；Wang，Mattoo & Wei，2013；Xing，2015）。

关于贸易隐含碳研究也有大量的学术成果（Tukker & Dietzenbacher，2013），尤其是利用多地区投入产出模型测算隐含碳的研究颇受关注（Peters，2008；Peters & Hertwich 2008；Kanemoto et al.，2012；Meng et al.，2013）。这些关于贸易隐含碳的研究与目前的全球价值链核算框架研究（Johnson & Noguera，2012；Koopman，Wang & Wei，2014；Timmer et al.，2014b）无论是从理念还是方法论上都有很多相似之处。然而，关注价值链与环境的相互作用，并系统地将价值链核算与隐含碳核算相结合的研究甚少。Meng，Peters 和 Wang（2015）在借鉴 Koopman，Wang 和 Wei（2014），Wang，Wei 和 Zhu（2013）以及大量贸易隐含碳研究成果的基础上，提出了一套系统追溯全球价值链中碳排放的核算体系。该体系的特点如下。第一，该体系可以从价值链上游追溯碳排放如何被下游的国家及产业部门所吸收。这种核算方法与国民经济核算体系里的产业增加值概念完全匹配。第二，该体系可以追溯位于价值链下游的最终产品生产会引发上游国家及产业部门多少碳排放。这种核算方法则与全球价值链研究中的产品案例分析很接近。第三，该体系可以按照贸易流的方向科学地追溯出口产品里的隐含碳，从而将传统的生产法和消费法计算碳排放的框架与国际贸易有机地结合在一起。其结果可以系统地测算全球价值链中谁在生产贸易品和排放，生产了多少，谁消费这些贸易品，消费了多少。该核算体系为我们测算全球价值链中每创造一个单位 GDP 的潜在环境成本提供了理论依据。

三　追溯全球价值链中的二氧化碳排放：核算体系介绍

我们这里介绍的核算体系（Meng，Peters & Wang，2015）是基于一个完全封闭的多国投入产出模型，可分为三个框架。第一个框架是根据 Leontief 的产业前方连锁（Forward-industrial Linkage）定义，任何一个国家的某个产业在创造 GDP 时所产生的碳排放会被隐含在其产业链下游的各行业，通过复杂的国际和产业间交易后用来满足本国或国外的最终需求。就像中国电力行业的碳排放会隐含在中国的电子产品里（因为电子产品在生产过程中需要电力投入，这是直接路径；电子产品生产用到的零部件在生产过程中也会使用电力，这是间接路径），最终被国内或国外消费者消费。在满足本国最终需求时，大部分排放不经过任何贸易环节，只通过国内产业链实现。还有一部分需要通过国际贸易实现。比如，中国电力行业的排放可能先隐含在金属部件里出口给了日本用于加工数码相机。该数码相机又被出口给中国的消费者。其结果就是这部分中国电力行业的碳排放经过国际贸易后最终用来满足中国的需求。本国的碳排放在满足国外需求时有三条路径，分别可以通过最终产品贸易、中间产品贸易和经由第三国的中间产品贸易来实现。比如中国电力行业的碳排放隐含在中国的手机里直接出口给国外消费者属于第一条路径；中国电力行业的碳排放还可能先隐含在金属半成品里出口给国外用于加工最终产品，并在该国被消费，这属于第二条路径；中国电力行业的碳排放要是隐含在金属半成品里先出口给贸易伙伴国，该国在将其加工成最终产品出口给第三国消费则属于第三条路径。以上核算框架可以帮助我们从价值链的上游向下游方向追溯中国某个行业的碳排放究竟是通过哪条价值链满足了哪国的最终需求，由此可以用来界定谁为谁排放了多少二氧化碳。

第二个框架基于 Leontief 的产业后方连锁（Backward-industrial Linkage）概念，用于追溯一个国家在生产最终产品时是如何通过价值链诱发自身以及其他上游国家和行业碳排放。例如，中国在生产小轿车的过程中需要大量的中间产品投入。这些中间投入品在生产过程中又会诱发其他中间品的生产。这些中间品可能来自国内也可能来自国外，从而诱发相应的国内外碳排放，而排放源可以来自不同的能源产品（煤、石油、天然气等）。

第三个框架利用 Koopman，Wang 和 Wei（2014）提出的按增加值分解总贸易流量的方法来追溯贸易隐含碳。贸易品（包括中间品和最终品）的生产过程中会带来本国的碳排放也会带来外国的碳排放。就像中国出口的手机里有很多零部件来自日本和韩国，日本和韩国在生产这些零部件时会有碳排放，其结果就是中国的出口产品里会隐含其他国家的碳排放。因此出口隐含碳可以通过 8 条价值链路径实现。以中国为贸易品生产国、美国为贸易伙伴国为例，这 8 条路径可被分别解释为：中国出口给美国的最终品里隐含的中国碳排放；中国的碳排放隐含在中间品里被美国进口后，用来生产满足自身最终需求的产品；中国的碳排放隐含在中间品里被美国进口后，用于生产中间品又出口给第三国；中国的碳排放隐含在中间品里被美国用于生产中间品后，出口给第三国用于生产最终品再出口给中国（相当于中国的再进口）。以上 4 条路径都是用来追溯中国的碳排放。以下 4 条路径则分别用来追溯国外的碳排放如何隐含在中国出口给美国的产品里：美国的碳排放隐含在中间品里被中国用来生产最终产品又出口给美国（相当于美国的再进口）；美国的碳排放隐含在给中国的中间品出口里，中国用该产品进一步加工成中间品出口给美国，用于生产满足美国自身需求的最终品（也相当于美国的再进口）；所有第三国（除了中国和美国以外）的碳排放隐含在出口到中国的中间品里被用来生产最终品出口给美国；所有第三国的碳排放隐含在出口到中国的中间品里被中国用来进一步加工中间品出口给美国，用于生产美国自身所需的最终品。由于垂直专业化、分段式生产方式的发展，跨国重复的中间品贸易增速很快，从而使得全球价值链日益复杂多样。以上核算方法可以清晰地展示谁为谁通过哪条价值链生产贸易品，在创造了 GDP 的同时排放了多少二氧化碳。这为我们更好地理解一个国家参与全球价值链的程度以及位置与其二氧化碳排放之间的关系提供了科学依据。

四 追溯全球价值链中的二氧化碳排放：应用实例介绍

根据上面介绍的三个框架，我们利用 WIOD，也就是全球投入产出数据库（Timmer et al.，2014a）分别从国家、国家间以及产业或产品层面对其应用进行举例说明（主要以 2009 年为例）。图 1－1 以世界上两个最大的排放国即中国和美国为例，依照第一个框架来回答谁为谁通过何种价值链排放了多少的问题。一个国家的总排放首先可以分为两个部分：为满足国内最终需求的排放和为满足国外最终需求的排放。很明显，无论中国还是美国其排放主要是为了满足国内最终需求（EH_F＋REE_F）。这部分排放又可通过两条价值链路径实现。第一条路径是不经由任何贸易环节只为满足自身最终需求的排放（EH_F）。另一条途径是一个国家的排放经由国际贸易环节，但还是为了满足自身最终需求的排放（REE_F）。比如我们上一节里所举的中国电力行业排放隐含在日本产数码相机里，最终被中国消费者使用的例子。还有一种途径，比如中国生产的金属半成品被出口给日本用来生产汽车部件，该部件又被出口给中国用来生产汽车，该汽车最终被中国消费者购买和使用。在这个过程中，中国金属半成品生产过程中的排放就是隐含在中国出口产品里经由国际贸易后，为满足中国最终需求的排放。从图 1－1可以看出这部分排放占总排放的比例非常小，但从概念上讲非常重要。因为有了这部分，我们就可以从全球价值链的角度将 EH_F 定义为“完全自我责任排放”。也就是说，只有与贸易有关的部分才需要在国家间区分生产者和消费者责任。就满足自身最终需求的排放这部分而言，可以明显地看出中美之间的区别。换言之，中国约 30% 的排放是为了满足国外的最终需求（EEX_F＝EEX_F1＋EEX_F2＋EEX_F3）。这主要是基于以下两个事实：第一，中国加入世贸组织后，出口增长迅速。这不仅为中国带来了 GDP 的增长，同时也增加了中国的排放。第二，每生产一个单位的 GDP，中国所要付出的排放代价远高于发达国家（Davis & Caldiera，2010）。另外，为满足国外最终需求的排放又可通过三条价值链路径实现：最终产品贸易（EEX_F1）、与贸易伙伴国的中间产品贸易（EEX_F2）、经由第三国的中间产品贸易（EEX_F3）。比较中美之间各条路径的份额可以看出，中国通过最终产品贸易的排放份额占比较美国多，美国通过中间产品贸易的排放份额占比较中国多。这与一个国家在全球价值链的参与程度和位置有密切的关系。中国通过出口最终产品参与全球价值链的程度较美国高，美国通过出口技术含量和复杂程度高的中间产品参与全球价值链的程度较中国高。

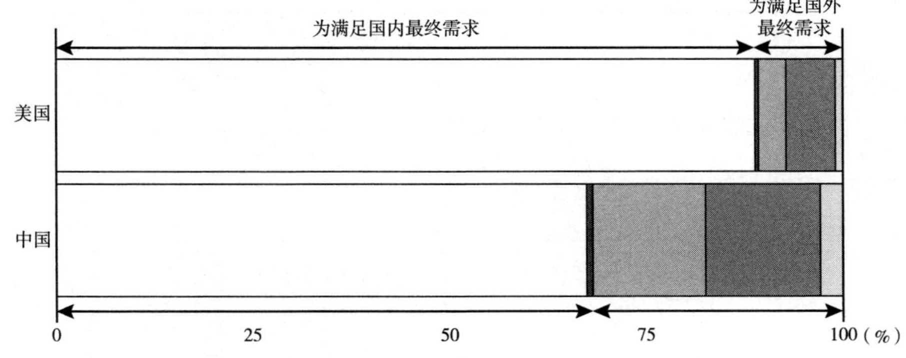

图 1－1　2009 年在国家层面从价值链上游追溯碳排放

以上我们在国家层面对第一个框架进行了举例说明。该框架也可推广到国家间和产业层面。图 1－2 展示了中国、墨西哥和波兰的金属制品业碳排放是如何通过不同的价值链路径满足美国的最终需求。很明显，中国金属制品业的排放主要通过和美国的最终产品贸易路径实现，墨西哥则大部分是通过和美国的中间产品贸易实现，波兰有相当一部分是通过经由第三国的中间产品贸易实现。以上结果主要是各国参与全球价值链的方式、程度以及所处的位置不同所致。中国的金属制品业排放大多隐含在中国的最终产品里出口给美国。这主要是中国仍处于全球价值链的相对中低端，技术含量低的最终产品对美国的出口占比较大。与此同时，我们也可以看到中国金属制品业排放也有相当一部分隐含在中国的中间产品里出口到美国。这主要是中国在参与全球价值链的过程中不断提升自身的技术含量，尤其是机电等中间产品出口份额的不断增加所致。与中国形成明显对比的是墨西哥。墨西哥与美国的贸易中，汽车零部件的占比较大，也就是说，墨西哥位于美国汽车价值链的上游，以提供中间产品的方式参与价值链。而汽车零部件使用很多金属产品，由此会带来较多的墨西哥金属制品业的排放。波兰的情况也与前两者有明显的区别。波兰金属制品业的排放中有大约40%不是直接隐含在中间产品里出口给美国，而是经由第三国实现。一个很明显的例子就是波兰加入欧盟后加强了与德国的贸易联系，已成为德国汽车价值链中重要的上游供应商。因此出口给美国的德国汽车里会隐含较多的波兰金属制品业排放也就不难理解了。

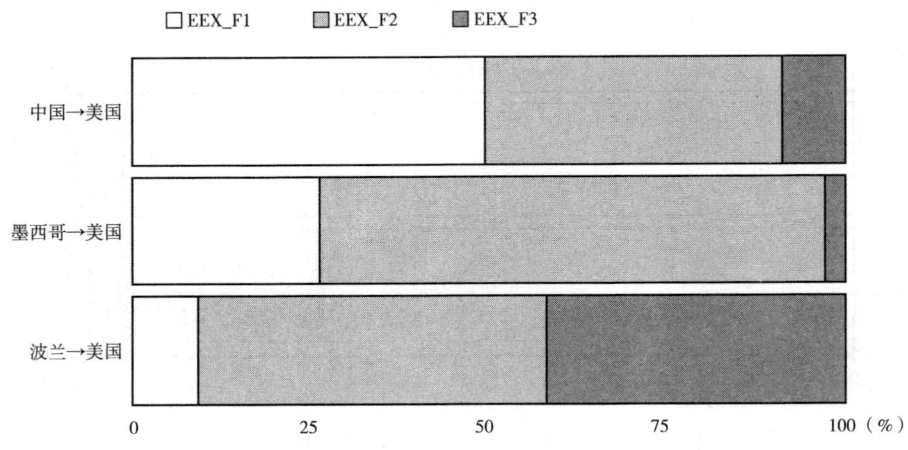

图1－2　2009年以金属制品业为例国家间从价值链上游追溯碳排放

以上我们利用第一个核算框架，展示了如何在全球价值链中，从上游向下游去追溯一个国家或一个国家某个行业的碳排放，以及又是如何被他国最终需求所吸收的。下面我们利用第二个核算框架，也分别从国家以及国家间和产品层面分析如何在全球价值链里从下游向上游方向追溯排放。图1－3分别以德国和中国为例，展示这两国在生产最终产品时所诱发的整个价值链中的排放是如何分布的。从前面对第二个核算框架的解释可知，在最终产品的生产过程中会直接或间接地用到国产或进口的中间产品，由此既可能诱发本国排放，也可能诱发外国的排放。从图1－3可知，不论是德国还是中国，在生产最终产品的过程中大部分排放留在了国内。这主要是由于这两个国家体量较大，产业部门相对齐全，用来支持最终产品价值链的大部分中间产品都可以在国内采购。但从份额上看，德国的最终产品生产所诱发的排放里有大约30%会发生在国外，而中国的这一比例约为10%。这一现象可从以下几个方面解释。第一，德国与中国相比毕竟体量较小，价值链的上游采购有相当一部分需依赖其他国家。第二，德国国内的环境约束较强，因此高碳排放的中间产品生产可能转移到国外，或通过进口替代来实现。第三，德国国内碳排放强度与东欧或第三世界国家相比明显较低，因此即便大部分中间产品采购来自国内，少量来自国外的中间产品进口也会诱发上游国家较多的排放。更为重要的是，从引起排放的能源品种看，两国有明显的区别。留在中国国内的排放绝大多数是由煤炭燃烧造成的，而留在德国的排放来自非煤炭能源的比重相对较高。

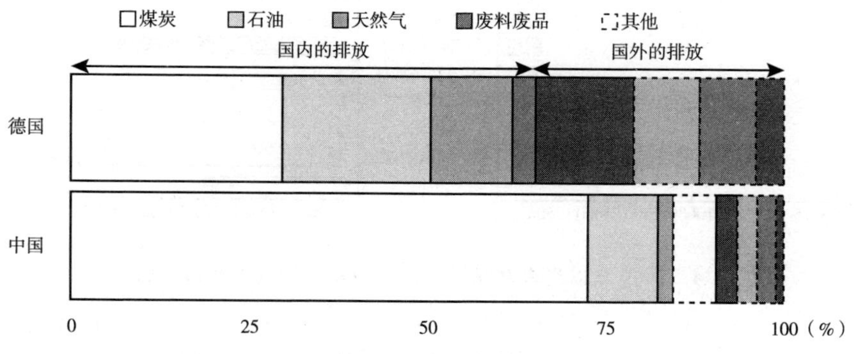

图 1－3　2009 年在国家层面从价值链下游追溯碳排放

第二个核算框架也可在国家间和产品层面展示。图 1－4 以汽车为例展示了这种最终产品分别在中国和德国生产时所诱发的价值链上游国家（或地区）碳排放的情况。2009 年中国已经成为世界最大的汽车生产国。虽然在汽车生产过程中很多中间品的供应来自国内市场，但仍然有相当一部分中间品要直接或间接地依赖进口，由此会诱发国外碳排放，尤其是在碳排放强度较高的发展中国家，以及能源依存度较高的新兴工业国家如俄罗斯。另外，以技术含量较高的中间品出口来参与中国汽车价值链的东亚国家和地区（韩国、日本以及中国台湾地区）以及美国也会受到较大影响。与中国相比，德国的汽车生产会诱发更多的国外碳排放。主要受影响的是其他发展中国家、欧洲国家以及中国。这种诱发效果既包括德国从中国直接进口中间品用于汽车生产所带来的中国碳排放，也包括通过各种间接路径带来的中国碳排放。比如德国从波兰进口的中间品在波兰生产时需要来自中国的中间品，从而间接地诱发中国的碳排放。和其他参与德国汽车价值链的国家相比，很明显中国主要的排放源是煤炭。因此，高度依赖煤炭的能源结构不改变，中国参与全球价值链的二氧化碳排放成本便很难降下来。

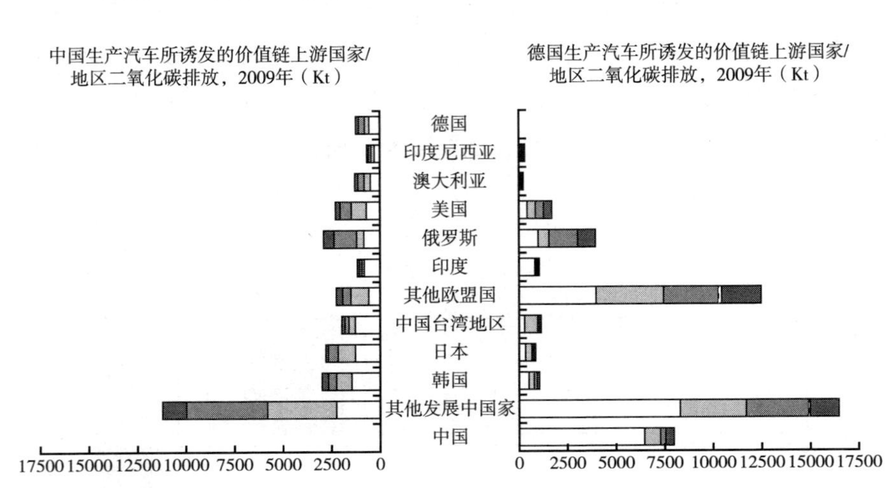

图 1－4　2009 年以汽车产品为例国家间从价值链下游追溯碳排放

为了更好地诠释一个国家在全球价值链的参与程度和位置与其二氧化碳排放之间的关系，我们有必要介绍第三个核算框架。图 1－5 以日本和中国为例，展示了隐含在两国总出口里的碳排放是如何通过不同的价值链途径实现的。首先，隐含在总出口里的碳排放可分为国内碳排放和国外碳排放。从两国的比较中可以看出，中国隐含在总出口里的国内碳排放占比较大。这主要是由于出口产品生产过程本身，以及该产品生产过程中直接和间接投入的国内中间产品和日本相比碳排放强度较高（虽然中国每生产一个单位的出口产品所需的进口中间产品价值占比较大）。从价值链路径看，中国隐含在出口里的国内碳排放主要是通过和伙伴国的最终产品贸易实现，而日本主要是通过和贸易伙伴国的中间产品出口实现。另外，隐含在日本出口里的碳排放，大约有 20% 是为了满足贸易伙伴国的最终需求，但该排放发生在第三国。这主要是日本出口产品使用了较多或高碳的第三国的中间产品所致。

以上框架也可拓展到国家间和产品层面。图 1－6 分别展示了德国、墨西哥和中国出口给美国的电子产品隐含碳是通过何种价值链途径实现的。很明显，德国和墨西哥类似，隐含在其电子产品出口里的碳排放主要来自国外

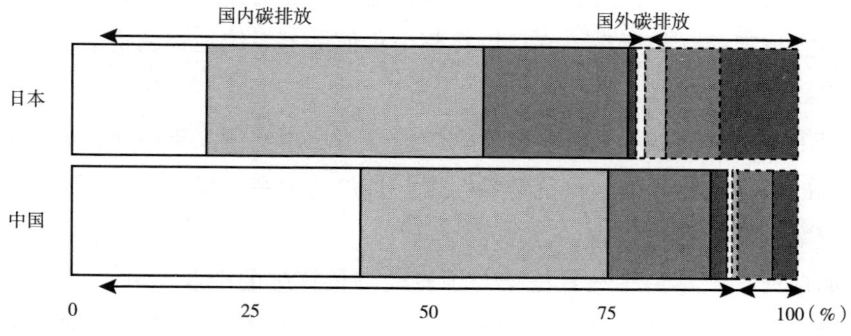

图 1-5　2009 年从国家层面追溯总出口中的碳排放

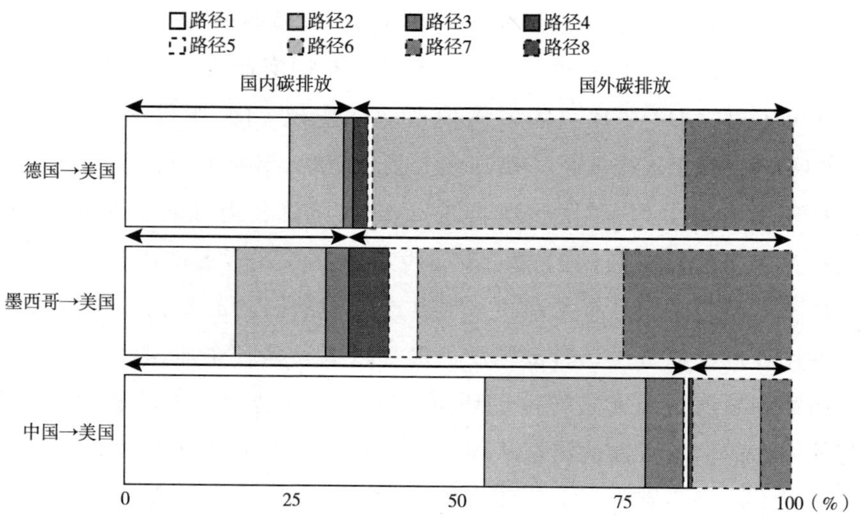

图 1-6　2009 年以电子产品为例国家间追溯总出口中的碳排放

而非国内。这一点与中国形成鲜明对比。我们通过计算出口增加值可以知道，这三个国家的电子产品出口里的外国增加值占比分别为 24%、53% 和 32%。德国的这一占比最低，但单位出口诱发外国的碳排放占比和墨西哥一样高，主要原因是德国出口给美国的电子产品生产过程中直接和间接地使用了大量高碳的第三国中间产品（路径7和路径8）。而墨西哥主要是由于其出口产品生产需要较多的外国中间品。中国出口给美国的电子产品所诱发的碳排放有约80%留在了国内，主要还是由与电子相关的国内上游供应商碳排放强度较高造成的。电子产品生产过程中产生的碳排放并不多，尤其是从事加工贸易。但其上游的金属、化工以及电力行业的排放不容忽视。这也是这个核算框架的优势所在，它可以在整个价值链上系统地追溯价值和碳排放的产生、转移和吸收。

以上我们分别展示了三个核算框架的基本应用实例。下面我们分别就价值链上的潜在环境成本、价值链参与度与排放的关系，以及国家间碳排放转移进行案例分析。

如前所述，第一个核算框架与国民经济核算中的产业GDP是完全对应的。因此我们可以通过计算增加值贸易和隐含碳贸易的比值来测算各种价值链路径上每创造一个单位的GDP所需要付出的潜在环境成本。我们对主要的G20国家进行了计算并将结果展示在图1－7中。为了简便起见，我们将价值链路径分为经由国际贸易和不经由国际贸易两部分，并对GDP按不变价进行了调整。很显然，对于大多数G20国家而言，通过国际贸易获取一个单位的GDP要比只通过国内产业链实现GDP所付出的环境成本（单位GDP二氧化碳排放量）高很多。虽然2009年的碳排放强度由于技术进步和环境规制等因素比1995年有了很大下降，但通过国际贸易实现GDP的途径仍然相对高碳的这一事实没有改变。其背后的因素是多元的，首先和贸易品的结构是有关系的。与自产自销的国内品相比，贸易品里服务类占比较低（服务类碳排放强度一般都较低）是一个原因。另外，也与发达国家和发展中国家之间由于环境约束强弱有别而带来的碳泄漏有关。具有代表性的例子有发达国家从环境约束弱的发展中国家进口高碳中间产品或通过FDI将高碳生产部门转移到海外。还有，随着垂直专业化贸易和分段式生产方式的发展，很多国家尤其是发展中国家不必建立一整套价值链，只需专注于自身有比较优势的部门或生产环节就可以积极参与全球价值链。其结果就是跨国多次重复运输的中间品贸易量增加，由此带来的运输部门的碳排放也是一个因素。

下面我们用图1－8来展示全球价值链参与度与其出口隐含碳排放之间

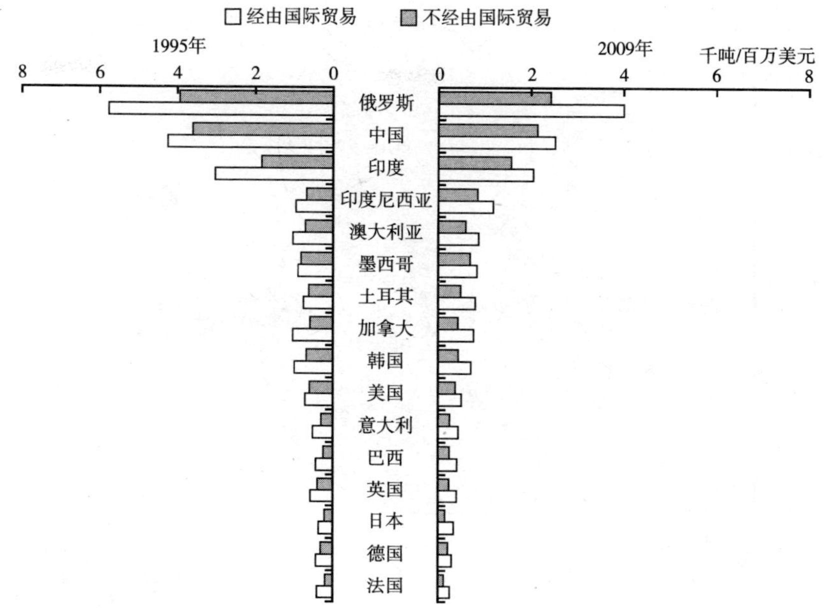

图 1－7　通过不同价值链路径实现 GDP 的环境成本

的关系。图中的横轴和竖轴分别表示从下游方向和从上游方向的价值链参与度（基本等同于 Hummels et al. 在 2001 年界定的垂直专业化分工的 VS 和 VS1 比率的概念）。而与各国或地区参与价值链位置相对应的圆圈大小表示该国或地区出口产品里的隐含碳排放。VS 比率越大说明出口里隐含他国或地区中间品的比率越高，这种情况一般常见于通过加工贸易参与价值链的发展中国家或开放程度较大的小经济体。VS1 比率越大说明出口品里继续被下游国家或地区用来加工出口品的比率越高，这种情况一般常见于发达国家或能源类初级产品出口国。从图 1－8 可以看出，中国的价值链参与度无论是从上游方向还是下游方向与很多欧洲国家均处于同一位置，但出口品里有大量的隐含碳排放。这主要是由于中国碳排放强度太高（2009 年约为美国的 5.5 倍，日本的 11 倍），出口规模也很大。其他发展中国家的出口隐含碳排放约为中国的 70%，其原因和中国的情况类似。但其他发展中国家参与全球价值链的 VS1 程度要比中国高很多。这主要是由于这些国家大多是初级产品供应国。

最后，我们将全世界分为八大区域，表 1－1 分别展示了 1995 年和 2009 年的区域间隐含碳贸易结构。我们将一个国家为满足自身最终需求的排放部

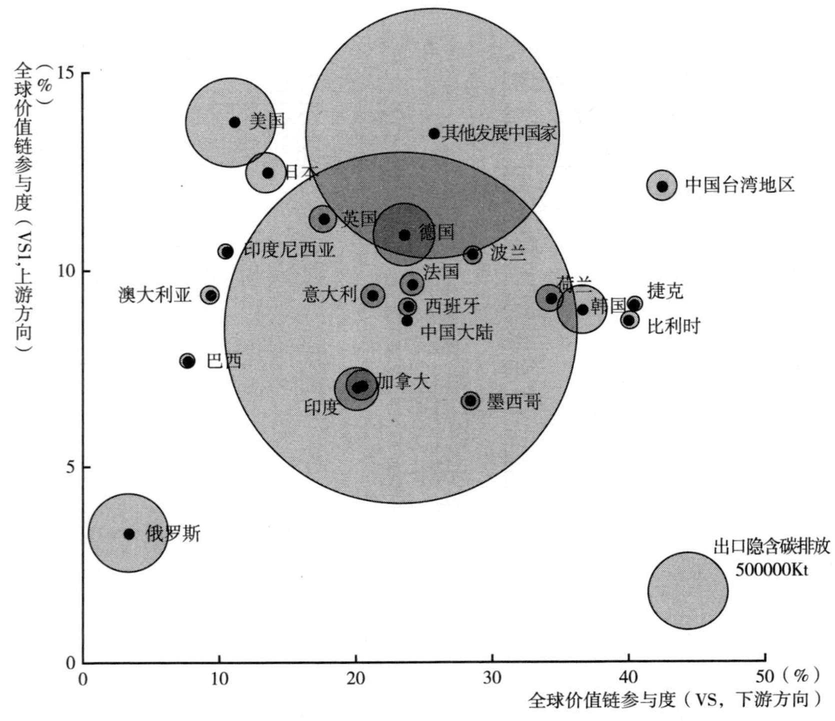

图 1－8　全球价值链参与程度与出口隐含碳排放

分扣除，计算了国家间隐含碳贸易在全世界隐含碳贸易的占比。横向看是表侧国家的隐含碳出口，纵向看是表头国家的隐含碳进口。比如 1995 年表里中国的横行和美国的纵列相交处为 4.93，其含义是中国在 1995 年通过全球价值链为满足美国的最终需求排放的二氧化碳（即中国对美国的二氧化碳出口）占全世界二氧化碳总出口的 4.93%。通过两年的结构对比，可以有以下几点发现。（1）横向看，1995 年金砖国家之外的所有发展中国家，即表中的“其他”区域是最大的隐含二氧化碳出口方（占世界二氧化碳出口总量的 31.19%）。其出口主要用以满足发达国家的最终需求（美国 11.08%，欧盟 10.98%，日本 5.65%）。中国是仅次于“其他”区域的二氧化碳出口方（占世界二氧化碳出口总量的 18.39%）。其出口流向主要是“其他”区域（5.47%）、美国（4.93%）、欧盟（4.29%）和日本（3.19%）。之所以流向“其他”区域的占比最大，主要是因为“其他”区域所包含的经济体的最终需求通过全球价值链会诱发较多的中国碳排放。这不仅与“其他”经济体对中国产最终品的需求规模有关，还与中国的碳排放强度偏高有关。另外，“其他”区域即使不直接消费中国产的最终产品，也可能带来中国的碳排放。比如中国电力部门的二氧化碳排放隐含在金属半成品里出口给日本，又被用于生产精密仪器再出口给“其他”经济体用来消费就属于这种情况。（2）纵向看，“其他”区域、欧盟、美国和日本分别是最主要的二氧化碳进口方。这主要是其最终需求规模大，隐含碳贸易伙伴国碳排放强度高所致。（3）对比1995年和2009年两张表，基本的进出口流向变化不大，但区域间隐含碳贸易占比发生了很大变化，尤其是中国与“其他”发展中经济体之间的相互作用更加显著。例如，2009年中国成为最大的出口方，中国对美国、欧盟的二氧化碳出口占比分别增长了0.53和0.8倍，对日本的出口占比不增反降了17%。与此同时，中国对“其他”区域的出口增长了约1.8倍。更值得关注的是，中国从“其他”区域的二氧化碳进口占比从1.52%增至5.27%，成为超过日本的二氧化碳进口国。

表1－1　主要经济体之间的隐含碳贸易

单位：%

1995年	巴西	中国	印度	日本	俄罗斯	美国	欧盟	其他	总计
巴　西		0.01	0.01	0.06	0.01	0.13	0.20	0.25	0.66
中　国	0.13		0.20	3.19	0.18	4.93	4.29	5.47	18.39
印　度	0.02	0.05		0.50	0.06	0.75	1.05	1.07	3.52
日　本	0.03	0.23	0.04		0.02	0.93	0.66	2.63	4.55
俄罗斯	0.08	0.40	0.19	0.78		1.09	8.02	2.93	13.47
美　国	0.28	0.33	0.10	1.71	0.10		3.11	7.85	13.47
欧　盟	0.33	0.42	0.25	1.11	0.80	3.15		8.69	14.74
其　他	0.73	1.52	0.70	5.65	0.55	11.08	10.98		31.19
总　计	1.60	2.96	1.48	13.00	1.72	22.06	28.29	28.99	100.00
2009年	**巴西**	**中国**	**印度**	**日本**	**俄罗斯**	**美国**	**欧盟**	**其他**	**总计**
巴　西		0.11	0.01	0.03	0.01	0.11	0.18	0.32	0.78
中　国	0.50		1.12	2.64	0.77	7.54	7.72	15.14	35.44
印　度	0.05	0.39		0.13	0.07	0.85	1.01	1.71	4.21
日　本	0.04	0.68	0.05		0.05	0.49	0.47	1.78	3.55
俄罗斯	0.10	0.78	0.13	0.31		0.74	3.53	3.06	8.64
美　国	0.15	0.78	0.13	0.43	0.08		1.75	4.58	7.88
欧　盟	0.23	1.07	0.20	0.37	0.43	1.75		6.67	10.72
其　他	0.68	5.27	1.74	2.98	0.59	7.92	9.61		28.78
总　计	1.74	9.07	3.38	6.89	1.99	19.40	24.27	33.26	100.00

到目前为止，很多文献强调发达国家与发展中国家之间的隐含碳转移问题。我们觉得随着中国和更多的发展中国家参与全球价值链，它们之间的隐含碳转移问题更值得关注，因为二者同为《京都议定书》的非 Annex B 国家，其环境约束都相对薄弱。

五 结论

本文介绍了如何系统地在全球价值链框架下科学地追溯碳排放的新方法（Meng，Peters & Wang，2015）。该方法基于全球投入产出模型，系统地给出了在国家、产业、产品层面以及国家间、产业间追溯碳排放的发生、转移和消费的完整度量。其主要特点是可以从价值链上下游两个方向追溯碳排放，同时还系统地将贸易流与隐含碳概念相结合，为在复杂的价值链中界定谁生产贸易品和碳排放、谁消费贸易品和碳排放提供科学依据。通过一些实际应用我们有以下几点发现。（1）通过国际贸易途径创造的 GDP 与不经由任何贸易途径仅在国内产业链中创造的 GDP 相比环境成本高。这一结论与国家间环境约束差异导致的碳泄漏以及垂直专业化和分段式生产方式带来的中间品多次跨国重复运输有关。（2）中国和其他发展中国家间的隐含碳贸易已经超过全球隐含碳贸易总量的 20%。这两个经济体都不是《京都议定书》中的 Annex B 成员国，环境约束较弱，它们之间的碳泄漏如果不能得到很好的控制，全球的减排压力会更大。（3）一个国家的碳排放与该国参与价值链的程度、方式以及位置有着密切的关系。发展中国家的参与方式如何在摆脱高碳制约的同时实现产业升级将是一个很值得深入研究的问题。

参考文献

[1] Antràs, P., Chor, D., Fally, T. and Hillberry, R., "Measuring the Upstreamness of Production and Trade Flows," *American Economic Review*, 2012, 102 (3): 412 - 16.

[2] Antràs, P. and Chor, D., "Organizing the Global Value Chain," *Econometrica*, 2013, 81 (6): 2127 - 2204.

[3] Baldwin, R., "Trade and Industrialisation after Globalisation's 2nd Unbundling: How

Building and Joining a Supply Chain are Different and Why it Matters," in Robert C. Feenstra and Alan M. Taylor, eds., *Globalization in an Age of Crisis: Multilateral Economic Cooperation in the Twenty-First Century*, 2014.

[4] Davis, S. J. & Caldiera, K., "Consumption-based accounting of CO_2 emissions," PNAS, 2010, 107: 5687 - 5692.

[5] Fally, T., "On the Fragmentation of Production in the US," 2011.

[6] Fally T., "Production Staging: Measurement and Facts," 2012.

[7] Gereffiy Gary, John Humphrey and Timothy Sturgeon, "The Governance of Global Value Chains," *Review of International Political Economy*, 2005: 78 - 104.

[8] Grossman, G. M., Rossi-Hansberg, E., "Trading Tasks: a Simple Theory of Offshoring," *The American Economic Review*, 2008, 98 (5): 1978 - 1997.

[9] Hertwich, E. G. and Peters, G. P., "Carbon Footprint of Nations: A Global, Trade-linked Analysis," *Environmental Science and Technology*, 2009, 43 (16): 6414 - 6420.

[10] Hummels, D., Ishii, J. and Yi, K. M., "The Nature and Growth of Vertical Specialization in World Trade," *Journal of International Economics*, 2001, 54 (1): 75 - 96.

[11] Johnson, R. and Noguera, G., "Accounting for Intermediates: Production Sharing and Trade in Value Added," *Journal of International Economics*, 2012, 86: 224 - 236.

[12] Kanemoto, K., Lenzen, M., Peters, G. P., Moran, D. and Geschke, A., "Frameworks for Comparing Emissions Associated with Production, Consumption, and International Trade," *Environmental Science and Technology*, 2012, 46: 172 - 179.

[13] Koopman, R., Wang, Z. and Wei, S. J., "Tracing Value-added and Double Counting in Gross Exports," *American Economic Review*, 2014, 104 (2): 459 - 494.

[14] Leontief, W., "Quantitative Input and Output Relations in the Economic System of the United States," *The Review of Economic and Statistics*, 1936, 18: 105 - 25.

[15] Meng, B., Xue, J., Feng, K., Guan, D. and Fu, X., "China's Inter-regional Spillover of Carbon Emissions and Domestic Supply Chains," *Energy Policy*, 2013, 61: 1305 - 1321.

[16] Meng, B., Peters, G. P., Wang, Z., "Tracing Greenhouse Gas Emissions in Global Value Chains," 2015.

[17] OECD, WTO and World Bank Group, "Global Value Chains: Challenges, Opportunities, and Implications for Policy," 2014.

[18] OECD, WTO and UNCTAD, "Implications of Global Value Chains for Trade, Investment Development and Jobs," 2013.

[19] Peters, G. P., "From Production-based to Consumption-based National Emission Inventories," *Ecological Economics*, 2008, 65: 13 - 23.

[20] Peters, G. P. and Hertwich, E. G. , "CO_2 Embodied in International Trade with Implications for Global Climate Policy," *Environmental Science and Technology*, 2008, 42 (5): 1401 - 1407.

[21] Timmer, M. P. , Dietzenbacher, E. , Los, B. , Stehrer, R. and De Vries, G. J. , "The World Input-Output Database (WIOD): Contents, Concepts and Applications," 2014a.

[22] Timmer, M. P. , Erumban, A. A. , Los, B. , Stehrer, R. and De Vries G. J. , "Slicing up Global Value Chains," *Journal of Economic Perspectives*, 2014b, 28 (2): 99 - 118.

[23] Tukker, A. and Dietzenbacher, E. , "Global Multiregional Input - Output Frameworks: An Introduction and Outlook," *Economic Systems Research*, 2013, 25 (1): 1 - 19.

[24] UNCTAD. *Global Value Chains: Investment and Trade for Development.* New York: United Nations, 2013.

[25] Wang, Z. , Mattoo, A. and Wei, S. J. , "Trade in Value-Added—Developing New Measures of Cross Border Trade," 2013.

[26] Wang, Z. , Wei, S. J. and Zhu, K. , "Quantifying International Production Sharing at the Bilateral and Sector Levels," 2013.

[27] WTO-IDE, "Trade Patterns and Global Value Chains in East Asia: From Trade to Goods to Trade in Tasks," 2011.

[28] Xing, Y. , *Uncovering Value Added in Trade: New Approaches to Analyzing Global Value Chains.* Singapore: World Scientific Publishing, 2015.

[29] Xing, Y. and Detert, H. , "How the iPhone Widens the United States Trade Deficit with the People's Republic of China," 2010.

[30] Ye, M. , Meng, B. and Wei, S. J. , "Measuring Smile Curves in Global Value Chains," 2015.

[31] Yi, K. M. , "Can Multistage Production Explain the Home Bias in Trade?" *The American Economic Review*, 2010, 100 (1): 364 - 393.

第二章

地区异质性与全球价值链中的产业分工、需求溢出和碳排放*

裴建锁　孟　渤　王　飞　薛进军　赵忠秀

一　引言

当今经济的特点是国际生产日益碎片化。在这种情况下，生产分工已经成为一种常态而不是特例。这包含了两层含义。首先，中间商品在到达最终用户之前需要多次跨境，这意味着，越来越多的最终商品是“世界制造”（WTO-IDE，2011；OECD-WTO，2012），同时也意味着全球价值链（GVC）非常重要。其次，基于生产的温室气体（GHG）排放核算原则，如二氧化碳排放，正面临越来越大的挑战。随着能够获得的数据集质量越来越高，根据最终使用者的不同来核算二氧化碳排放已经成为可能，这样一来，就可以把生产者责任和消费者责任区别开来。

事实上，以往的研究曾经涉及了贸易中（出口、进口或者两者兼而有之）所隐含的二氧化碳排放这一问题，同时，这些研究已经就最新进展达成了共识（Peters 和 Hertwich，2008；Peters 等，2011）。具体来说，在过去几年中，隐含在贸易中的二氧化碳排放量的增长恰好与《京都议定书》的

* 本文修订稿以“Production Sharing, Demand Spillovers and CO_2 Emissions: The Case of Chinese Regions in Global Value Chains”为题在 *Singapore Economic Review*（《新加坡经济评论》）2017 年第 3 卷发表。

规定不谋而合。然而，各个经济体之间隐含在贸易中的二氧化碳排放的模式，特别是此类二氧化碳排放增长的机制仍有待解释。由于总体产量的增长，生产分工可能会增加二氧化碳的排放。与此同时，产业分工结构也可能会发生改变，这可能会也可能不会对二氧化碳排放造成影响。同样重要的是，由于输出的增长，生产技术可能会提高，因此二氧化碳排放强度可能会下降。这些效应在相关文献中被称为规模效应、组合效应或技术效应（Grossman 和 Krueger，1993；Levinson，2009）。结果是，生产分工和二氧化碳排放之间的关系尚不明确，这就需要设计一个更具一般性的框架并且进行实证研究。所以，我们的第一个研究问题就是“什么因素决定了各个经济体在贸易中隐含二氧化碳排放的模式”。

2013 年，中国的商品贸易总额超过了美国，超过了 4 万亿美元，这使中国成为最大的贸易经济体。中国是否应该“代表从中国进口商品的其他经济体”为二氧化碳排放总量负责这一问题引发了激烈辩论，中国则成为辩论的焦点（Weber 等，2008；Dietzenbacher 等，2012）。同时，中国统计局的数据显示，在地区生产总值、各地区生产能源投入强度等方面，中国国内各地区之间存在显著的地区异质性。例如，2013 年，就地区生产总值而言，西藏自治区最低，为 807 亿元，广东省最高，为 6.2 万亿元，相差悬殊。生产中能源投入强度差异也很大。按照每万元人民币所对应的吨标准煤输入来计算，2011 年，北京最低，为 0.46 吨标准煤，宁夏最高，为 2.28 吨标准煤。

另外，中国各地区的区域间贸易和生产分工进一步凸显了全球价值链背景下二氧化碳排放核算的重要性。为了深化这一想法，我们假设，因金融危机的影响，中国沿海地区的外部需求出现了下降。这一下降冲击了沿海地区的产出，同时，由于某些原材料或中间投入品来自中国的其他地区，所以这些地区的产出也会相应发生萎缩。这就是所谓的需求溢出现象（Bems 等，2010）。

同样，二氧化碳排放也隐含在区域间贸易之中。更重要的是，相比国际层面，国内各地区间的生产分工则更加明显。关于区域生产分工以及二氧化碳排放在国内区域间流动的核算，Meng 等人进行了首次尝试（2013a）。然而，这些研究并没有把国内生产链和国际生产链完全联系在一起，因此漏掉了全球价值链背景下的一个重要组成部分。在现有的文献当中，中国的地区间出口和进口都被视为外部变量而不是内部变量。为了填补相关研究中的这一空白，我们在此优化改进了所使用的数据集（Meng 等，2013b），该数据集将中国国内各个地区纳入国际投入产出数据库之中。这使得我们能够将国内生产关系和国际生产分工联系在一起。

在本文中，我们采用了一种新型数据集，这种数据集使我们能够在全球价值链背景下分析区域性二氧化碳排放这一问题。同时，本项研究也是对 Meng 等人（2013a）研究工作的延伸。为了便于分析，我们采用了 Serrano 和 Dietzenbacher 等人的方法，更为重要的是，我们采用了环境扩展 HOV 模型。这样一来，我们就可以把研究结果纳入一个理论上一致的框架中，同时也使实证研究成果具有实际意义。我们的研究成果总体上适用于相关政策讨论，特别是适用于中国碳排放交易体系（ETS）和应对气候变化的其他地区性政策。

在印象中，相比海外贸易伙伴，中国的四个地区在二氧化碳排放净出口上均存在结余。此外，上游地区往往是二氧化碳排放的净输出者。更有趣的是，如果在环境扩展 HOV 模型框架内对这种模式进行分析，净二氧化碳排放流动的方向是完全可以预测的。我们猜想，这一结果也普遍适用于其他污染物。如果是这样的话，关于“污染避难所假说”和“要素禀赋假说”的争论就有了一个最终答案，因为要素禀赋是贸易模式的最终决定因素（无论贸易的内容是禀赋因素还是污染物）。

本文其余部分的结构如下。第 2 部分介绍了一种新方法来估算贸易中某种因素的含量（也就是贸易中隐含的碳排放的含量），同时介绍了环境扩展 HOV 模型。第 3 部分则对新型数据集的构建进行了简要介绍。第 4 部分展示了一些程式化事实和实证结果。最后一部分则是本文的研究结论。

二　方法论

在本部分，我们在两个方面对 Meng 等人（2013a）的方法进行进一步研究。首先，沿袭 Serrano 和 Dietzenbacher 等人的方法，我们采用了需求驱动这一研究角度，而这正是里昂惕夫生产系数的精髓所在。[①] 其次，我们将

① 在全球价值链研究中，发现了类似的应用。

扩展环境禀赋理论纳入研究之中。这样一来，我们就能够做出更加丰富的预测。

（一）完整的区域间投入产出矩阵的构建

我们所用的新型数据集涵盖了中国的四个地区，同时涵盖了其他主要经济体以及世界其他地区。为了简单起见，中国的这四个地区也被认为是不同的地区。从这个意义上讲，该数据集是一个由八大区域（包括世界其他地区）构成的完整的区域间投入产出矩阵。

现在，我们就能够采用公式对各种要素进行正式分析。作为出发点，让我们首先考虑两个地区，一个称为本国（标记为 1），另一个则称为外国（标记为 2）。每个地区都有自己的生产技术、禀赋和污染物。此外，假设每一个地区都拥有 n 个生产部门，而每个生产部门均生产一种单一产品（即单纯部门）。每种产品均可以被用作中间投入品，无论是在本区域之内还是在其他区域。同时，每种产品也可以被当作最终产品，如消费或投资，既可以在本区域之内，也可以在其他区域。使用矩阵，我们就可以把以上假设公式化，即：

$$\begin{pmatrix} x^1 \\ x^2 \end{pmatrix} = \begin{bmatrix} A^{11} & A^{12} \\ A^{21} & A^{22} \end{bmatrix} \begin{pmatrix} x^1 \\ x^2 \end{pmatrix} + \begin{pmatrix} y^{11} + y^{12} \\ y^{21} + y^{22} \end{pmatrix} \tag{1a}$$

或者是简化形式：

$$x = Ax + y \tag{1b}$$

其中 A^{11} 和 A^{22} 为区域内投入系数①，而 A^{12} 和 A^{21} 则是表示生产分工程度的区域间投入系数。与之相似，y^{11} 和 y^{22} 代表本地生产的产品的最终用途，而 y^{12} 和 y^{21} 则代表用来满足最终需求的进口商品。x^1 和 x^2 分别代表地区 1 和地区 2 的总输出量。通过对方程式 1a 和方程式 1b 进行重新整理，我们可以得出：

---

① 值得注意的是，输入系数不同于技术系数。因解释不同，它们具有不同的用途。输入系数描述当地行业间的联系，然而技术系数可给出技术结构（无论项目是否在区域内或是否来自输入）。在本质上，后者更适用于技术变更的讨论。相比之下，前者在解决当地的直接与间接影响时更为有用，这也是我们此处需要解决的问题。

$$\begin{pmatrix} x^1 \\ x^2 \end{pmatrix} = \left(I - \begin{bmatrix} A^{11} & A^{12} \\ A^{21} & A^{22} \end{bmatrix} \right)^{-1} \begin{pmatrix} y^{11} + y^{12} \\ y^{21} + y^{22} \end{pmatrix} = \begin{bmatrix} L^{11} & L^{12} \\ L^{21} & L^{22} \end{bmatrix} \begin{pmatrix} y^{11} + y^{12} \\ y^{21} + y^{22} \end{pmatrix} \tag{2a}$$

$$x = (I - A)^{-1} y = Ly \tag{2b}$$

其中，L≡（I－A）$^{-1}$为里昂惕夫逆矩阵。

为了对与每个地区生产量有关的二氧化碳排放进行估算，我们将 μ^r 定义为排放强度（r＝域内、域外），其元素 μ_j^r 表示 r 地区部门 j（$j=1, \cdots, n$）生产一个单位产出所对应的二氧化碳排放量。因此，每个地区的二氧化碳排放可表述为：

$$\begin{pmatrix} e^1 \\ e^2 \end{pmatrix} = \begin{pmatrix} \hat{\mu}^1 x^1 \\ \hat{\mu}^2 x^2 \end{pmatrix} = \begin{bmatrix} \hat{\mu}^1 L^{11} & \hat{\mu}^1 L^{12} \\ \hat{\mu}^2 L^{21} & \hat{\mu}^2 L^{22} \end{bmatrix} \begin{pmatrix} y^{11} + y^{12} \\ y^{21} + y^{22} \end{pmatrix} = \begin{bmatrix} E^{11} & E^{12} \\ E^{21} & E^{22} \end{bmatrix} \begin{pmatrix} y^{11} + y^{12} \\ y^{21} + y^{22} \end{pmatrix} \tag{3a}$$

其中，E^{rs}中的元素 e_j^{rs} 给出了 r 地区的最终产品 j（包括区域内和区域间两部分）中的排放值。

为直观起见，我们可以把方程式（3）分为两个方程式，在这两个方程式中，基于生产的核算原则［参见方程式（3a）］和基于消费的核算原则［参见方程式（3b）］被明确区分开来（Dietzenbacher 等，2012）。基于生产的核算原则，只有生产者需要承担与生产过程有关的排放责任；基于消费的核算原则，因为消费者消费了商品，因此他们也需要承担排放责任。

$$\begin{pmatrix} e_p^1 \\ e_p^2 \end{pmatrix} = \begin{pmatrix} e^1 \\ e^2 \end{pmatrix} = \begin{bmatrix} \hat{\mu}^1 L^{11} & \hat{\mu}^1 L^{12} \\ \hat{\mu}^2 L^{21} & \hat{\mu}^2 L^{22} \end{bmatrix} \begin{pmatrix} y^{11} + y^{12} \\ y^{21} + y^{22} \end{pmatrix} = \begin{bmatrix} E^{11} & E^{12} \\ E^{21} & E^{22} \end{bmatrix} \begin{pmatrix} y^{11} + y^{12} \\ y^{21} + y^{22} \end{pmatrix} \tag{3b}$$

$$\begin{pmatrix} e_c^1 \\ e_c^2 \end{pmatrix} = \begin{bmatrix} (\hat{\mu}^1 L^{11} + \hat{\mu}^2 L^{21}) y^{11} + (\hat{\mu}^1 L^{12} + \hat{\mu}^2 L^{22}) y^{21} \\ (\hat{\mu}^1 L^{11} + \hat{\mu}^2 L^{21}) y^{12} + (\hat{\mu}^1 L^{12} + \hat{\mu}^2 L^{22}) y^{22} \end{bmatrix} = \begin{bmatrix} (E^{11} + E^{21}) y^{11} + (E^{12} + E^{22}) y^{21} \\ (E^{11} + E^{21}) y^{12} + (E^{12} + E^{22}) y^{22} \end{bmatrix} \tag{3c}$$

这两种方法各有其用途。由于大部分统计是以生产单位为基础的，因此，基于生产的核算原则在获得相关数据方面比较容易，也比较直接。然而，如果域内的环境保护法规相对比较严格，那么我们预计生产企业可能会转移到域外进行生产，在相关文献中，这种现象被称为“污染避难所假说”（了解详细情况，请参见 Copeland 和 Taylor 2003 年的研究）。在这种情况下，基于消费的核算原则可以成为一种分配排放和其他污染物责任的有效替代方法。

（二）贸易中的隐含二氧化碳排放

作为一个核算恒等方程，无论是采用基于生产的核算原则还是采用基于消费的核算原则，所得出的二氧化碳排放量都是相同的。很显然，在我们假设的两个地区的世界中，其中一个地区隐含在贸易中的净二氧化碳排放与另一个地区隐含在贸易中的净二氧化碳排放相等（只是正负号相反）。为了便于分析，让我们以本国（地区1）为例展开分析。我们需要对隐含在出口和进口中的二氧化碳排放单独进行估算。

首先考虑出口：

$$e_{ex}^{1} = (E^{11} + E^{21})y^{12} + E^{12}(y^{21} + y^{22}) \tag{4}$$

方程式（4）给出了隐含在输出中的二氧化碳排放。在这里，我们将最终使用和中间投入品两者区分开来。具体来说，$(E^{11}+E^{21})y^{12}$代表了隐含在域内向域外输出的最终商品y^{12}中（本国和外国）的二氧化碳排放；而$E^{12}(y^{21}+y^{22})$则代表了隐含在本国向外国出口的中间产品中的二氧化碳排放。同时，需要注意的是，中间产品是用于满足两个地区的最终消费需求$(y^{21}+y^{22})$。

以同样的方式，隐含在进口中的域内二氧化碳排放也可以表示为：

$$e_{im}^{1} = (E^{22} + E^{12})y^{21} + E^{21}(y^{11} + y^{12}) \tag{5}$$

因此，隐含在贸易中的域内二氧化碳排放结余可以通过计算隐含在出口中的净二氧化碳排放得出。

$$teb^{1} = E^{11}y^{12} + E^{12}y^{22} - E^{22}y^{21} - E^{21}y^{11} \tag{6}$$

因为正、负两种情况同时存在，所以，teb^{1}可能会大于、等于或小于零。按照商品贸易惯例，如果$teb^{1}>0$，则隐含在输出中的排放大于隐含在输入中的排放，而该域内地区则被称为净排放外流地区（结余排放被隐含在贸易项目之中）。

与此类似，我们也可以对外国含在贸易中的排放结余进行估计。在我们的上述说明中不难看出，两个地区隐含在贸易中的排放结余具有零和属性，

即 $teb^1+teb^2=0$ 或者 $teb^2=-teb^1$。事实上，以上两个地区的例子可以扩展到多个地区（r 个地区），而零和属性仍然适用，即 $teb^1+teb^2+\cdots+teb^r=0$。

（三）贸易中隐含的二氧化碳排放结余

根据标准贸易理论尤其是 HOV 模型，一个区域应出口那些在利用其相对丰富生产要素方面相对比较集中的商品，同时应进口那些在利用其相对匮乏生产要素方面相对比较集中的商品。对上述理论进行扩展可以得出，隐含在贸易中的因素结余（无论是正值还是负值）应和区域的比较优势或劣势具有相同的指示意义。特别是，如果一个地区的劳动力相对丰富，那么我们可以预计，在该地区，劳动力内容的输出量应大于输入量。

为了简单起见，二氧化碳排放可以被认为是一种“因素”;① 同时，根据 HOV 模型，隐含在贸易中的二氧化碳净排放应符合本地区的比较优势或劣势。我们将 r 地区的地区生产总值定义为 g^r，这样一来，就可以计算出该地区的所占比重为 $g^r/\sum_s g^s$。我们进一步将 r 地区的禀赋 k 定义为 k^r，这样一来，就可以计算出该地区的所占比重为 $k^r/\sum_s k^s$。同样，将 r 地区的二氧化碳排放定义为 e^r，这样一来，就可以计算出该地区的所占比重为 $e^r/\sum_s e^s$。

根据 Davis 和 Weinstein 的理论，我们可以推测：$(e^r/\sum_s e^s - g^r/\sum_s g^s)\times teb^r>0$。这表示，如果 r 地区的二氧化碳排放比重高于其地区生产总值比重，那么该地区可被看作二氧化碳排放量相对较高。因此，极有可能的是，该地区隐含在出口中的二氧化碳排放会大于隐含在进口中的二氧化碳排放，即 $teb^r>0$，反之亦然。

三　数据问题

多区域投入产出表一直被广泛用于测量贸易中的二氧化碳排放。一般情

① 事实上，二氧化碳排放以及其他污染物都是与生产过程有关的副产物，其本身不是投入品。考虑到能源投入与排放之间的正相关关系，为了简单起见，排放量被视为一个“因素”。有关 HOV 框架下的要素含量的详细讨论，参见 Davis 与 Weinstein 2001 年的研究。

况下，正式对外发布的多区域投入产出表只有两个类型。一个是将某个区域作为一个国家来看待，如所谓的国家间投入产出表。对此，世界投入产出数据库和亚洲投入产出表最有代表性。多区域投入产出的另一种类型则是把某个区域作为一个国内省份或地方地区来看待，如中国的区域间投入产出表。如果我们的研究兴趣只集中在国与国关系方面或者国内区域与区域关系方面，那么常规多区域投入产出表所提供的信息就已经足够了。

然而，为了能够调查全球价值链中国内和国际两个部分是如何引起中国的区域性二氧化碳排放，那么传统的多区域投入产出表则是远远不够的。我们需要一个新的数据集，在这个新数据集中，可以将中国国内各个地区完全嵌入国家间投入产出表中。这主要是出于两方面考虑。第一，在大多数国家间投入产出表中，中国被视为一个单一的区域，没有关于中国国内各地区的信息。第二，在大多数中国区域间投入产出表中，区域出口和进口被视为外生变量，也就是说，关于谁使用了中国出口的商品以及进口自哪里等问题，没有相关信息。

为了克服现有多区域投入产出表中的上述缺点，Meng 等人（2013b）采用了一种线性程序方法，借此将 2007 年中国区域间投入产出表嵌入世界投入产出数据库中。如附录所示，该表是一个完全封闭的投入产出系统，包含了四个中国国内地区（东北、西部、中部和沿海地区）以及四个外国国家或国家集团（美国、日本、欧盟和世界其他地区），这些地区或国家紧密相连。作为一个桥梁将这两种类型的多区域投入产出表联系在一起的最重要信息是按照来源国和目的地国统计的中国分地区的海关数据。从根本上讲，这些数据以统一分类制度（HS）分类为基础。使用联合国统计署最近提出的 BEC 贸易分类，基于 HS 的贸易被分为中间产品、最终消费产品和资本产品三类。这样有助于提高估计的精确度。本文的实证结果正是基于这一新的数据集。

此外，国家层面的二氧化碳排放数据主要来源于原始的世界投入产出数据库。中国各地区和各产业的二氧化碳排放数据是根据政府间气候变化专门委员会推荐的方法（IPCC 2006），由燃料燃烧和工业加工过程中产生的二氧化碳排放计算出来的。为了测算二氧化碳排放量，这项研究探索了以下 18 种燃料的燃烧和工业加工过程：原煤、精煤、其他洗煤、型煤、焦炭、焦炉煤气、其他气体、其他焦化产品、原油、汽油、煤油、柴油、燃油、液化石油气、炼厂气、其他石油产品、天然气，还有其他能源。这项研究通过收集目标年份的《中国能源统计年鉴》和中国各省统计年鉴统计了 44 个行业和 30 个省的燃料数据。

四　主要结论

我们把结论分为三小节进行阐述。首先，将呈现一些和经济体相关的程式化事实，它们在数据集中有明确的记录。联系禀赋理论，从而得出净二氧化碳排放流量方向的理论性预测。然后，将这些基于新开发的数据集产生的实证结果和 Meng 等人（2013a）的研究结论以及一些其他研究进行对比。最后，将实证结果和基于扩展环境禀赋理论的符号预测进行对比。

（一）程式化事实

在分析实证结果之前，应先了解一下中国的区域多样性和其他经济体。

在一个多区域、多要素的 HOV 模型版本中，与地区生产总值相比，某种特定要素的相对比例可以作为一个比较优势的指标。事实上，能源投入是生产的主要部分，而这个过程会产生污染。就此而言，由生产相关活动产生的污染可以看作“能源投入”（带有负面影响）。因此，通过比较地区生产总值的比例和生产过程中二氧化碳排放的比例获得地区比较优势或劣势似乎是可信的。

表 2－1 清楚地展示了发达国家和其他国家比较优势的不同模式。事实上，日本、美国和欧盟 27 国这三个发达地区的二氧化碳排放比例要低于它们在地区生产总值中所占的比例。例如，欧盟 27 国的地区生产总值比例为 29.7%，而其二氧化碳排放所占比例仅为 14%。相比之下，中国四个地区和世界其他地区的二氧化碳排放比例远高于其地区生产总值所占比例。例如，中国沿海地区二氧化碳排放比例为 9.7%，而其地区生产总值所占比例只有 3.5%。

我们可以用这种新的数据集计算各个地区的附加值比例。出乎意料的是，除中国以外的其他地区附加值比例均超过 50%，而中国四个地区的附加值比例仅为 41%（中国沿海地区甚至低至 29.5%）。其中一个原因可能

表 2-1 地域特征以及 2007 年各地区的二氧化碳排放比例

	地区生产总值比例(%)	CO_2 排放比例(基于生产,%)	附加值比例(%)
	$g^r / \sum_s g^s$	$e^r / \sum_s e^s$	
中国东北	0.6	2.4	37.0
中国西部	1.2	5.0	40.5
中国中部	1.3	4.8	37.1
中国沿海	3.5	9.7	29.5
日本	8.0	4.3	51.1
美国	26.0	18.6	54.8
EU27	29.7	14.0	50.0
ROW	29.8	41.3	50.5
世界总计	54364.5	25261.7	49.7 *

* 2007 年地区生产总值以十亿美元为单位；二氧化碳排放单位为百万吨。对于附加值比例（例如，当全球 GDP 总值超过全球各个地区总投入值时），全球总额会平均分配给各个地区。

是对于发达国家而言，服务业在其经济中占相对较大的比例，而服务业的附加值比例又是相当高的。更重要的是，这为中国未来的发展策略提供了一个很好的提示，例如，中国“十二五”规划中着重强调服务业的发展，原因是其具有碳排放低而附加值高的特点。

（二）实证结果

上文描述性地分析了涉及二氧化碳排放的各个地区比较优势的本质特性。在本部分，将着重对地区间（中国的四个地区和其他经济体）二氧化碳排放流量进行估算。

按行阅读表 2-2，不难看出生产型核算结果［如方程式（3a)］；而当按列阅读时，可以看出消费型核算原则计算得出的结果［如方程式(3b)］。[①] 还可从表 2-2 中得出其他观察结果。

首先，处于每行对角线上的值最大，意味着一个地区与生产活动相关的二氧化碳排放的最大比例可以根据该地区的最终需求决定。例如，4238.3 百

① 值得注意的是，由于空间的限制，本文仅记录了汇总后的结果。如有需要，也可以提供行业层面的结果。

表 2－2　2007 年生产分工和最终用途产生的二氧化碳排放量

单位：百万吨

	中国东北	中国西部	中国中部	中国沿海	日本	美国	EU27	ROW
中国东北	247.5	39.5	55.0	115.6	16.1	31.6	32.5	67.7
中国西部	41.6	520.4	154.6	255.7	22.1	64.3	62.7	131.6
中国中部	19.8	70.3	542.1	253.5	25.7	77.9	76.8	149.4
中国沿海	36.0	128.7	171.6	1161.3	77.0	247.1	215.5	410.8
日本	1.4	2.2	2.9	19.7	877.3	40.8	33.6	102.3
美国	1.4	2.9	3.0	19.9	26.2	4238.3	113.6	288.2
EU27	3.1	3.7	4.1	26.2	23.9	135.2	2963.3	376.0
ROW	15.1	29.0	34.6	186.9	224.9	826.5	935.5	8177.8

注：每列中的单元格给出的是根据每行中各个地区的最终消费而产生的二氧化碳排放值，对角式的值是根据各个地区的最终需求而产生的二氧化碳排放值。例如，115.6（第二行第五列）是中国沿海地区为满足其最终需求而产生的二氧化碳排放值，而 115.6 百万吨二氧化碳由中国东北地区产生。

资料来源：笔者基于新数据集做出的计算。

万吨（第七行第七列）就是美国根据其自身的最终需求而产生的二氧化碳的排放量。这个结论非常直观。

其次，从每行的方向来看，我们可以计算出每个地区对与生产活动相关的总排放做出了多少“贡献”。引人关注的是，中国四个地区的二氧化碳排放量在与生产活动相关的二氧化碳总排放中所占比例不过 41%～47%，实际上要低于世界其他地区（例如,[①] 美国所占比例不低于 90%），这意味着 50% 以上的排放都是由其他地区的最终需求产生的。这是一个很典型的生产分工结论，由此可以看出各个地区的生产比例，而这个结论在中国尤其普遍。

最后，当我们将自己的结论和 Meng 等人（2003a）的研究结果进行比较时，可以很清楚地发现一些有关各个地区对二氧化碳排放所要承担责任的

① 有人可能会认为，较小的经济体倾向于更加开放。所以，我们计算了整个中国地区的份额，结果是，份额在某种程度上有所增加（约为 69%）。这个数值仍然远远低于发达国家，例如日本（81%）、欧盟 27 国（84%），甚至低于世界其他地区（78%）。应该强调的是，在这个数据集中，加工贸易并没有明确处理，这可能会夸大对外依赖程度（参见 Dietzenbacher 等人 2012 年针对单个国家的研究）。

新信息。这主要体现在以下两个方面：一方面，各个地区可以在全球供应链（二氧化碳排放链）中找到相应的位置；另一方面，碳泄漏问题可以更好地解决。

在行业方面，在中国四个地区的生产型二氧化碳排放量的核算结果中，材料加工业和建筑业做出的“贡献”最大（关于部门分类请参见附录 1）。如果我们认识到中国的生产结构（或者 GDP 构成）依赖于第二产业，这个观察结果就不令人意外了。与此同时，消费型二氧化碳排放主要归因于资本形成总值。

与此相较，美国生产型二氧化碳排放来源于工程建设和服务业，这有别于其他国家的排放模式。其中一个主要原因是美国已经外包了很多生产活动。跟中国截然相反的是，日本、美国、欧盟 27 国和世界其他地区消费型二氧化碳排放主要以私人消费为主。研究发现，以美国为例，其因私人消费产生的二氧化碳排放量中高达 238.6 百万吨是在中国发生的（主要来自中国沿海地区，其排放量占了 59%）。

有趣的是，从图 2－1[①] 可以看出内陆地区（比如中国西部和中部）在对欧盟 27 国、美国和世界其他地区的净出口中也隐含着大量的二氧化碳排放。事实上，这些内陆地区并没有直接向外国出口太多的商品和服务，尤其是跟沿海地区比较。然而，内陆已经间接地深入参与到全球价值链中。其中，一个最可信的解释是它们都处在生产链的相对上游，因此提供了很多的中间商品和自然资源（一般都含有高碳排放强度）给下游产业和出口地区（比如中国沿海地区）。这些中间商品“隐藏”在于中国沿海地区完成装配和生产的最终产品中，最终被出口到欧盟 27 国、美国和世界其他地区。这些观察有助于解释为什么内陆地区也大量出口产品（尽管通过间接的方式）给国外经济体。换句话说，在一个国家的内陆地区也可以通过间接途径加入全球价值链。

同时，因为中国内陆地区的环境监管较弱[②]，当地可能会排放更多二氧

① 我们非常感谢来自清华大学的 Miao Yu 在编制图表方面为我们提供的协助。

② 幸而，世界上的两大排放国美国和中国 2014 年在北京召开的亚太经合组织峰会上分别宣布其二氧化碳减排目标。中国的目标是，二氧化碳绝对排放量最迟至 2030 年达到峰值，而美国承诺 2025 年二氧化碳排放强度较 2005 年下降 26% ~28%。为了实现这些宏伟目标，需要有实证研究与谨慎的政策建议，例如，确定二氧化碳排放的主要来源将有助于确定优先顺序。

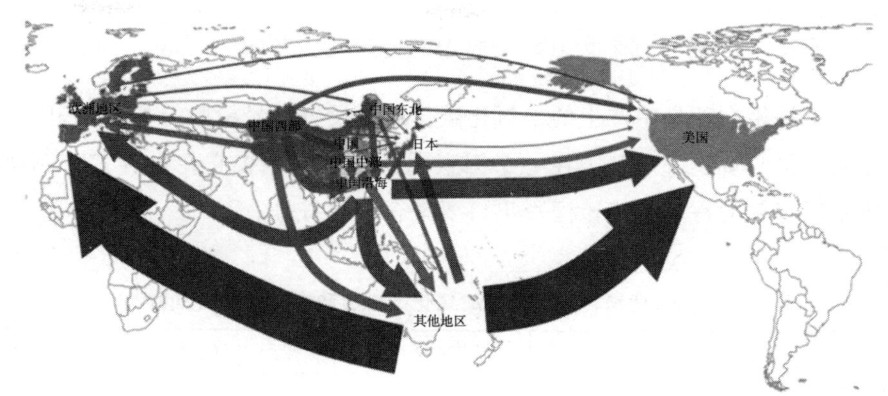

图 2-1　2007 年中国的净出口中细分到其他地区的隐含二氧化碳排放

资料来源：笔者基于新数据集做出的计算。

化碳来满足国外需求。在这一点上，在一个国家内部应该把“共同但有区别的责任”落实到每个地区层面。更具体地说，内陆地区应该实施跟其他地方一样严格的环境保护条例来弥补技术水平相对落后的缺陷，来自沿海地区的一定的技术转移甚至是经济援助需要到位（与在全球背景下所谓的清洁发展机制即 CDM 类似）。这样的安排在中国相对容易一些。主要的优势在于中国有中央政府，可以制定政策来敦促地方的行动。事实上，在这个方向上的一些行动，尽管只是部分，还是被观察到了（比如，有七个试点省市被纳入排放交易体系即 ETS 中）。为了实现国家层面的二氧化碳减排目标，我们需要充分考虑区域间的碳泄漏问题。

中国区域间碳泄漏问题十分严重，尤其是内陆地区（比如中国西北）向沿海地区输出了大量二氧化碳排放量。如果排放交易体系只覆盖区域内排放交易和某一区域内的生产活动，那它只解决了问题的一部分。理想的状态应该是建立一个全国范围的排放交易体系，设定国家的二氧化碳减排目标，采取自上而下的方案把国家层面的减排任务分配到地区层面。然后，通过国家的清洁发展机制，内陆地区也可以受益于严格的环境保护条例。这也与全球气候变化政策有关，尽管可能会被弱化——因为不是所有主权经济体都有一个中央政府，获得有约束力的协议难度较大。幸运的是，通过采用“跨国-跨区域”框架，我们的数据可以为以上努力提供经验证据。

（三）贸易中隐含的二氧化碳排放结余

为了平衡在贸易中产生的二氧化碳排放而设置符号检验的基础设想十分直接明了：它规定了用某国在一个因素中所占比重减去它在世界 GDP 中所占比重后得到的符号等于该国净出口要素含量的符号。

表 2-3　比较优势，贸易中的二氧化碳排放和实证检验（2007 年）

	相对 CO_2 排放丰裕度(%)	出口中 CO_2 排放量	进口中 CO_2 排放量	实证检验
中国东北	1.8	358.1	118.5	+
中国西部	3.8	732.6	276.3	+
中国中部	3.5	673.4	425.7	+
中国沿海	6.2	1286.7	877.5	+
日本	-3.7	202.9	416.0	+
美国	-7.4	455.3	1423.2	+
EU27	-15.7	572.1	1470.3	+
ROW	11.5	2252.5	1526.1	+

注：贸易中隐含的二氧化碳排放量以百万吨计算。

表 2-3 展示了符号检验的结果。第二栏的结果是通过比较表 2-1 中的第三栏（二氧化碳排放份额）和第二栏（世界 GDP 份额）的差异得到的，它可以作为比较优势的衡量标准。通过运用方程式（3a）和（3b）可以测算出在进出口中体现的二氧化碳含量（第三栏和第四栏）。最后一栏给出了符号检验的结果，即每个地区在净出口中二氧化碳含量的符号（第三栏减去第四栏）乘以该地区相对二氧化碳丰裕度的符号（第二栏）。

看上去 HOV 模型在环境问题上的应用效果非常好，这一点也经过了数据证实（参见最后一栏里的正号）。[①] 这与最近关于所谓“绿色里昂惕夫悖论”的讨论有关，但我们并未发现任何论据。换句话说，总体来看，我们的研究证实了拓展环境 HOV 模型的正确性。这是一条十分重要的信息，意味着我们可以解释甚至在理论框架下预测二氧化碳排放的流向。我们设想这样的结果不仅对二氧化碳排放成立，而且可以适用于对其他污染物的研究。

---

① 此处的所示结果包括中国范围内的区域间流动。我们已经进行了类似的分析，不包括中国范围内的区域间流动（运用表 2-2，通过简单的计算进行核实）。这些结论仍然适用。

此外，我们的研究成果与关于“污染避难所假说”和“要素禀赋假说”的讨论有关。显而易见，在净出口中要素（如污染物）的含量在很大程度上取决于该经济体的资源禀赋（相对丰裕或相对匮乏）。就这一点来说，结构性调整或地区内生产技术的升级是减缓气候变化的不二之选。

五　总结和讨论

生产分工是当下经济的一个主要特点。因此，应当在全球价值链背景下考虑贸易中隐含的二氧化碳排放量，重点分析国内区域间的问题。本文构建了一个新的数据集，该数据集区分了 2007 年的八大区域和八个部门。该数据集涵盖了中国的四个区域，以及日本、美国、欧盟 27 个成员方和世界其他地区。采取需求溢出的视角，以分配制造商与消费者之间的排放责任，因此可以预估贸易中隐含的二氧化碳排放量。运用扩展的环境 HOV 模型解释实证结果，同时进行实证检验。值得注意的是，根据我们的理论框架，可完全预测净出口中隐含二氧化碳排放量的趋势。

中国的四个区域都是全球价值链中的上游区域，富含能源投入，因此也富含二氧化碳排放，这些地区的出口都是二氧化碳排放量密集型的。这一观点同样适用于整个中国地区。中国沿海地区处于一个相对的下游区域，这一点也很清楚。这些调查结果与有关“污染避难所假说”以及“要素禀赋假说”的当前辩论有关。看起来，要素禀赋是净出口中隐含的要素含量（二氧化碳排放量或其他因素）模式的最终决定因素。

在政策讨论方面，生产投入结构与生产技术在决定贸易模式中起着至关重要的作用，假设技术和要素禀赋是生产模式的根本决定因素。这是自赫克歇尔俄林定理出现以来就已经存在的古老智慧。本文的新意在于从更广泛的意义上证实了这些预测，同时提供了实证研究成果的微观解释。就这一点而言，政策建议将会以微观机制为目标，而微观机制决定了比较优势。例如，从量征收到从价征收的煤炭税收改革将改变能源投入的相对价格，从而影响制造商的输入选择，这将最终改变生产过程中的排放含量。

同样重要的是，考虑到跨区域的碳泄漏相当严重，急切需要全国范围的排放交易体系。为解决内陆地区落后的技术问题，中央政府应实施技术转移或货币的重新分配。这将有助于尽快实现二氧化碳排放量峰值，人们确信，单个国家向低碳经济的努力同样有利于全球环境。

参考文献

[1] Bems, R., Johnson, R. and Yi, K., "Demand Spillovers and the Collapse of Trade in the Global Recession," *IMF Economic Review*, 2010, 58: 295 – 326.

[2] Copeland, B. R., Taylor, M. S., "Trade, Growth, and the environment," *Journal of Economic Literature*, 2004, 42: 7 - 71.

[3] Dietzenbacher, E., Mukhopadhyay, K., " An Empirical Examination of the Pollution Haven Hypothesis for India: Towards a Green Leontief Paradox?" *Environmental and Resource Economics*, 2007, 36: 427 - 449.

[4] Erik Dietzenbacher, Jiansuo Pei and Cuihong Yang, " Trade, Production Fragmentation, and China's Carbon Dioxide Emissions," *Journal of Environmental Economics and Management*, 2012: 64: 88 – 101.

[5] Gene Grossman and Alan Krueger, "Environmental Impacts of a North American Free Trade Agreement," in The Mexico-US Free Trade Agreement, ed. Peter M. Garber, 13 – 56. 1993, Cambridge, MA: MIT Press.

[6] IDE (2003). *Multi-regional Input-Output Model for China* 2000.

[7] Kuishuang Feng, Steven J. Davis, Laixiang Sun, Xin Li, Dabo Guan, Weidong Liu, Zhu Liu and Klaus Hubacek, Outsourcing CO_2 within China. PNAS, 2013, 110 (28): 11654 – 11659.

[8] Arik Levinson, "Technology, International Trade, and Pollution from US Manufacturing," *American Economic Review*, 2009, 99 (5): 2177 – 2192.

[9] Liu, Z., Geng, Y., Lindner, S., and Guan D., "Uncovering China's greenhouse gas emission from regional and sectoral perspectives," *Energy*, 2012, 49 (1): 1059 – 1068.

[10] Meng, B., Xue, J. J., Feng, K. S., Guan D. B., and Fu X., "China's Interregional Spillover of Carbon Emissions and Domestic Supply Chains," *Energy Policy*, 2013a, 61: 1305 – 1321.

[11] Meng, B., Wang, Z. and Koopman, R., "How are Global Value Chains Fragmented and Extended in China's Domestic Production Networks?" IDE Discussion Papers, No. 424.

[12] Robert C. Johnson and Guillermo Noguera, "Accounting for Intermediates: Production Sharing and Trade in Value Added," *Journal of International Economics*, 2012, 86 (2): 224 – 236.

[13] Peters, Glen, " From Production-Based to Consumption-Based National Emission

Inventories," *Ecological Economics*, 2008, 65 (1): 13 - 23.

[14] Peters, Glen and Edgar G. Hertwich, "Embodied in International Trade with Implications for Global Climate Policy," *Environmental Science and Technology*, 2008, 42 (5): 1401 - 07.

[15] Peters, G. P. Minx, J. C., Weber, C. L. and Edenhofer, O., "Growth in Emission Transfers via International Trade from 1990 to 2008," PNAS, 2011, 108 (21): 8903 - 08.

[16] Qi, Y., Li, H. and Wu, T., "Interpreting China's Carbon Flows," PNAS, 110 (28): 11221 - 22.

[17] Special Issue: "Carbon Footprint and Input - Output Analysis," *Economic Systems Research*, 2009, 21 (3).

[18] Temurshoev., U., "Pollution Haven Hypothesis or Factor Endowment Hypothesis: Theory and Empirical Examination for the US and China," CERGE-EI Working Paper 292.

[19] Timmer, M. P., Erumban, A. A., Los, B., Stehrer, R. and de Vries, G. J., "Slicing Up Global Value Chains," *Journal of Economic Perspectives*, 2014, 28 (2), 99 - 118.

[20] Timmer, M. P., Los, B., Stehrer R. and de Vries, G. J., "Fragmentation, Incomes and Jobs: An Analysis of European Competitiveness," *Economic Policy*, 2013, 28, 613 - 661.

[21] Weber, C. L., Peters, G. P., Guan, D., Hubacek, K., "The Contribution of Chinese Exports to Climate Change," Energy Policy, 2008, 36: 3572 - 77.

附录 2-1　部门分类

代码	中国投入产出表类别	部门分类							
		1	2	3	4	5	6	7	8
		农艺业	矿业和采石业	第三产业	制造业	装配业	电力、煤气、水供应业	建筑业	其他服务业
1	农艺业								
2	矿业和采石业								
3	食品烟草业								
4	纺织品业								
5	木制品家具业								
6	纸浆、纸和印刷品业								
7	化学品业								
8	非金属矿产品业								

续表

代码	中国投入产出表类别	部门分类							
		1	2	3	4	5	6	7	8
		农艺业	矿业和采石业	第三产业	制造业	装配业	电力、煤气、水供应业	建筑业	其他服务业
9	金属制品业								
10	普通机械业								
11	运输设备业								
12	电器、电子、通信设备业								
13	其他制造业								
14	电、煤气、水供应业								
15	建筑业								
16	贸易和运输业								
17	其他服务业								
代码	WIOT 中的分类								
1	农业、狩猎、林业和渔业								
2	矿业和采石业								
3	食物、饮料和烟草业								
4	纺织品和纺织产品业								
5	皮革、鞋袜业								
6	木材、木制品和软木业								
7	纸浆、纸、印刷和出版业								
8	焦炭、精炼石油和核燃料业								
9	化学品及化工制品业								
10	橡胶和塑料业								
11	其他非金属矿物质业								
12	基本金属和金属制品业								
13	机械业(未列入其他分类)								
14	电器和光学设备业								
15	运输设备业								
16	制造业(未列入其他分类,循环再用)								
17	电力、煤气和水供应业								
18	建筑业								
19	汽车、摩托的销售、维护和修理、零售燃料业								
20	除汽车和摩托之外的批发贸易和代办贸易业								
21	除汽车和摩托之外的零售业家用商品的维修业								
22	宾馆和餐厅								

续表

代码	WIOT 中的分类								
23	陆运								
24	水运								
25	空运								
26	其他支持和辅助运输活动,旅行机构的活动								
27	邮政和电信业								
28	金融中介现象								
29	不动产行业								
30	机械设备的出租和其他商业活动								
31	公共管理和社会基本保障								
32	教育								
33	卫生和社会工作								
34	其他社团、社会和个人服务								
35	家庭服务业								

附录 2－2　国家与中国国内地区分类

投入产出国家及地区	国家及地区					中国省份	地区分裂			
	中国	日本	美国	EU	世界其他地区		东北	西部	中部	沿海
澳大利亚					√	北京				√
奥地利				√		天津				√
比利时				√		河北				√
保加利亚				√		山西			√	
巴西					√	内蒙古		√		
加拿大					√	辽宁	√			
中国	√					吉林	√			
塞浦路斯				√		黑龙江	√			
捷克				√		上海				√
德国				√		江苏				√
丹麦				√		浙江				√
西班牙				√		安徽			√	
芬兰				√		福建				√
法国				√		江西			√	
英国				√		山东				√
希腊				√		河南			√	
匈牙利				√		湖北			√	
印度尼西亚					√	湖南				√

续表

投入产出国家及地区	国家及地区					中国省份	地区分裂			
	中国	日本	美国	EU	世界其他地区		东北	西部	中部	沿海
印度					√	广东				√
爱尔兰				√		广西		√		
意大利				√		海南				√
日本		√				重庆		√		
韩国					√	四川		√		
立陶宛				√		贵州		√		
卢森堡				√		云南		√		
拉脱维亚				√		西藏		√		
墨西哥					√	陕西		√		
马耳他				√		甘肃		√		
荷兰				√		青海		√		
波兰				√		宁夏		√		
土耳其				√		新疆		√		
罗马尼亚				√						
俄罗斯					√					
斯洛伐克				√						
斯洛文尼亚				√						
瑞典				√						
土耳其					√					
中国台湾					√					
美国			√							
世界其他地区					√					

第三章

企业异质性研究方法与国际贸易中碳排放的重新估算*

刘 宇　孟 渤　高宇宁　李晓凤

一　引言

目前有关二氧化碳排放的信息（下文中以碳排放表示）主要以国家以及行业层面的统计与测算为基础。国家层面最常用的信息来自 IEA 数据库"CO_2 Emissions from Fuel Combustion（2014）"。而在行业层面，数据来自世界投入产出数据库。上述数据信息在预测碳排放趋势、参与国际谈判以及制定国内行业减排政策方面扮演了非常重要的角色。然而，由于全球经济一体化，国家和行业层面的碳排放信息已经不能满足我们应对各种国际挑战的政策要求。例如，在中国各行业，碳排放大户究竟是中资企业①还是在华的外资企业②？谁的能耗更高，高多少？当与外资企业合作时，国有企业产生的碳排放是多少？相同的碳排放税是否会对国有企业和外资企业产生不同的影响？是否会对就业产生不同影响？这些影响会有多大？能源税对大企业的冲击是否比对中小企业的冲击大？大多少？如果其他国家对来自中国的产品或

* 本文以"'Made in China': A Reevaluation of Embodied CO_2 Emissions in Chinese Exports Using Firm Heterogeneity Information"为题在 *Applied Energy*（《应用能源》）2016 年第 184 卷发表。

① 按国际惯例，中资企业是指中国公民或法人投资或持股超过 50% 的企业。

② 外资企业是指外国公民或法人投资或持股超过 50% 的企业。

服务（比如航空运输）收取碳关税，不同企业及其下游企业受到的影响又有多大？在回答以上这些亟待解决的政策问题之前，我们必须获得能够反映企业异质性（主要包括企业所有权以及企业从事贸易活动的方式等）的能源使用及碳排放信息。正如管理学中常用的一句话所言，“你永远不可能管理不可衡量的事情”，对不同所有制企业碳排放的测算是提供合理政策建议的首要步骤和先决条件。

本文以中国为例，利用企业异质性信息来测算不同行业之间的碳排放以及隐含碳排放也就是碳足迹，并与传统测算结果进行了对比，以此评估企业异质性分析的重要性与必要性。

对于中国而言，企业异质性在经济领域表现得十分明显。当前，中国的企业按所有权划分大致可以分为中资企业和外资企业两种，按贸易方式划分可以分为非加工贸易企业和加工贸易企业两种。[①] 在外国直接投资、加工贸易等很多行业内，外资企业占很高的比例。如图 3 -1 所示，2007 年，从事非加工贸易的中资企业在全国 GDP 中占据绝大部分，而从事非加工贸易的外资企业占 GDP 的 10.36%。两者之和是非加工贸易行业占全国 GDP 的比例，共计 97.19%。另外，从事加工贸易的中资企业与外资企业产值分别占全国 GDP 的 0.52% 与 2.29%。加工贸易企业产值总计占 GDP 的 2.81%。中资企业产值占全国 GDP 的 87.35%，外资企业产值占全国 GDP 的 12.65%。

从出口角度看（见图 3 -2），2011 年中国商品出口总额中有将近 44% 是来自加工贸易，其中有 82% 的加工贸易来自外资企业。具体从企业所有权来看，加工贸易约占外资企业出口总额的 72%，出口金额达 5060 亿美元，而在中资企业所占比例仅为 16%，金额约为 1110 亿美元。这些数据充分说明中国企业之间差异性十分明显，在对中国经济进行研究时不可忽略企业异质性分析。

然而到目前为止，利用企业异质性测算碳排放的文献十分有限。传统的分行业的碳排放测算有两种方式。一种是 Bottom-up 方式，即利用详细的能

---

① 根据《中华人民共和国海关加工贸易货物监管办法》（海关总署令第 219 号）规定，加工贸易是指经营企业进口全部或者部分原辅材料、零部件、元器件、包装、物料，经加工或装配后，将最终商品再出口的经营活动，包括进料加工、来料加工。非加工贸易指除加工贸易以外的贸易类型。

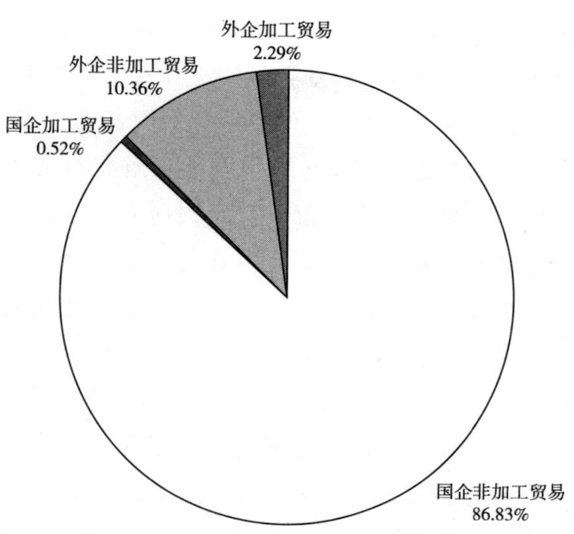

图 3－1　不同所有制企业的出口比例（2007 年）

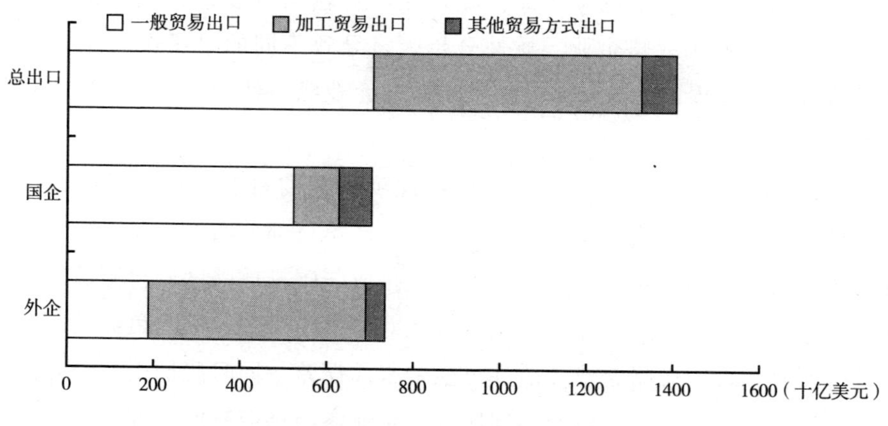

图 3－2　不同所有制企业的出口比例（2011 年）

源使用信息先测算碳排放，然后根据企业与行业部门的对应关系得到分行业的测算结果。另一种方法是充分利用投入产出表和能源平衡表的信息直接测算不同行业的碳排放。前者的好处是信息量大，其中包括企业异质性信息，测算方法直观易懂。缺点是需要大量的人力、物力以及时间以获取全面的企业调查信息。相反，后者运用投入产出表中不同经济主体的市场供需关系以及一些假设条件进行测算，此法更加经济高效。因此该方法得到了广泛的应用［参照 Lenzen（1998）、Schaeffer（1996）、Machado 等人（2001）的著作]。然而，由于发布的投入产出表和能源平衡表不含企业异质性信息，基于它们的测算也就不能体现同一行业里不同所有制企业的碳排放。本文利用附带企业异质性信息的投入产出表，结合能源平衡表对中国各行业的碳排放进行了测算。结果显示企业异质性对于更全面理解各行业碳排放和隐含碳的结构以及提高测算精度具有重要意义。不同所有制企业的碳排放存在很大差异。对于直接碳排放而言，中资企业比外资企业要多，非加工贸易企业比加工贸易企业要多。对于不同所有制企业，不同行业企业之间的碳排放也存在差异。在中资企业中主要碳排放行业包括电力和热能生产和供应企业、金属冶炼及压延加工业、化工行业、非金属矿物制品业以及交通、邮政和仓储业。外资企业的主要碳排放行业包括化工行业、金属冶炼及压延加工业、非金属矿物制品业等。除直接碳排放之外，企业异质性在碳排放强度和隐含碳排放的测算方面会得出与传统方法迥异的结果。比如，中资企业的碳排放强度普遍高于外资企业，而非加工贸易企业的碳排放强度普遍高于加工贸易企业的碳排放强度。在计算输出以及最终用途的具体隐含碳排放时，如果忽略企业异质性分析，将导致不同的里昂惕夫逆矩阵①，显然这将导致错误的计算结果。综上所述，企业异质性的研究对于碳排放的测算意义重大。

本文分为5个部分。第一部分介绍此项研究的目的、背景以及相关文献。第二部分主要说明数据选取和测算方法。第三部分通过企业异质性信息分析运用投入产出表对行业部门的直接碳排放与碳排放强度进行测算，并将其与传统测算结果进行对比。第四部分针对输出隐含碳、国内最终需求隐含碳进行测算，说明忽略企业异质性可能带来的误差。同时我们引入隐含碳排放强度这一新概念，用于解释不同所有制企业参与供应链的程度与其碳排放之间的关系。第五部分是结论及政策建议。

二　数据及碳排放测算方法概述

本文在计算中国各行业和不同所有制企业的直接碳排放和隐含碳排

① 里昂惕夫逆矩阵是投入产出模型的直接消耗系数矩阵求逆的结果，表示一个单位的最终需求通过行业间乘数效果直接和间接地引起的总产出。其计算公式为 $L = (I - AT)^{-1}$，其中A为直接消耗系数矩阵。

放时选取的数据主要包括 2007 年的中国能源平衡表、2007 年全国投入产出表（简称全国表，该表也是目前官方公布的最新的基于调查信息的投入产出表）、2007 年不同所有制企业的全国投入产出表（简称企业表），以及一些国际通用的能源排放因子数据。具体的数据来源如表 3－1所示。

表 3－1　数据来源

使用数据	数据用途	数据来源
2007 年中国能源平衡表	计算不同类型能源的使用量	《中国能源统计年鉴》(2008 年)
2007 年中国 42 个行业投入产出表	获取不同行业的能源供应和需求信息	2007 年中国投入产出表
按照单位热值，各种能源碳排放	计算能源的 CO_2 排放因子	《2006 年 IPCC 国家温室气体清单指南》
各种能源的平均低发热值	计算能源的 CO_2 排放因子	《中国能源统计年鉴》(2008 年)
各种能源的标准煤参照系数	计算能源转化率	《中国能源统计年鉴》(2008 年)

表 3－2　整合企业异质性信息的国家投入产出表

项目		中间交易				终端需求	出口	总产出
		中资企业		外资企业				
		非加工	加工	非加工	加工			
中资企业	非加工	X_{ij}^{11}	X_{ij}^{12}	X_{ij}^{13}	X_{ij}^{14}	F_1	EX_1	Y_1
	加工	0	0	0	0	0	EX_2	Y_2
外资企业	非加工	X_{ij}^{31}	X_{ij}^{32}	X_{ij}^{33}	X_{ij}^{34}	F_3	EX_3	Y_3
	加工	0	0	0	0	0	EX_4	Y_4
进口		X_{ij}^{51}	X_{ij}^{52}	X_{ij}^{53}	X_{ij}^{54}	F_5	0	0
附加值		V_1	V_2	V_3	V_4			
总投入		Y_1	Y_2	Y_3	Y_4			

在上述各类数据中，不同所有制企业的投入产出表是用于重新测算碳排放的重要信息依据。本文选用 Ma 等人在 2013 年编制的不同所有制企业投入产出表（具体格式见表 3－2）将所有行业划分为能源行业与非能源行业，并根据能源类型将能源行业进行合并。企业异质性如下所示：测算的中间过程包含中资企业与外资企业两种企业，这两类企业分别再划分为非加工贸易

产品生产企业和加工贸易产品生产企业。

在计算碳排放时，不同所有制企业的排放量是根据其能源的利用情况计算的。既然所有行业部门总量是基于全国表计算的，则对于2007年全国表和企业表中的不同行业，直接碳排放的定义以及计算结果是一致的。不同行业碳排放的具体计算方法如下所示。各行业的碳排放主要是通过各行业消耗的能源总量乘以单位投入金额下各能源的碳排放得出。各行业消耗的能源总量可以通过投入产出表得到。因此，本文首先根据单位投资额对不同能源种类的碳排放进行测算。在投入产出表中共有4种不同的能源行业：煤炭开采与清洗行业，石油天然气开采业，石油加工、炼焦与核燃料加工业，燃气生产与供给业。本文根据单位投资额着重对此四类能源行业的碳排放进行了测算。根据全国表计算的步骤如下。

将《2006年IPCC国家温室气体清单指南》中单位热量的碳排放系数，以及取自2007年《中国能源统计年鉴》的平均低位发热量相乘，得到每单位质量的各类能源所排放二氧化碳的排放因子。

将这些排放因子分别乘以各自的能源消耗量（取自2007年全国能源平衡表①），得出中国在2007年消费各类能源所排放的二氧化碳总量，如公式（1）所示。

$$E = \sum_k E^k = \sum_k C^k \times w^k \tag{1}$$

其中，E^k 表示能源 k 燃烧所产生的碳排放量，C^k 表示能源 k 的燃烧量，w^k 表示能源 k 燃烧的碳排放因子。

将能源平衡表中的能源类型与投入产出表中的能源行业进行匹配，用以测算四类能源行业各自的碳排放总量。二者的对应关系是：煤炭开采与清洗行业包括原煤开采、精煤以及洗净煤生产。石油天然气开采业包括原油开采与天然气开采。石油加工、炼焦与核燃料加工业包括汽油生产、煤油生产、柴油生产、燃油生产、液化气生产、炼油厂干气生产以及其他石油产品生产。燃气生产与供给业包括焦炉煤气生产以及其他

---

① 各能源的能源消费量是通过能源平衡表中各能源的最终消费量减去工业用原材料的部分，加上火力发电和供热的消耗得到。

气体生产。

根据投入产出表①，计算此四类能源类型所需资金总量。用四类能源碳排放总量除以各自的能源使用总金额得到单位金额下四类能源的二氧化碳排放量，如公式（2）所示。

$$e^k = \frac{E^k}{D^k} \tag{2}$$

其中，e^k 为基于价值量单位的能源 k 的二氧化碳排放因子，E^k 为能源 k 用于燃烧部分的使用总金额。

分别将投入产出表中各行业消耗的四类能源投入额乘以对应的单位金额碳排放，得出各行业消耗不同能源的碳排放量并求和，得出各行业对应的碳排放总量，如公式（3）所示。

$$E_j = \sum_k E_j^k = \sum_k C_j^k \times e^k \tag{3}$$

其中，E_j 为 j 行业的二氧化碳排放量，E_j^k 为 j 行业通过燃烧能源 k 带来的二氧化碳排放量，C_j^k 为 j 行业燃烧的能源 k 。

由于企业表里的能源行业均分为四种企业所有制，但能源平衡表里的各能源的供给与使用并没有企业所有制区分，因此我们假设单位金额碳排放与企业所有权无关。也就是说，只要资金量相同，企业产生的碳排放是相同的。

三　基于企业异质性的直接碳排放分析

（一）不同所有制企业的碳排放结构

根据企业表测算结果可知，2007 年中国二氧化碳排放量共计 60.70109 亿吨。该计算结果与世界投入产出数据库公布的 2007 年中国排放量 59.62552 亿吨十分接近。具体来看，从事非加工贸易商品生产的中资企业、从事加工贸易商品生产的中资企业、从事非加工贸易商品生产的外资企业、从事加工贸易商品生产的外资企业在生产过程中所排放的二氧化碳总量分别

① 此处的能源使用总金额为本国用于燃烧的能源总和，包括投入产出表中各能源的中间使用部分（剔出非燃烧只是转化的部分）和最终使用中居民的能源消费支出。

为56.25299亿吨、1433.3万吨、4.13983亿吨和1649.3万吨。如图3－3所示，根据企业不同的所有制形式，从事非加工贸易商品生产的中资企业占92.7%，远高于从事加工贸易商品生产的中资企业（0.2%）。从事非加工贸易商品生产的外资企业占6.8%，同样远高于从事加工贸易商品生产的外资企业（0.3%）。综上所述，从生产者角度而言，2007年中国的碳排放大户是从事非加工贸易商品生产的中资企业，从事非加工贸易商品生产的外资企业相对贡献不大，其他类型企业的碳排放更少。从政策层面讲，控制从事非加工贸易商品生产中资企业在生产环节的排放至关重要。

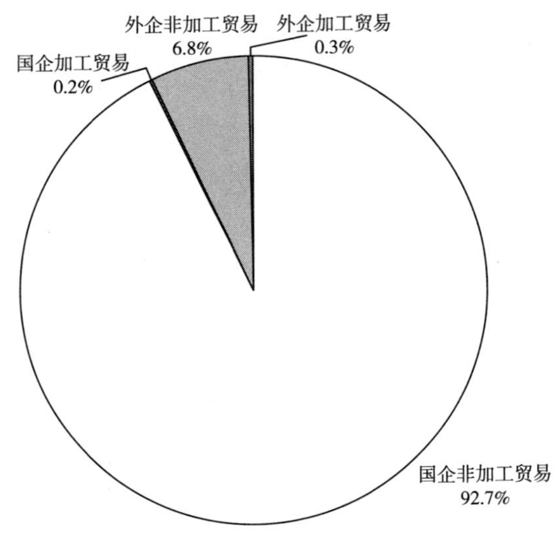

图3－3　区分企业所有制的碳排放

从行业层面看，中资企业与外资企业的高碳排放业各不相同，且多数行业中加工贸易企业的排放占比较小。图3－4的右半部分是各行业不同所有制企业的排放量的绝对值，左半部分是按企业所有制划分的各行业排放量的占比（相对值）。根据右半侧绝对值，可得出以下两点结论。（1）在中资企业中，主要碳排放行业包括电力和热能生产和供应企业、金属冶炼及压延加工业、化工行业、非金属矿物制品业以及交通、邮政和仓储业。这类行业往往具有资本巨大以及高能源消耗的特点，它们的碳排放量也相对较高。（2）外资企业的主要碳排放行业包括化工行业、金属冶炼及压延加工业、非金属矿物制品业等。考虑到诸如能源安全方面的因素，中国能源生产行业的市场准入门槛较高。因此，外资企业在生产活动中主要使用中资企业的能源产品。排放量较大的外资企业，其输出与能源消耗同样相对较高。根据左半侧相对值，可得出以下两点结论。（1）外资企业中碳排放总量占比较大的行业主要有通信设备与其他电子设备制造业、仪器仪表及文化办公用具机械制造业、纺织业、服装业、制鞋业、制帽业、皮革业、羽绒制造业以及其他轻工业。（2）加工贸易占排放总量比重较大的行业主要有仪器仪表及文化办公用具机械制造业、通信设备与其他电子设备制造业。这主要是由于这些行业外资企业份额较大，也是中国在国际市场上具有比较优势的劳动密集型出口行业。

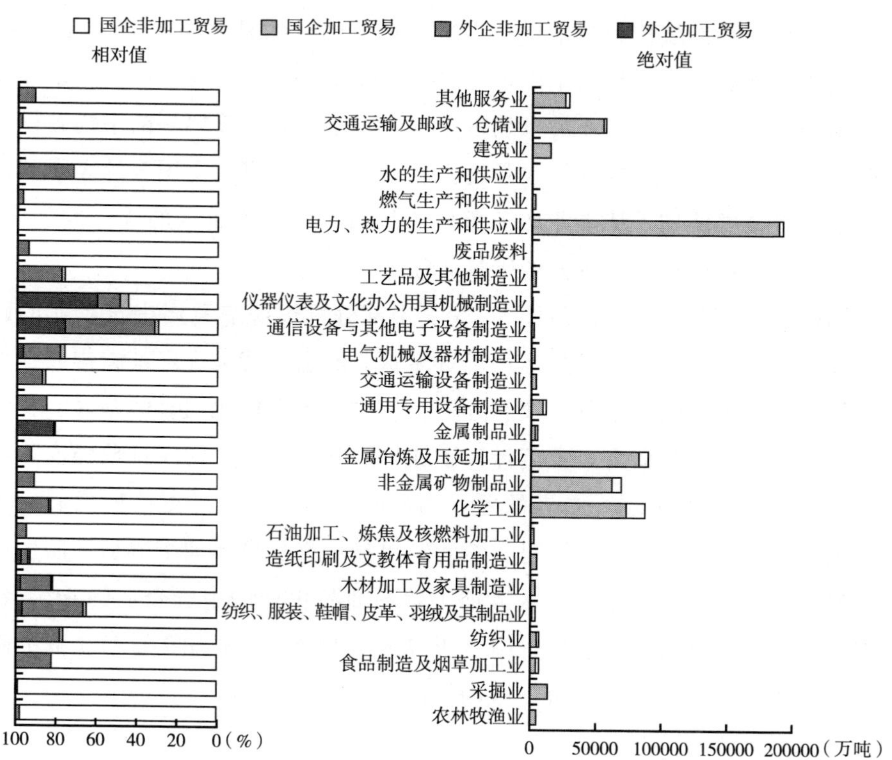

图 3-4　不同所有制性质以及不同行业领域企业的碳排放

（二）基于企业异质性信息的碳排放强度测算

如果将碳排放强度定义为生产一单位 GDP 所产生的二氧化碳排放量，

我国各企业的碳排放强度按企业所有制存在很大差异。根据图3-5的上半部分，从事非加工贸易商品生产的中资企业的碳排放强度约为同行业外资企业的1.6倍。从事加工贸易商品生产的中资企业的碳排放强度是同行业外资企业的3.9倍。从事非加工贸易商品生产的中资企业的碳排放强度是从事加工贸易商品生产的中资企业的排放强度的2.3倍。从事非加工贸易商品生产的外资企业的碳排放强度是从事加工贸易商品生产的外资企业的排放强度的5.6倍。加工贸易企业碳排放强度相对较低主要是由加工贸易企业的生产特性决定的。加工贸易企业从事来料或进料加工，中间投入产品主要来自国外，使用的能源投入较少，且其能源消耗产生的碳排放相对较少。外资企业的碳排放强度较中资企业低的原因，主要是外企的生产技术相对先进，同时在生产环节的碳排放控制技术比较先进。值得注意的是，图3-5中的虚线代表利用全国表测算得到的全国平均碳排放强度。不难发现，由于从事非加工贸易商品生产的中资企业的排放占比很大，全国表计算得到的平均碳排放强度比较接近该类企业的碳排放强度。从另一个角度讲，全国表计算得到的平均碳排放强度低估了从事非加工贸易商品生产的中资企业的碳排放强度，同时高估了其他三种类型企业的碳排放强度。

同样是加工贸易企业，从图3-5上半部分可以明显看出中资企业的碳排放强度远高于外资企业。虽然加工贸易企业的生产特征决定其碳排放强度相对较低，但为何会在中资企业和外资企业之间出现如此明显的差异？我们就此问题做了进一步研究。我们计算了在排除化工行业后的碳排放强度，正如图3-5下半部分所示，二者的差异明显降低。这个结果更接近我们对于加工贸易企业的直观感受。同时，新的结果显示，从事非加工贸易商品生产的中资企业的碳排放强度约为从事加工贸易商品生产的中资企业的4.5倍。也就是说，在剔除化工行业后，同一所有制下的加工与非加工贸易企业的碳排放强度差基本一致（公式分解说明见附录3-1）。

（三）企业间能源交易与碳排放

二氧化碳的排放主要来源于能源燃烧。不同性质的企业可能使用不同的能源品种，而这些能源又来自不同的能源供给企业。表3-3是2007年不同所有制企业二氧化碳排放量的矩阵表。行中的企业（表格左侧的企业）是能源产品的提供者，列中的企业（表头）是能源产品的使用者。可以看到，

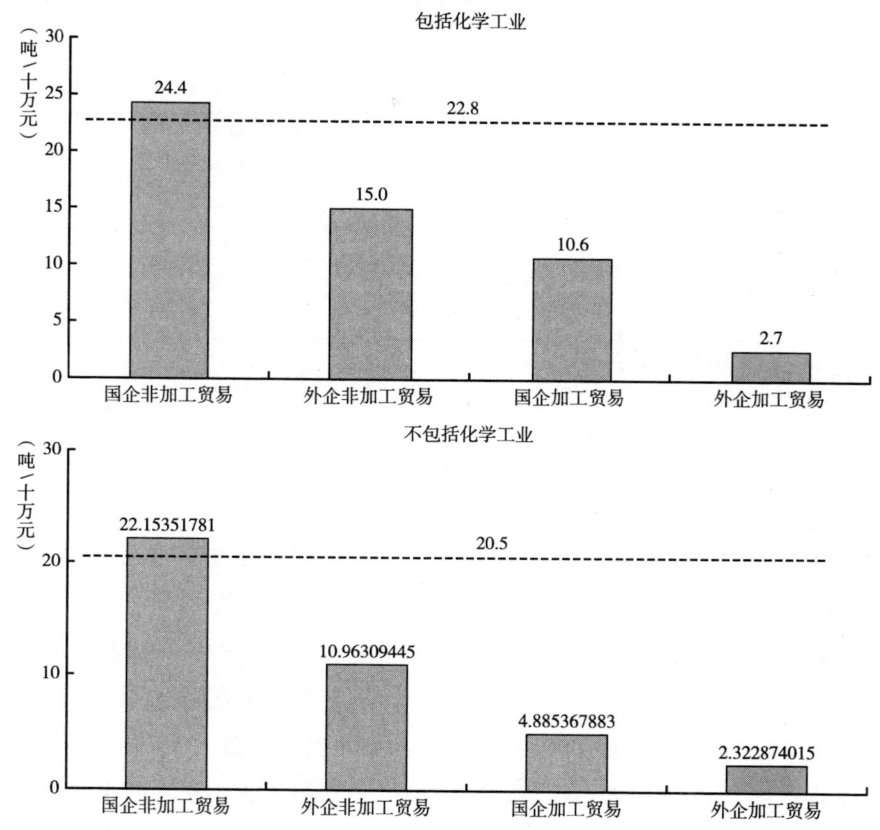

图 3－5　不同所有制企业的单位碳排放强度

能源产品主要来自从事非加工贸易商品生产的企业以及进口。从不同所有制企业使用的能源产品来源看，除从事加工贸易商品生产的中资企业外，其他类型企业在生产过程中使用的能源产品主要来自从事非加工贸易商品生产的中资企业。比如，从事非加工贸易商品生产的中资企业在生产过程中的碳排放，有 92. 5% 是使用了自身提供的能源产品而带来的。从事非加工贸易商品生产以及从事加工贸易商品生产的外资企业的这一占比分别为 93. 1% 和 66. 3% 。与此不同的是，从事加工贸易商品生产的中资企业在生产过程中的碳排放主要来自进口的能源产品，其占比约为 82. 5% 。这也解释了为何从事加工贸易商品生产的中资企业的化工行业碳排放强度如此之高。因为，其从事的都是低附加值、高排放的初级化工制品加工，即通过煤炭、石油等直接提炼初级化工制品。

表 3－3 能源产品的供求与碳排放

单位：万吨

项目	CN	CP	FN	FP	总计
CN	521709.3 (92.7%)	243.0 (17.0%)	38538.0 (93.1%)	1093.5 (66.3%)	561583.8 (92.5%)
CP	—	—	—	—	—
FN	17693.2 (3.1%)	8.3 (0.6%)	1333.3 (3.2%)	39.9 (2.4%)	19074.7 (3.1%)
FP	—	—	—	—	—
进口	23127.5 (4.1%)	1182.1 (82.5%)	1527.0 (3.7%)	515.9 (31.3%)	26352.4 (4.3%)
总计	562529.9 (100%)	1433.3 (100%)	41398.3 (100%)	1649.3 (100%)	607010.9 (100%)

我们结合表 3－3 的结果，从企业在生产过程中使用的能源产品来源、生产的产品去向（为谁生产或为谁排放）、二氧化碳排放地、生产收益归属这 4 个方面，对不同所有制企业在中国从事生产活动中的碳排放利益关系进行了总结（见表 3－4）。可以看到，第一，从事非加工贸易商品生产的中资企业在生产过程中的能源主要来自中企自身，生产出的产品供国内外市场（主要供国内），排放的二氧化碳留在中国，产品收益由中资企业获得。该类性质的中资企业主要是利用本国资源为本国和世界提供产品，在获得生产利益的同时成为中国的二氧化碳排放大户。第二，从事加工贸易商品生产的中资企业的能源主要来自进口，生产出的产品全部供应给外国，其二氧化碳是为满足外需，排放在中国产生，加工费由中资企业获得。该类性质的企业为外国打工赚取微薄的加工费，同时使用了较多的外国能源产品，却把二氧化碳排放留在国内。第三，从事非加工贸易商品生产的外资企业所用能源主要来自中国，生产出的产品同时供给国内外，排放的二氧化碳留在中国，但产品收益由外资企业获得。该类型性质的外资企业利用中国资源从事生产赚取利润，同时把排放的二氧化碳留在了中国。第四，从事加工贸易商品生产的外资企业所使用的能源主要来自中资企业，生产出的产品供应给外国，二氧化碳排放是因外国消费者而产生，排放的二氧化碳留在中国，但产品收益由外国获得。该类性质的企业利用中国资源为外国消费者加工产品获取加工利益，同时把排放的二氧化碳留在中国。

表 3-4　能源、产品、二氧化碳排放及收益的来源与去处

项目	中资企业（非加工）	中资企业（加工）	外资企业（非加工）	外资企业（加工）
能源主要来自	中国	外国	中国	中国
产品（CO_2 排放）为谁生产	中国（主要）和外国	外国	中国和外国	外国
CO_2 从哪儿排出	中国	中国	中国	中国
营业盈余由谁赚取	中国人	中国人	外国人	外国人

四　企业异质性对隐含碳测算的影响

任何一种产品的生产都要使用能源产品，这些能源产品在燃烧的过程中会产生碳排放。产品在生产过程中也会使用大量的中间产品，而中间产品的生产过程也需要能源并产生碳排放。这种由于生产某种特定产品而在整个产业链中所引起的二氧化碳，通常被称为隐含碳或碳足迹。隐含碳排放主要是通过投入产出表测算得到。基于投入产出模型，Miller 于 1985 年对产业链上下游关系中使用的前向产业联动和后向产业联动进行了定义。我们援引这个定义，对隐含碳的计算方法也提出前向产业联动隐含二氧化碳排放量和后向产业联动隐含二氧化碳排放量两种指标，来测算出口或最终用途的隐含碳。后向产业联动隐含二氧化碳排放量是根据产业链中产品最终需求或者出口需求直接或间接地与上游产业的碳排放量相关联。前向产业联动隐含二氧化碳排放量是与特定行业的碳排放量有关，这些特定行业通过所有下游行业来直接或者间接地满足对中间产品的需求。举例来讲，汽车作为最终产品在生产过程中会需要其产业链的上游供应商提供诸如挡风玻璃、轮胎、发动机等近万种零部件。在生产这些零部件的过程中会产生大量的碳排放。生产轮胎又需要橡胶行业提供中间产品，而在橡胶生产过程中同样会产生碳排放。如此一来，一辆汽车的生产会带来整个产业链所有上游企业的碳排放。这是后向产业联动隐含二氧化碳排放量的例子。通过测算后向隐含碳，我们很容易知道哪种产品的产业链能耗更大或更环保。关于前向产业联动隐含二氧化碳排放量，电力行业是一个很好的例子。电力行业尤其是火力发电行业，在生产电力产品的过程中会产生大量的碳排放。这些电力产品提供给轮胎生产厂商、金属制品厂商等下游企业。当把轮胎安装在汽车上，把金属部件安装在手机上出口时，电力产品的价值实际上已经直接和间接地转化到这些出口产品里，同时电力行业的碳排放也被隐含在这些出口商品中了。前向产业联动隐含二氧化碳排放量和国民经济核算里分行业 GDP 是完全对应的概念。利用它我们很容易知道某行业的增加值通过下游产业链以各种产品的形式出口时的环境成本究竟有多大。

后向和前向产业联动隐含二氧化碳排放量的测算方法分别如公式（5）和公式（6）所示。

后向产业联动隐含二氧化碳排放量：

$$C_i^B = B \cdot X_i = c \cdot L \cdot X_i = (c_1 \quad c_2 \quad \cdots \quad c_n) \cdot (I - A_d)^{-1} \cdot \begin{pmatrix} 0 \\ \vdots \\ f_i \\ \vdots \\ 0 \end{pmatrix} \tag{5}$$

前向产业联动隐含二氧化碳排放量：

$$C_j^F = B_j \cdot X = c_j \cdot L \cdot X = (0 \cdots c_j \cdots 0) \cdot (I - A_d)^{-1} \cdot \begin{pmatrix} f_1 \\ f_2 \\ \vdots \\ f_n \end{pmatrix} \tag{6}$$

其中，C_i^B 为 i 产品的后向产业联动隐含二氧化碳排放量向量，C_j^F 为 j 产业的前向产业联动隐含二氧化碳排放量向量，$B = c \cdot Lc = (c_1 \quad c_2 \quad \cdots \quad c_n)$ 为单位产出下的直接碳排放列向量，c_j 为单位产出下 j 行业的二氧化碳排放量，$L = (I - A_d)^{-1}$ 为国内里昂惕夫逆矩阵，I 为单位矩阵，A_d 为国内直接消耗系数矩阵，$F = \begin{pmatrix} f_1 \\ f_2 \\ \vdots \\ f_n \end{pmatrix}$ 为出口或最终用途，f_i 为 i 行业的出口或最终用途。

在计算各行业的隐含碳时，由于前向和后向产业联动隐含二氧化碳排放量的内涵以及计算方法不同，其计算结果也不同。但将行业加总为全国值时，两者从定义上来讲没有区别。理由很简单，如公式（5）和（6）所示，如果分别对 i 和 j 加总，其结果是一样的。某产品所引起的所有上游企业隐含碳对产品加总，其结果和某行业提供给下游所有行业的隐含碳按行业加总是一致的。虽然隐含碳排放的总量与测算方法（前向或后向产业联动）无关，但用企业表计算的结果和用传统的全国表计算的结果存在明显差异。如图 3－6 所示，全国表中出口隐含碳为 19.0430 亿吨，企业表中出口隐含碳为 15.86314 亿吨。全国表比企业表的计算结果高 20.0%。这主要是由于全国表只反映了某行业不同所有制企业的平均生产和节能减排技术，这与企业表中的信息量差距很大。这也是全国表高估出口隐含碳的原因。具体来讲，通过全国表与企业表出口隐含碳的测算结果比较发现，全国表中最终用途引起的碳排放为 43.78599 亿吨，企业表为 46.98782 亿吨。

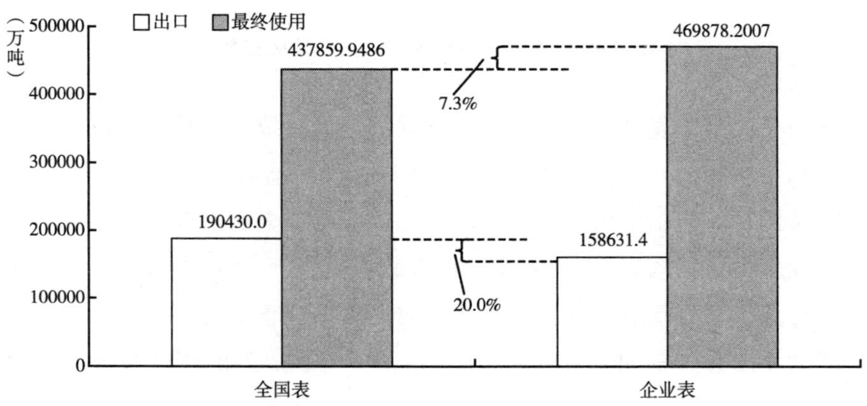

图 3－6　全国表与企业表计算所得出口和最终需求隐含碳

特别需要指出的是，通过将投入产出表里各行业的最终需求全部取为 1 这种标准化方法来计算隐含碳，就可以比较不同企业由于同样的需求变化所带来的碳排放。如图 3－7 所示，在最终需求取 1 时，从事非加工贸易商品生产的中资企业、从事非加工贸易商品生产的外资企业、从事加工贸易商品生产的中资企业和从事加工贸易商品生产的外资企业的后向产业联动隐含二氧化碳排放量分别为 0.0095、0.0066、0.0012 和 0.0008。类似地，图 3－7 中的虚线表示利用全国表计算得到的不区分企业类别的平均水平。由此可知，只使用全国表测算隐含碳，从事非加工贸易商品生产的中资企业会被低估，而其他类型企业则会被高估。

从行业部门的角度看，隐含碳排放的测算结果不仅取决于计算方法（前向和后向），还和是否在投入产出表里区别企业异质性有关。图 3－8 和图 3－9 分别为 2007 年各行业的前向和后向产业联动隐含二氧化碳排放量。

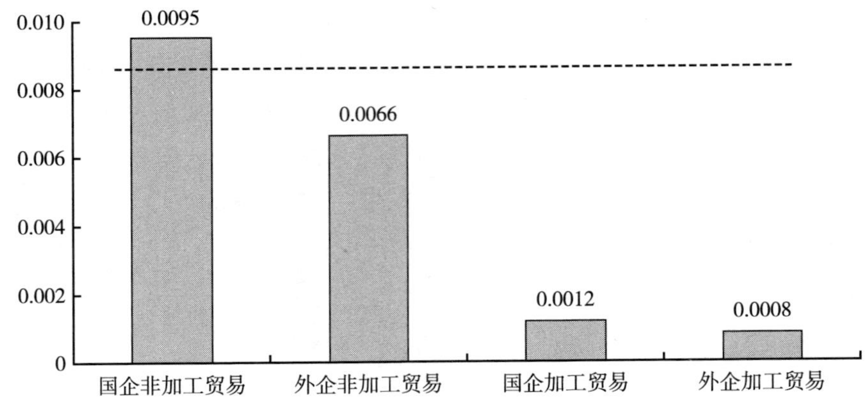

图 3－7　单位最终需求变化拉动的碳排放

对比这两个图可以发现虽然各行业隐含碳的总值一致，但具体到各行业的隐含碳结构各不相同。如图 3－8 所示，具有较大的前向产业联动隐含二氧化碳排放量的行业包括电力、热力的生产和供应业、金属冶炼及压延加工业和化工行业。但根据图 3－9 的数据，拥有较大后向产业联动隐含二氧化碳排放量的行业包括建筑业、其他服务业、通用专用设备制造业等。从中间产品供应者的角度看（前向），减排重点应该是电力、热力的生产和供应业、金属冶炼及压延加工业和化工行业这样居于产业链上游的排放大户。从中间产品需求者的角度看，减排重点应该放在建筑业、其他服务业、通用专用设备制造业等位于产业链下游的企业需求上。如果下游企业要求供应商提供更加环保的产品，则会推动整个供应链的绿色化。这也是我们经常提到的所谓绿色供应链的核心思想。通用电气和沃尔玛的经验也证实了其在低碳减排实践中的有效性（张昌辉，2009；王先知等，2009；张秋彤，2011）。

此外，对比图 3－8 和图 3－9，还可以发现两点。第一，图 3－8 中各行业前向产业联动隐含二氧化碳排放总量受企业异质性影响较小，只在出口和最终用途拉动的隐含碳中有所差别。而对于后向产业联动隐含二氧化碳排放量，如图 3－9 所示，化工行业、建筑业和其他服务业这三个行业全国表与企业表的测算结果有明显差异。以上事实说明用前向联动测算隐含碳时的误差分布较均匀。第二，无论是前向产业联动隐含二氧化碳排放量还是后向产业联动隐含二氧化碳排放量，大部分行业全国表的出口隐含碳大于企业表，全国表的最终用途隐含碳小于企业表。

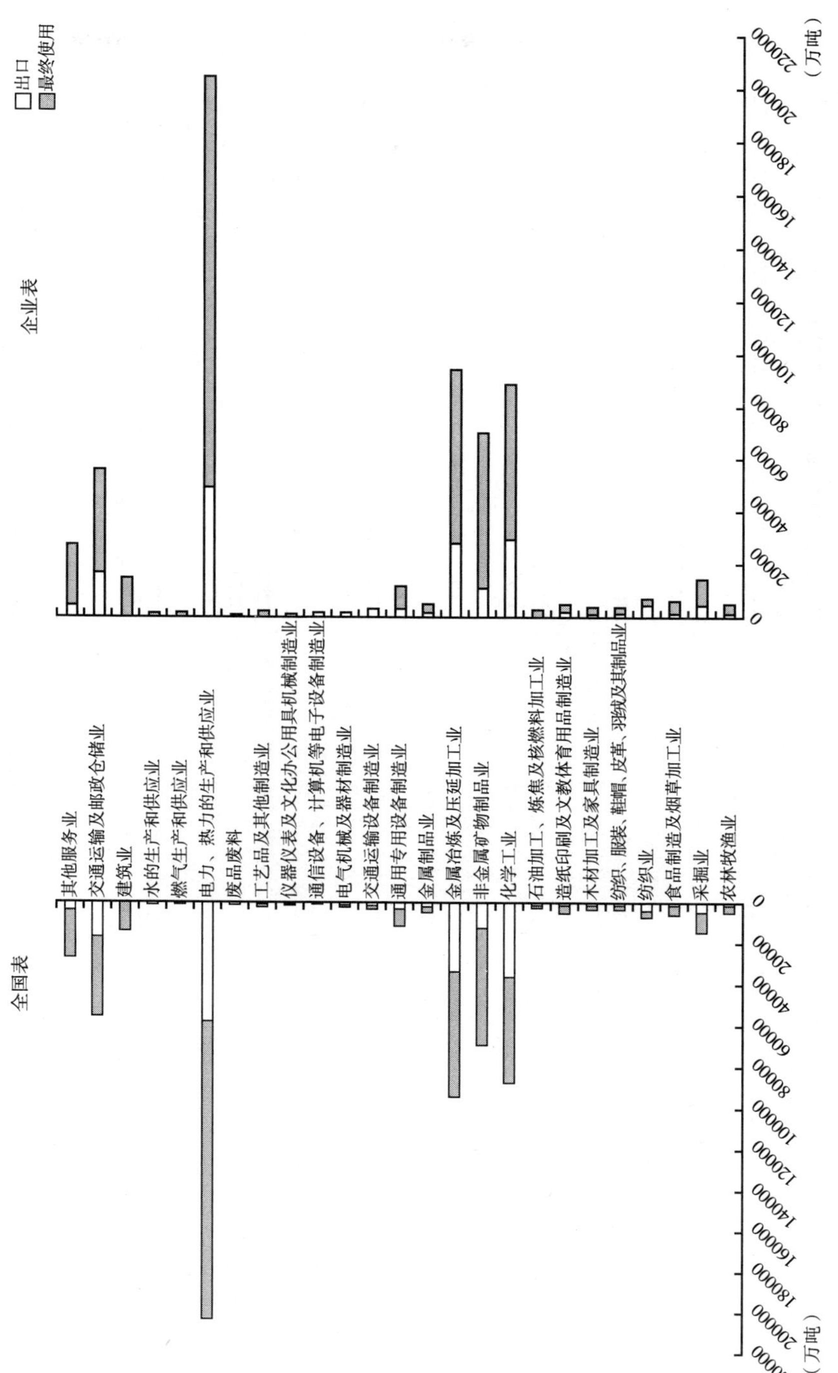

图 3-8　全国表与企业表各行业的前向产业联动隐含二氧化碳排放量

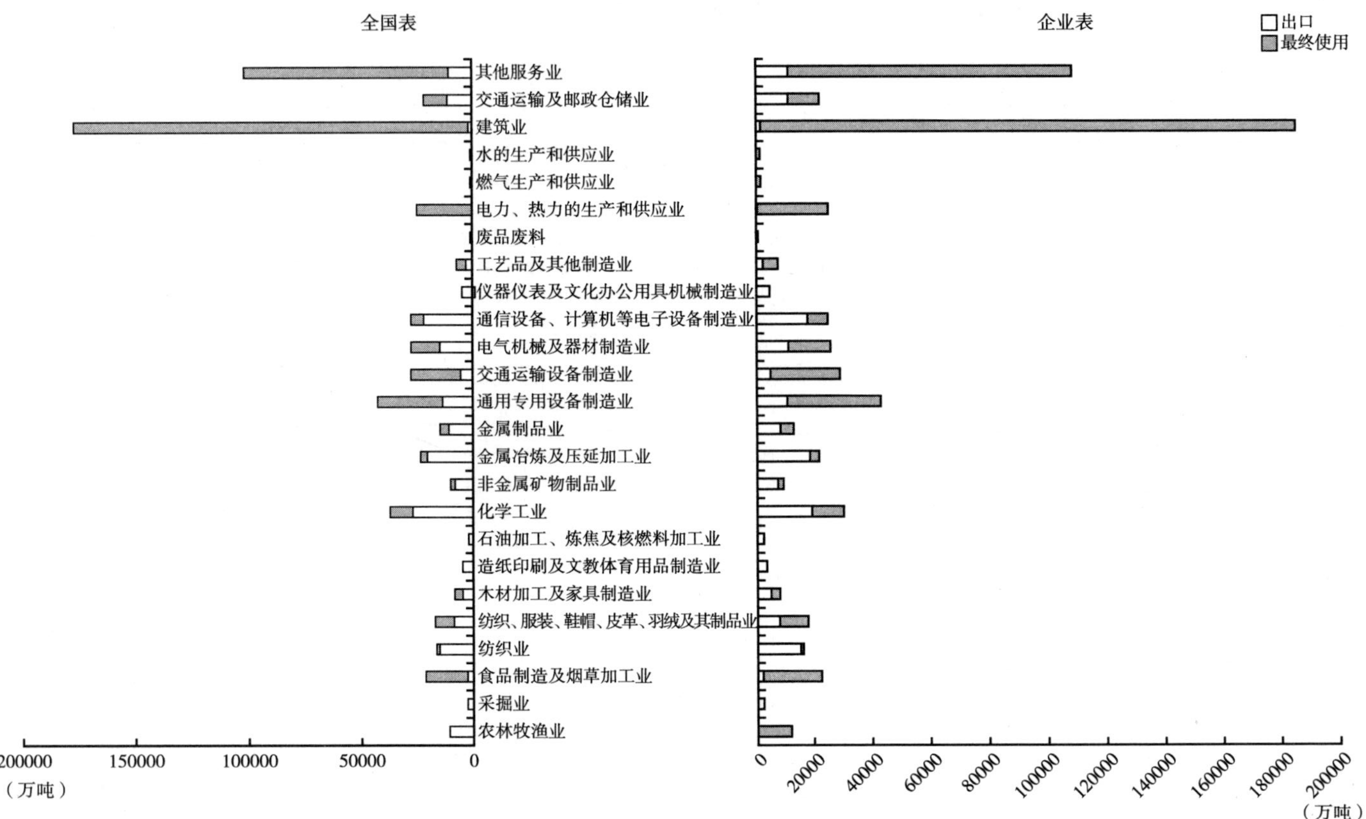

图 3－9　全国表与企业表各行业的后向产业联动隐含二氧化碳排放量

由于企业表体现了不同所有制企业的生产技术和节能减排技术特性，依据它计算得到的隐含碳要比全国表更为精确合理。比较企业表和全国表在计算隐含碳时的百分比差异（以全国表的测算结果为标准）可得到图 3－10 和图 3－11 所示的结果。这显示不同类型的投入产出表对前向和后向产业联动隐含碳的影响主要反映了以下几个特点。（1）企业表中最终用途的隐含碳计算结果（包含前向和后向产业联动隐含二氧化碳排放量）高于国家表中的结果，并且企业表中对出口隐含碳前向联动的计算结果要低于全国表中的结果。除燃气生产供应业、水的生产和供应业、建筑业、交通运输及邮政仓储业、其他服务业外，企业表计算的出口后向隐含碳较全国表的计算结果要低。（2）企业表和全国表在测算出口前向产业联动隐含二氧化碳排放量时行业间差异较小。在计算最终用途前向产业联动隐含二氧化碳排放量时的差异比较明显，且主要体现在通信设备、计算机及其他电子设备制造业和仪器仪表及文化办公用具机械制造业。（3）对于企业表以及全国表中关于出口和最终需求后向产业联动隐含二氧化碳排放量的计算在行业内存在较大的差异。例如，企业表中对因通信设备国内最终用途需求造成的整个行业的碳排放量，其测算结果比国家表中的测算结果高出 70%。同样，有关因通信

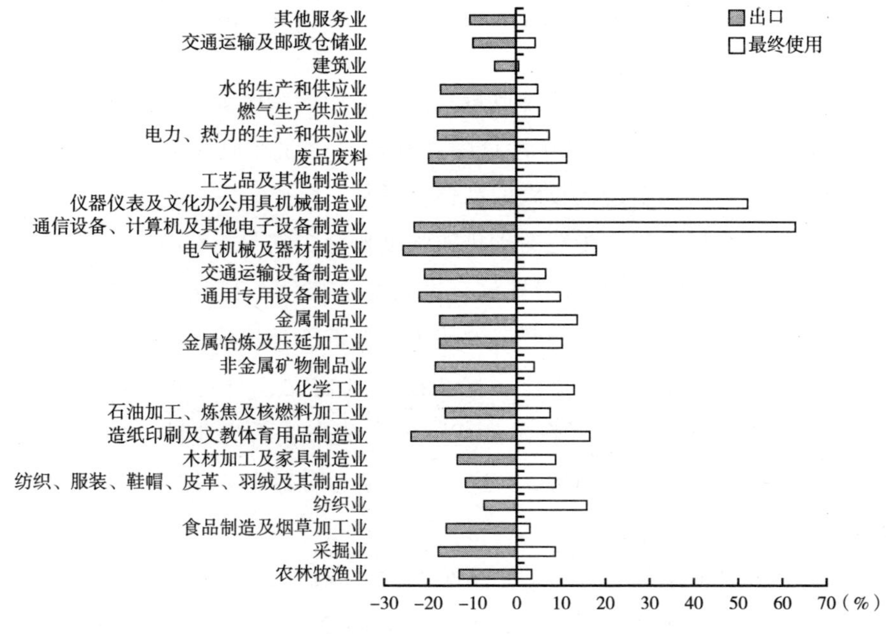

图 3－10　全国表与企业表前向产业联动隐含二氧化碳排放量比较

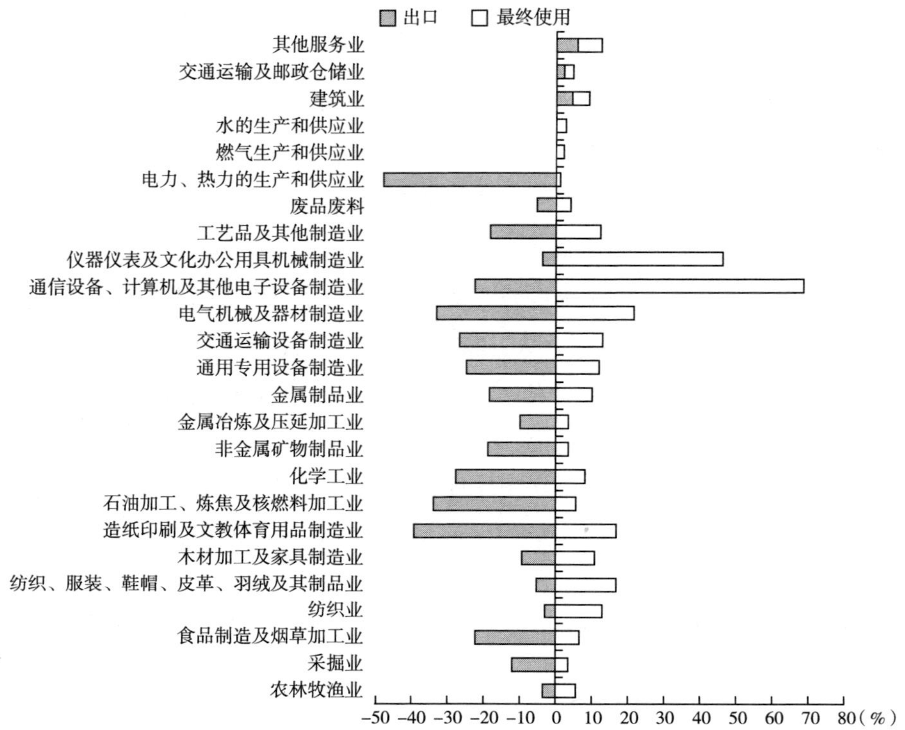

图 3-11 全国表与企业表后向产业联动隐含二氧化碳排放量比较

设备的出口引起整个产业链的排放量，企业表中的结果要比全国表中的结果低 20%。以上结论充分说明在计算隐含碳时，企业异质性信息是不可或缺的，不然在行业层面会造成较大的高估或低估。

在上一节我们介绍了传统的碳排放强度概念，它是指行业在生产过程中的单位产出或 GDP 所带来的碳排放。这只能反映一个行业或者企业的环境成本，不能够反映包含上下游环节的整个行业链的环境成本。我们在这里利用投入产出表的独特优势，类比“隐含碳”的定义，引入“隐含 GDP”的概念，并用“隐含碳”和“隐含 GDP”的比值来表示产业链上的碳排放强度，即隐含碳排放强度（ECEI）。这一新的概念对界定产业链是否环保或高碳给出了很好的参考信息。

为了探究企业异质性分析的更多重要性，我们充分利用投入产出表分析的优势。本文运用矩阵计算来表征不同所有制企业输出的隐含 GDP 与隐含碳排放之间的关系。如表 3-5 所示，从出口品生产企业（表头所列企业）

来看，中资企业出口带来的整个产业链的GDP为35481亿元，约占整体GDP的57%。其中大部分是来自中资企业自身创造的GDP。外资企业出口所带来的GDP也不可忽视，约占总GDP的37%。非加工贸易出口中资企业的GDP拉动效果较小，仅为整体的6%。更值得关注的是，非加工贸易出口外资企业主要带动中资企业的GDP（10%）和外企自身的GDP（7%）。其中前者占比较大，主要是由于中资企业是外企非加工贸易出口生产链上的主要供货商。外企加工贸易出口拉动中资企业创造的GDP为9%，拉动外企非加工贸易企业为2%，外企加工贸易企业自身为10%。可以看出，从事加工贸易商品生产的外资企业在生产环节，从事非加工贸易商品生产的中资企业和外资企业都参与其中，商品的贡献更大一些。从中间产品供货商角度（表左侧企业）看，中国出口带动的GDP有75%是从事非加工贸易商品生产的中资企业创造的，另外13%、10%和2%分别来自从事非加工贸易商品生产的外资企业、从事加工贸易商品生产的外资企业和从事加工贸易商品生产的中资企业。

表3-5　不同所有制企业出口引起的GDP上升

项目		CN	CP	FN	FP	总计
GDP（亿元）	CN	32806	2229	6499	5384	46918
	CP	0	1355	0	0	1355
	FN	2675	134	4325	1023	8157
	FP	0	0	0	6099	6099
	总计	35481	3718	10824	12506	62529
占比（%）	CN	52	4	10	9	75
	CP	0	2	0	0	2
	FN	4	0	7	2	13
	FP	0	0	0	10	10
	总计	57	6	17	20	100

以上是出口中隐含的GDP。对于出口中隐含的碳排放也可以做类似测算，主要结论如表3-6所示。与表3-5结果不同，可以明显看出，不同所有制企业出口带来的碳排放主要来自从事非加工贸易商品生产的中资企业。除了该类性质的中资企业是各类出口企业的主要中间产品供货商的原因外，其生产过程中的碳排放强度过高也是原因之一。

表3-6　不同所有制企业出口引起的隐含碳排放上升

单位：万吨

项目	CN	CP	FN	FP	总计
CN	97834	4369	22338	18578	143119
CP	0	1433	0	0	1433
FN	4833	222	7392	1417	13864
FP	0	0	0	1649	1649
总计	102667	6024	29730	21644	160065
CN	61	3	14	12	89
CP	0	1	0	0	1
FN	3	0	5	1	9
FP	0	0	0	1	1
总计	64	4	19	14	100

如果用出口隐含碳除以出口隐含 GDP，我们就可以得到如表 3-7 所示的隐含碳排放强度的新指标。指标显示企业在通过出口获得一个单位 GDP 时需要为碳排放量所支付的成本。很明显，和全国平均值相比，外资企业所引起的从事非加工贸易商品生产的中资企业的隐含碳排放强度最高，分别为 3.5 和 3.4。这主要说明外资企业在中国的上游产业链为高碳生产。从事非加工贸易商品生产的中资企业引起的上游同类企业的隐含碳排放强度（3.0）也高于全国平均值。其他类型的隐含碳排放强度都低于全国平均值。以上结果清楚地表明外资企业在生产与输出产品过程中产生的碳排放量较少，但从事非加工贸易商品生产的上游中资企业的碳排放量因这些外企的刺激而最高。从事非加工贸易商品生产的中资企业在出口产品生产过程中二氧

表3-7　不同所有制企业隐含碳排放强度系数

单位：万吨/十亿元

项目	CN	CP	FN	FP	总计
CN	3.0	2.0	3.4	3.5	3.1
CP	—	1.1	—	—	1.1
FN	1.8	1.7	1.7	1.4	1.7
FP	—	—	—	0.3	0.3
总计	2.9	1.6	2.7	1.7	2.6

化碳排放量较高，同时拉动上游中资企业的排放量也比全国水平高。从绿色供应链管理的角度看，出口产品生产者的责任不容忽视。从为出口产品生产提供中间产品的供货商角度看，其自身的节能减排责任同样重大。

五　结论和政策建议

本文运用2007年中国不同所有制企业的投入产出表，测算了各行业的直接排放、碳排放强度、隐含碳排放和隐含碳强度，同时比较分析了传统的国家投入产出表和不同所有制企业的投入产出表在测算以上指标时的差异以及原因。主要结论如下。第一，不同所有制企业对中国碳排放总量的影响相差巨大。2007年中国超过90%的二氧化碳排放来自从事非加工贸易商品生产的中资企业，其他企业的碳排放量占比较小。从企业性质看，中资企业排放量要远大于外资企业排放量，非加工贸易企业的排放量大于加工贸易企业。以上结果不仅取决于各企业的生产规模，更重要的原因是各企业在碳排放强度方面的差异。根据我们的测算结果可知，从事非加工贸易商品生产的中资企业的碳排放强度约为同行业外资企业的1.6倍，从事加工贸易商品生产的中资企业的碳排放强度是同行业外资企业的3.9倍，从事非加工贸易商品生产的中资企业的碳排放强度是从事加工贸易商品生产的中资企业排放强度的2.3倍，从事非加工贸易商品生产的外资企业的碳排放强度是从事加工贸易商品生产的外资企业排放强度的5.6倍。

第二，从行业层面看，除能源生产部门外，中资企业和外资企业的高碳排放行业基本相同，都是集中在金属冶炼及压延加工业、化工行业、非金属矿物制品业等高耗能行业。具体看各行业的碳排放强度，从事化学工业品加工贸易商品生产的中资企业要比外资企业高很多。这主要是因为它们从事低附加值、高排放量的初级化工制品生产。

第三，我们还从企业在生产过程中使用的能源产品来源、最终产品的消费国、二氧化碳排放地和生产收益归属这4个方面，对不同所有制企业在中国从事生产活动的碳排放利益关系进行了分析。很显然，从事非加工贸易的中资企业主要是利用本国资源为本国和世界提供产品，在获得生产利益的同时成为中国的二氧化碳排放大户。从事加工贸易的中资企业为外国打工赚取微薄的加工费，同时使用了较多的外国能源产品，却把二氧化碳排放留在国内。从事非加工贸易的外资企业利用中国的资源来获取利益，同时造成中国碳排放量的增加。从事加工贸易的外资企业利用中国资源为外国消费者加工产品获取加工利益，同时把排放的二氧化碳留在中国。

第四，企业异质性信息对于隐含碳排放的测算意义重大，不可或缺。我们的测算结果显示，如果忽略了企业异质性会导致出口隐含碳被高估20%，而最终需求隐含碳则被低估6.8%。在行业层面，误差会更明显。比如，通信设备行业最终需求隐含碳的测算误差甚至达到70%，印刷品出口隐含碳的误差达到40%。这主要是由于最终需求产品在生产过程中直接和间接地使用了较多来自从事非加工贸易商品生产的中资企业生产的中间产品。

第五，我们引入隐含碳排放强度这一新指标后，利用企业表进行测算的结果显示：外资企业自身在生产出口产品过程中排放量不大，但拉动上游从事非加工贸易商品生产的中资企业的碳排放强度最高。从事非加工贸易商品生产的中资企业在出口产品生产过程中二氧化碳排放量较高，同时拉动上游中资企业的排放量也比全国水平高。从绿色供应链管理的角度看，出口产品生产者的责任不容忽视。从为出口产品生产提供中间产品的供货商角度看，其自身的节能减排责任同样重大。

本文提出以下几点政策建议。第一，中国虽然是出口大国，但不应该一味地强调出口对我国碳排放的拉动，而应更多地关注国内需求的拉动效果。我们的测算结果显示，不考虑企业异质性的传统测算结果会高估出口拉动的碳排放量，而低估国内需求带来的碳排放量。因此，应该更多地立足于引导国内需求结构绿色化。第二，传统的高耗能产业仍然是排放的大头，而且能源效率远低于外资企业。应该法律法规和市场机制并用，引导企业提高能源效率，从而促成产业结构更趋合理环保。第三，不走外资企业把产业链的高碳排放环节放在发展中国家的老路，鼓励做大做强的中资企业引进和探索绿色供应链管理机制，提高产业链组织者的环保意识，带动上游的国内外企业共同减排。

参考文献

[1] 刘红光、刘卫东、唐志鹏、范晓梅：《中国区域产业结构调整的 CO_2 减排效果分析——基于区域间投入产出表的分析》，《地域研究与开发》2010 年第 3 期。

[2] 何艳秋：《行业完全碳排放的测算及应用》，《统计研究》2012 年第 3 期。

[3] 孙建卫、陈志刚、赵荣钦、黄贤金、赖力：《基于投入产出分析的中国碳排放足迹研究》，《中国人口·资源与环境》2010 年第 5 期。

[4] 张友国：《中国贸易含碳量及其影响因素——基于（进口）非竞争型投入产出表的分析》，《经济学季刊》2010 年第 4 期。

[5] 陈迎、潘家华、谢来辉：《中国外贸进出口商品中的内涵能源及其政策含义》，《经济研究》2008 年第 7 期。

[6] 刘红光、刘卫东、唐志鹏：《中国产业能源消费碳排放结构及其减排敏感性分析》，《地理科学进展》2010 年第 6 期。

[7] 张昌辉：《上海通用汽车："绿动" 铸就核心竞争力》，《第一财经日报》2009 年 10 月 30 日。

[8] 张秋彤：《沃尔玛的绿色供应链管理》，《中国市场》2011 年第 2 期。

[9] 王先知、李天辰：《沃尔玛：携手供应商打造绿色供应链》，《WTO 经济导刊》2009 年第 3 期。

[10] Lenzen, M., "Primary Energy and Greenhouse Gases Embodied in Australian Final Consumption: An Input-output Analysis," *Energy Policy*, 1998, 26 (6): 495 - 506.

[11] Schaeffer, R., de Sá A. L., "The Embodiment of Carbon Associated with Brazilian Imports and Exports," *Energy Conversion and Management*, 1996, 37 (6): 955 - 960.

[12] Machado, G., Schaeffer, R., Worrell, E., "Energy and Carbon Embodied in the International Trade of Brazil: An Input - output Approach," *Ecological economics*, 2001, 39 (3): 409 - 424.

[13] Weber, C. L., Matthews, H. S., "Embodied Environmental Emissions in US International Trade, 1997 - 2004," *Environmental Science & Technology*, 2007, 41 (14): 4875 - 4881.

[14] Nakano, S., Okamura, A., Sakurai, N. et al., "The Measurement of CO_2 Embodiments in International Trade: Evidence from the Harmonised Input-output and Bilateral Trade Database," OECD Publishing, 2009.

[15] Peters, G. P., Hertwich, E. G., "CO_2 Embodied in International Trade with Implications for Global Climate Policy," *Environmental Science & Technology*, 2008, 42 (5): 1401 - 1407.

[16] Meng, B., Fang, Y., Yamano, N. et al., "Measuring Global Value Chains and Regional Economic Integration: An International Input-output Approach," Ide

Discussion Papers, 2012.

[17] Ahmad Nadim and Sonia Araujo, "Using Trade Micro data to Improve Trade in Value Added Measures: Proof of Concept Using Turkish Data," OECD Working Paper. 2011.

[18] Feenstra Robert and Branford Jensen, "Evaluating Estimates of Materials Offshoring from U. S. Manufacturing," *Economics Letters*. 2012, vol. 117 (1): 170 - 173.

[19] Kee, Hiau Looi and Heiwai Tang, "Domestic Value Added in Chinese Exports," Tufts University, mimeo. 2012.

[20] Koopman, Robert, Zhi Wang and Shang-jin Wei, "Estimating Domestic Content in Exports When Processing Trade is Pervasive," *Journal of Development Economics*. 2012 (99): 178 - 189.

[21] Ma H, Wang Z, Zhu k. Domestic Content in China's Exports and its Distri bution by Firm ownership [J] . *Journal of Comparative Ewnomics*, 2015, 43 (1): 3 - 18.

附录3-1　中资企业与外资企业加工贸易强度中化工行业的贡献分析分解

关于化工行业和非化工行业的碳排放强度分解公式：

$$IN = \frac{C}{V} = \frac{C_1 + C_2}{V} = \frac{C_1}{V_1} \times \frac{V_1}{V} + \frac{C_2}{V_2} \times \frac{V_2}{V} = IN_1 \times g_1 + IN_2 \times g_2$$

其中，IN 为某种性质企业的碳排放强度，C 为该性质企业的二氧化碳排放量，V 为该性质企业创造的 GDP；记 1 为化工行业，2 为非化工行业，C_i（$i = 1,2$）为 i 行业的二氧化碳排放量，V_i（$i = 1,2$）为 i 行业的 GDP，IN_i（$i = 1,2$）为 i 行业的碳排放强度，g_i（$i = 1,2$）为 i 行业的 GDP 占总 GDP 的份额。

从事加工贸易的中资企业与外资企业碳排放强度是分别根据其公式进行计算的，并且我们发现了引起碳排放强度规律性的两点主要因素：一个是在化工与非化工行业的不同企业碳排放强度的差异，另一个是在化工与非化工行业不同企业的 GDP 规模的差异。根据碳排放强度的测算结果，从事加工贸易的非化工行业中资企业的碳排放强度为 4. 9 吨/10 亿元，同类型的外资企业为 2. 3 吨/10 亿元。从事加工贸易的化工类中资企业的碳排放强度为 54. 9 吨/10 亿元，同类型外资企业为 8. 3 吨/10 亿元。对 GDP 份额的测算结果显示，从事加工贸易的中资企业在化工行业创造的 GDP 为该行业总 GDP 的 11. 46%，而从事加工贸易的外资企业仅为 6. 4%。

第二部分

国内价值链、碳排放与绿色生产率

第四章

中国的收入不平等、家庭消费与碳排放*

郭　琳

一　引言

（一）背景

自 1978 年实行改革开放以来，中国的经济增长成果丰硕，截至 2013 年，年均 GDP 增长率为 9.8%。与高经济效益相伴而生的是家庭收入不平等的不断加剧和环境的日益恶化。这些趋势使中国成为世界上最大的 CO_2 排放国，也是收入不平等较严重的国家之一。为什么中国家庭的收入不平等会随着 CO_2 排放量的增加而不断增加？这是个非常有趣的问题。换言之，在中国收入不平等可能会对环境产生影响。我们可以从两个著名的假设，即库兹涅茨收入假设和库兹涅茨环境假设中找到该问题的答案。根据库兹涅茨收入曲线（IKC）和库兹涅茨环境曲线（EKC），污染性排放物（以 SO_2 或 CO_2 作为环境恶化的指标）和收入不平等（以人均 GDP 衡量）曲线在通过库兹涅茨“转折点”之后先上升后下降。随着人均 GDP 的增加，CO_2 排放量和收入不平等呈现相同的变化趋势，这说明 CO_2 排放量和收入不平等之

* 本研究由国家自然科学基金（项目编号：71603050）、北京社会科学基金（项目编号：16YJC057）和对外经济贸易大学的中央大学基础研究基金（项目编号：14QD02）提供支持。

间存在相关性。这个问题引起了许多研究人员的极大兴趣，而且在最近几年间，收入分配对环境质量的影响已成为修正和扩展 EKC 假设的重要关注方向。进一步来说，增长应该既考虑经济增长率，同时考虑缩小收入差距和促进环境友好。

本文以中国为研究案例，研究了伴随收入不平等以及 CO_2 排放量增加的经济增长现象。文中首先考察了中国的经济效益和 CO_2 排放量。图4－1给出了1978～2010年中国的GDP增长率和 CO_2 排放量（由于 CO_2 排放量的数据限制，我们运用了截至2010年的数据集，以使GDP和 CO_2 数据兼容）。图4－1显示在2000年之前，CO_2 人均排放量缓慢增加，但是2000年之后迅速增长。在2000年之前，人均GDP年增长率为9.78%，而人均 CO_2 排放量年增长率为2.41%。2000年之后，GDP增长率达到10.38%，同时人均 CO_2 排放量增长率为8.41%。这说明在2000年之前，GDP每增加1%，CO_2 人均排放量就会增加0.24个百分点，而2000年之后，GDP每增加1%，CO_2 人均排放量就会增长0.81个百分点，也就是说，CO_2 排放量的弹性变大了。那么为什么在2000年之后，相对低的经济增长率会产生更多的人均 CO_2 排放量呢？我们认为这种改变可能是由于GDP的构成发生了改变。如图4－1所示，家庭最终消费占GDP份额和投资占GDP份额未发生重大改变，且在2000年之前家庭最终消费占比高于投资占比。然而，2000年之后，家庭最终消费占比从47%骤降至34%，而投资份额从34%攀升至46%。2004年之后，投资占GDP份额超过了家庭最终消费占GDP份额。当投资份额迅速增加时，CO_2 人均排放量也急剧增加。这种变化表明投资取代消费会产生更多的 CO_2 排放。

（二）目的

在简化模型中，只能获得收入相对于 CO_2 排放量的净效应，这就模糊了GDP的成分对于 CO_2 排放的效应。这个“黑匣子”使我们很难基于GDP的构成来理解家庭收入不平等对 CO_2 排放量的影响。因此，GDP的构成和 CO_2 排放量之间以及GDP构成和家庭收入不平等之间的关系有助于我们确定 CO_2 排放量和收入不平等之间的关系。

如图4－1所示，家庭最终消费在GDP中所占份额经历了大幅下降，而GDP中投资份额却在不断增加。研究显示投资是中国经济快速增长的主要

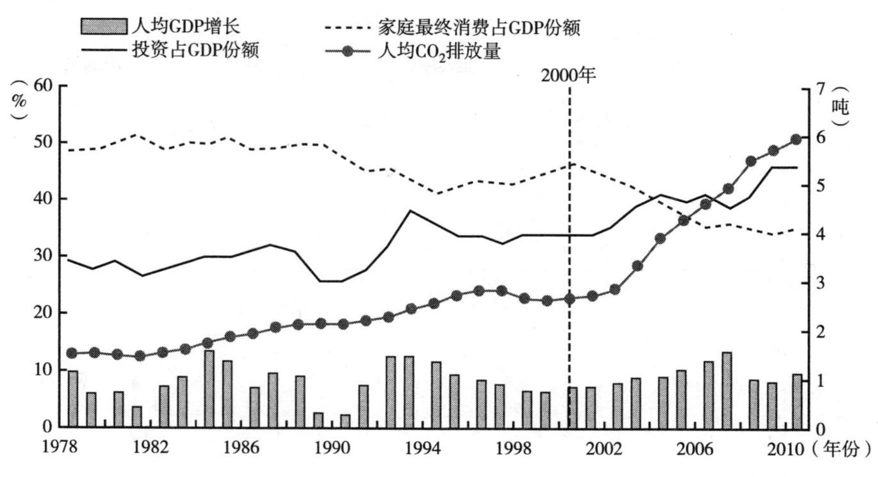

图 4－1　中国的 GDP 增长和 CO_2 排放量

资料来源：WDI（2012）。

驱动力，包括国内投资和国外直接投资（FDI）。根据传统的凯恩斯绝对收入假设，国内投资率的较高上升源于较高的国内储蓄率，这种情况是由消费的抑制引起的。同时，富裕家庭的边际消费倾向要低于贫穷家庭。因此，收入平均分配可能会使该国的总消费增长。类似的，如果收入不平等加剧，则消费水平将下降。学者针对此课题进行了各种研究。例如，冯·多伦发现收入不平等的加剧会对消费产生负面影响。布林德否定了基于美国时间序列数据的传统凯恩斯理论。德拉瓦莱和尾口发现发达国家的平均消费倾向（APC）和收入不平等之间存在重要的负相关性。卡恩对 20 个发展中国家的研究成果正好符合传统的凯恩斯理论。图 4－2（a）显示了 1978～2010 年中国家庭基尼系数分布和家庭最终消费占 GDP 份额。

家庭收入不平等（由家庭基尼系数表示）与 GDP（总收入）中总家庭消费份额成反比，这与凯恩斯理论相一致。

我们以中国为例进行研究。图 4－2（c）显示了 1978～2010 年人均 CO_2 排放量和家庭最终消费的分布情况。根据图 4－2（c）所示，家庭收入不平等和碳排放量之间存在一个正比例关系，以表示 CO_2 排放量和家庭基尼系数的正相关关系。此结论可用于通过 GDP 中的家庭消费份额来确定家庭收入不平等对 CO_2 排放量的间接影响：收入不平等加剧会抑制消费并刺

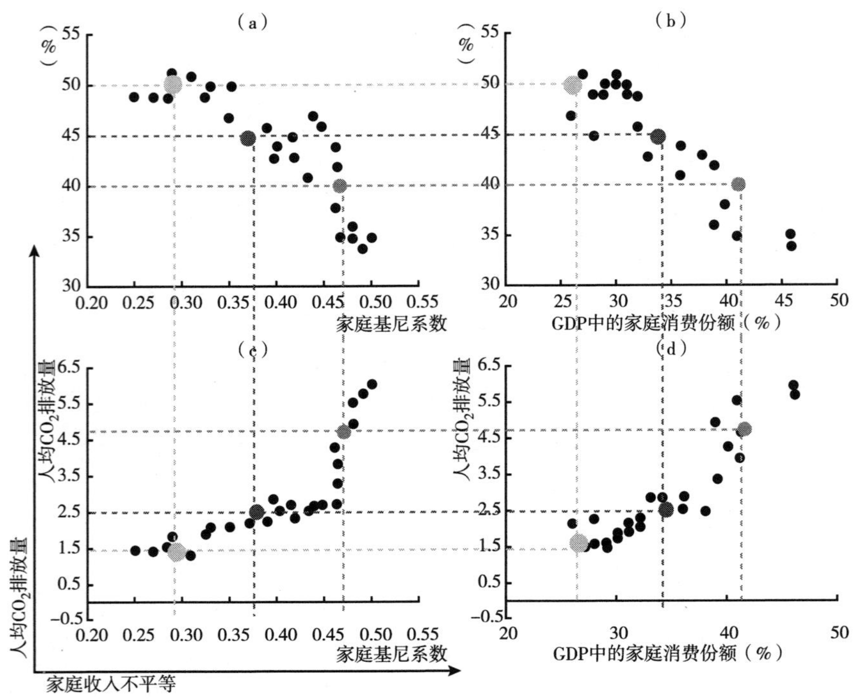

图 4-2　CO_2 排放量和家庭最终消费的分布（1978~2010 年）

资料来源：世界银行，WDI，2012。

激储蓄，从而促进投资。因此，投资替代消费会导致 CO_2 排放量增加。

本文并无意证明收入分配是不是减少中国碳排放的一个有效途径，而旨在探索缩小差距和减少 CO_2 排放是否兼容或相悖。接下来我们试着给出以下两个问题的答案：(1) 在中国是否存在碳库兹涅茨曲线（CKC）？(2) 家庭收入不平等引起 CO_2 排放量增加了吗？

本文余下部分组织如下：第二部分提供了一份文献评论；第三部分解释了本文应用的模型和数据；第四部分给出了实证研究和讨论；第五部分得出了结论并对简要的政策含义进行解释。

二　文献评论

EKC 证明了经济增长和收入水平对环境质量的影响。近年来，许多学者开始从收入分配的角度来研究收入不平等和环境质量之间的关系。然而，对此问题尚存在一些争议。

收入分配对环境的影响并不符合截至1994年所进行的一项直接实证检验，当时博伊斯首次研究了收入不平等和环境质量之间的关系。他提出收入不平等通过影响个人偏好对环境产生影响。当收入差距增大时，穷人更容易对环境造成破坏；而富人无须利用其广泛的经济资源来改善环境，但是乐于将财富转移到环境资源更有利的国家。托拉斯和博伊斯进行实证分析后认为，更加均衡的权力分配会改善空气和水源质量。后来博伊斯等人从另外一个角度评估了环境和社会不平等。他们发现，更富有的人可能会进一步利用现有资源来改变其生存环境，而非控制环境。富人受到环境恶化的影响最小，然而更贫穷的个体是环境污染的最大受害者。沃诺韦特斯基和博伊斯实证分析了俄罗斯境内和境外收入不平等对环境质量的影响。该研究表明公共品供应中的境内收入差距增大和不平等的加剧会产生更严重的环境污染。马格纳尼发现瞬时收入分配功能而非平均收入对于高收入国家步入良性可持续增长之路可能非常重要。格里和孟发现，在碳排放和收入之间存在正相关关系，进行收入重新分配会减少家庭总排放量，这意味着缩小不平等和减少CO_2排放的双重追求可以相继实现。布维尔分析了美国缅因州块组水平下环境风险的分配和收入分配。实证结果显示，相对于收入而言，毒性气体排放量分布更加不均衡，这意味着我们可能需要对收入和污染之间存在转换关系的假设提出质疑。奥夫哈莫和沃尔夫拉姆致力于对节能住宅消费的研究，并对收入增长尤其是处于收入分配底层的家庭如何影响能源消耗型耐用消费品的使用进行了调查。调查结果为收入分布形态在驱动中国乡村家庭购买能耗型耐用商品方面发挥着重要作用提供了证据。尽管其研究并未探讨CO_2排放，但其研究结果意味着来自家庭的CO_2排放量受到家庭收入分配形态的影响。

其他研究证明了收入不平等的负面影响。拉瓦雷等1997年发现在气候控制和社会公平之间存在转化关系，斯克鲁格斯1998年证明了公平性对于缓解环境恶化可能必要也可能不必要。在一些合理条件下，更大的不平等甚至可能有利于降低环境恶化水平。拉瓦雷等2000年研究发现国家间或存在于国内的更大不平等在特定的平均收入水平上与较低的CO_2排放量有关。与此同时，一些研究侧重于关注收入不平等对单个国家的污染效应。纽金特和萨尔玛2002年在印度利用一个环境扩展可算通用平衡模型（EECHE）证明了简单的政策改变可增强分配的平等性、环境的可持续性并提高增长效率。克拉克－萨瑟等 2011 年的研究表明在国家范围内，中国省级水平的人均 CO_2 排放量的不平等水平类似于但稍低于人均 GDP 不平等水平。他们得出了相反的结论，因为他们是在不同的层面上对不平等性进行估算。运用家庭收入不平等这个因素进行分析会产生类似于博伊斯的结论，然而，当关注国家或地区层面时，会得出相反的结论。因此，如果忽略了估算不平等的不同层面，我们就无法得出一致的结论。

另外，收入不平等可通过影响消费模式来影响 CO_2 排放。布兰恩朗德和加尔瓦什 2008 年设计出一种用于评估各类家庭商品消费的模型，借此分析污染和收入在家庭层面的关系。实证分析显示，收入平均分配导致 CO_2 排放量增加。马西利亚尼和托马斯 2002 年同时采用静态模型和内部时态模型得出结论：扩大收入分配差距会降低不平等与 CO_2 排放量关联的可能性，而且政治经济学的平衡应减少对环保的关注。葛文德等采用基尼系数来估算收入分配差距，证明了收入分配差距增大会使环境质量恶化。比蒙特 2002 年发现收入分配均衡将加速 EKC 拐点的出现。格鲁内瓦尔德等 2011 年证明了在收入高度不平等的富有国家，扶贫开发有助于降低人均 CO_2 的排放量，而对于收入分配相对平等的贫穷国家而言，扶贫开发和减排之间存在转化关系。

总而言之，大部分现有文献关注于跨国层面，使用一国面板数据集来分析收入不平等对 CO_2 排放量的影响。很少有研究专注单个国家层面。而且，在研究经济发展和 CO_2 排放量之间的关系时，研究者广泛采用简化型 EKC 模型。由于关注的方向有所不同，学者们已对此简化模型进行了许多校正和增补。关于收入不平等对 CO_2 排放量的影响，上述研究以简化型 EKC 为模型主体，并引入了收入不平等变量（如基尼系数）与其他 KEC 规范变量间的交互作用。直接为 EKC 模型增加收入不平等变量显示收入不平等对于 CO_2 排放具有直接的影响。然而，在现实生活中，CO_2 排放的直接驱动力并非不平等而是经济增长、能耗、投资和国际贸易；换言之，很难在家庭收入不平等和 CO_2 排放量之间建立直接的联系。因此，在本文中，我们基于联立方程模型（SEM）来考察家庭收入不平等与 CO_2 排放量之间的间接因果关系，而其他研究主要使用单方程模型，忽略了输出量、不平等和消费的内生性。

三　模型规范和数据

（一）模型

在本文中，我们使用 SEM 来证明收入不平等通过不同的消费方式对 CO_2 排放产生正向影响。据笔者所知，使用 SEM 从家庭收入不平等的角度研究 CO_2 排放量问题的实证研究很少。多数研究的单方程模型假定输出量和不平等均为外生变量。然而，在本研究中，我们将输出量、不平等和消费视为内生变量。为了探讨内源性，我们采用 SEM 来证明收入不平等是如何影响 CO_2 排放的。因此，我们必须考虑到影响 CO_2 排放的多个因素，如输出量（按人均 GDP 估算）、投资（按固定资本投资估算）以及消费（家庭消费）。同时，根据库兹涅茨假设，收入不平等由人均 GDP 的非线性函数确定。家庭总消费受收入分配的影响，这与传统凯恩斯绝对收入假设的情况一致。类似的，输出量由生产函数来确定。因此，收入不平等、总消费和输出量均可视为内生变量。总之，为了对上述因子进行研究，我们必须开发一个 SEM，其中输出单方程根据影响 CO_2 排放量的人均总区域产品（GRP），结合 EKC 函数、扩展总消费函数、不平等函数和生产函数来进行估算。

SEM 模型规范如下：

$$
\begin{cases}
CO_2per_{it} = a_0 + a_1 GRPper_{it} + a_2(GRPper_{it})^2 + a_3 APC_{it} + \\
\qquad a_4 P_{it} + a_5 EG_{it} + a_6 Urb_{it} + \mu_i + e_{it} \\
APC_{it} = c_0 Gini_{it} + c_1 APC_{it-1} + c_2(inc_{it})^{-1} + c_3 W_{it} + \beta_i + \omega_{it} \\
Gini_{it} = b_0 GRPper_{it} + b_1(GRPper_{it})^2 + b_2 HCL_{it} + b_3 FDI_{it} + \\
\qquad b_4 BPIS_{it} + b_5 EduExG_{it} + b_6 Urb_{it} + \alpha_i + \varepsilon_{it} \\
\ln GRPper_{it} = b_0 \ln K_{it} + b_1 \ln L_{it} + b_2 Gini_{it} + b_3 CO_2per_{it} + \lambda_i + \gamma_{it}
\end{cases}
\tag{1}
$$

（a）CO_2 排放量方程。在该研究中，我们采用二次项人均 GDP 作为 CO_2 排放量方程的主要变量。在此，我们使用 GRP 代替 GDP，因为我们的数据集是省级面板数据集，且所有数据均按省级进行估算。在此案例中，GRP 是每个省份的输出量。除了人均收入外，还有一些影响 CO_2 排放的驱动力，如人口规模、技术进步和能效。因此，基于格罗斯曼和克鲁格 1995 年提出的经典计量模型，本文在模型中引入了根据 APC、人口、能源密度和城市化估算的总消费来描述其是如何直接影响 CO_2 排放的。CO_2 排放量模型见方程组（1）的第一个方程，其中 $GRPper_{it}$、$(GRPper_{it})^2$ 和 APC_{it} 分别表示人均GDP、人均 GDP 的二次方和平均消费倾向，省级和年平均消费倾向分别用 i 和 t 表示。变量 CO_2per_{it}，P_{it}、EG_{it} 和 Urb_{it} 分别表示人均 CO_2 排放量、人口规模、能源密度和城市化，省级和年度城市化分别用 i 和 t 表示。e_{it} 表示随机干扰。根据 EKC 假设，a_1 为正，a_2 为负。APC 对人均 CO_2 排放量可能具有负面影响，而预计 a_3 会是负值。研究证明能源密度和城市化对 CO_2 排放量具有负面影响，因此 a_5 和 a_6 被认为是正值。

（b）消费方程。根据凯恩斯理论，收入的平均分配将有利于提高消费水平。布林德 1975 年采用一个动态累积消费方程，通过拟合 APC 和关于收入不平等测量值的 APC 滞后期来对该理论进行检验。德拉瓦莱和尾口 1976 年将基尼系数作为收入不平等的测量值来确定布林德的结论是否适用于跨国数据集。卡恩 1987 年利用类似函数，基于发展中国家的面板数据对不平等与消费问题进行了检验。与上述方程式相比，布林德的动态累积消费方程式最适合于我们的研究目的，因此，我们在本文中就采用了此方程。该方程要求拟合逆向可支配收入 APC 值、收入分配变量和滞期 APC 值。因此，在方程组（1）的第二个方程中给出了累积消费确定方程。然而，由于失业率数据存在问题，某些文献建议使用单位城镇雇工从属值和单位乡村劳动力从属值。变量 $(inc)_{it}^{-1}$ 表示逆人口加权家庭人均收入。β_i 和 ω_{it} 分别表示单省效应和随机干扰。

（c）收入不平等方程。库兹涅茨假设提出，在收入分配和经济增长之间存在反向 U 形关系。因此，收入不平等的主要模型规范是人均 GDP 的二次函数。教育支出、人力资本、基本养老保险和城市化是影响收入分配的重要因素。因此，本文为收入不平等开发了一个新模型，用以描述该收入分配 $Gini_{it}$ 确定方程，见方程组（1）中的第三个方程。其中 HCL_{it}、FDI_{it}、$BPIS_{it}$ 以及 $EduExG_{it}$ 分别表示人力资本（具有大学及以上学历的劳动力比例）、FDI、基本养老保险份额（具有基本养老保险职工的比例）以及 GDP 中的教育支出比例，省级和年份分别用 i 和 t 表示。HCL_{it}、FDI_{it} 和 $BPIS_{it}$ 均由王和范于 2005 年提出。α_i 和 ε_{it} 分别表示单省效应和随机干扰。

（d）输出方程。输出确定方程式由方程组（1）中的最后一个方程表示，其中 $\ln GRPper_{it}$ 表示人均 GDP 的自然对数，省级和年份分别用 i 和 t 表示。变量 $\ln K_{it}$ 和 $\ln L_{it}$ 表示人均股本和人均劳动力，省级和年份分别用 i 和 t 表示。在这里，我们使用了省级面板数据，因此，人均 GDP、人均股本和人均劳动力均按省级估算，而非国家级。λ_i 和 γ_{it} 分别表示单省效应和随机干扰。另外，收入方程中的变量 CO_2per_{it} 和 $Gini_{it}$ 旨在分别检查 CO_2 排放量和不平等性对输出量的反馈效应。在此方程式中，我们使用人均 GDP 代表输出量，这依赖于一个很强的假设，即各省附加值份额（附加值/输出量）无差异。

（二）数据

1. 碳排放数据

因为中国尚未按照省份公布官方 CO_2 排放量数据，因此我们基于有关气候变化的政府内部面板参考方法计算 1995 ~2010 年 30 个省份的 CO_2 排放量。我们估计 CO_2 排放量可依据七类化石燃料来划分，即煤、焦炭、汽油、煤油、柴油、燃油和天然气。该化石燃料消费数据依据《中国能源统计年鉴》（1996 ~2011 年）的区域能源平衡表进行编纂。

CO_2 排放量根据方程式（2）进行计算。

$$TE_j = \sum_{i=1}^{7} TE_{ij} = \sum_{i=1}^{7} E_{ij} \times (NCV_i \times CEF_i \times OC_i) \times \frac{44}{12} \tag{2}$$

其中 TE_j 表示省级 j 各类能耗下 CO_2 的总排放量，i 表示燃料类型（$i=1, \cdots, 7$）。E_i 表示省级 j 第 i 类燃油的总消耗量。NCV_i 为第 i 类燃料的净碳值，CEF_i 表示第 i 类燃油的碳排放因子。OC_i 表示依据第 i 类燃料类型的二氧化碳分数。（$NCV_i \times CEF_i \times OC_i$）$\times 44/12$ 表示第 i 类燃料的 CO_2 排放因子。各类燃油系数见附录 4 - 1 的表 1。中国的水泥生产是 CO_2 排放十分重要的来源，但我们无法获得 30 个省份水泥生产的时间序列数据（1995 ~2010 年）。因此，我们的碳排放数据不含有该部分的排放量。

2. 不平等数据

在本文中，我们采用基尼系数作为中国家庭收入不平等指标。根据中国 30 个省份的统计报告，大多数家庭的调查数据是基于不等人口规模的收入群体。因此，我们采用托马斯等于 2003 年提出的不等计算方法根据方程式（3）计算家庭基尼系数。

$$Gini = \sum_{i=1}^{N} W_i Y_i + 2\sum_{i=1}^{N-1} W(1 - V_i) - 1 \tag{3}$$

其中 *Gini* 表示基尼系数，W_i 表示第 i 组的人口比例，Y_i 表示第 i 组收入比例。V_i 是 Y_i 从第一组到第 i 组的累积。

3. 数据来源

本文采用了中国省级面板数据集。因为无法获取西藏的家庭调查数据，我们的分析中不包含西藏数据，最终获得了 30 个省份 16 年间的数据集。我们采用的所有数据从以下统计年鉴中获取：《中国统计年鉴》《中国教育统计年鉴》（ESYC）《中国人口统计年鉴》（CSPY）《中国乡村家庭调查年鉴》（CYRHS）《中国能源统计年鉴》（CESY）《中国劳动力统计年鉴》（CLSY）《中国科技统计年鉴》等。关于人均 GDP、城镇人均可支配收入、乡村人均净收入、GRP 和家庭消费的数据均根据每个省份的 CPI（1978 = 100）予以调整。我们模型中使用的变量的定义、单位和数据资源见附录 4 – 2 中的表 2。

四　家庭收入不平等和 CO_2 排放量

（一）实证分析结果

因为对此主题的现有研究通常包含与外部变量不相关的随机效应案例，故本文应用面板数据时将典型的 SEM 考虑在内。我们采用了三种估算方法：FE2SLS（固定效应两阶段最小二乘）估算方法、EC2SLS（随机效应两阶段最小二乘）估算方法，以及 3SLSGMM（三阶段最小二乘矩估计）方法。

在估算联立方程之前，我们进行了面板数据的协整分析。首先我们使用分别由莱文等和伊姆等提出的 LLC 和 IPS 方法进行面板单位根检验。表 4 – 1 给出了面板单位根检验结果。

佩德罗尼 1999 年提出了两类残基测试。对于第一类，通过残差回归的组内共享，四项测试呈标准正态渐进分布，这些方法属于面板 v – 统计、面板 r – 统计、面板 PP – 统计和面板 ADF – 统计。对于第二种类型，三项测试也呈标准正态渐进分布，但是基于组间的残差共享，它们属于组 r－统计、组 PP－统计和组 ADF－统计。这些测试可以适应个体特异性短期动态、个体特异性固定效应和确定性趋势，以及个体特异性罗布系数。在此，我们旨在测试协整变量以确定在计量规范中是否存在短期控制关系。通过应用蒙特·卡洛模拟实验结果，佩德罗尼发现面板 ADF－统计和组 ADF－统计测试相比于其他统计方法来说具有更好的小样本特性，且更加稳定。另外，卡奥 1999 年对面板数据协整回归进行了残基测试研究，因此，我们采用卡奥残差协整测试来研究动态面板的非协整零假设。表 4－2 给出了面板协整测试结果。

表 4－1　面板单位根检验

变量	LLC		IPS		费舍尔－ADF		费舍尔－PP	
	水平	一阶差分	水平	一阶差分	水平	一阶差分	水平	一阶差分
CO_2per	3.91873	－5.31208***	8.26040	－3.83455***	11.4661	100.703***	2.69608	99.0154***
GDPper	8.06626	－4.41772***	16.6306	－1.56416*	16.5455	121.062***	5.38103	133.331***
$GDPper^2$	12.5412	－2.69771**	4.76550	－6.43105***	34.5259	152.872***	23.7364	216.401***
APC	3.39650	－12.0570***	5.00674	－12.1562***	18.9872	242.615***	19.2459	296.208***
EG	4.72118	－13.4536***	5.71046	－7.14290***	22.4015	146.450***	25.4573	195.116***
P	－0.42224	－5.07154***	4.97252	－3.16339***	29.5827	108.352***	35.1912	103.150***
HCL	9.83992	－11.4198***	6.24437	－9.66505***	12.1992	205.724***	10.5343	343.373***
Urb	1.34123	－10.4943***	5.49732	－8.40211***	31.0859	196.542***	24.4694	204.061***
Ln*K*	3.42973	－43.82113***	6.73600	－25.01393***	42.6406	316.9823***	260.462***	550.8803***
Ln*L*	4.07160	－11.4759***	6.66497	－9.71819***	24.1391	208.772***	26.7901	269.088***
FDI	2.34211	－10.4186***	5.40013	－7.29955***	36.6452	159.321***	49.1386	211.203***
Gini	13.3101	－7.62154***	2.79415	－16.8339***	35.4625	193.243***	48.3005	454.434***
BPIS	10.3634	－8.29980***	－0.71201	－5.47093	66.8977	136.558***	57.2177	237.894***
EduExG	1.82251	－13.3294***	2.25292	－12.9277***	36.1220	258.087***	37.9911	251.490***
Otinc	5.81345	－6.46690***	10.4095	－9.39805***	5.91334	127.664***	84.2773**	379.790***
CPI	5.98113	－12.6675***	10.6130	－10.5339***	9.71212	210.976***	14.9361	224.418***
Rdg	1.56144	－10.4191***	3.62483	－9.25958***	36.0268	197.920***	44.2354	324.438***

注：水平回归包括截距和趋势，而一阶差分回归不包括截距和趋势。滞后期使用施瓦茨信息标准（SIC）选定。* 表示在 10% 重要性水平上否定零假设，** 表示在 5% 重要性水平上否定零假设，*** 表示在 1% 重要性水平上否定零假设。

表 4－2　面板协整测试

方法	方程式			
佩德罗尼残差协整测试	方程(1)	方程(2)	方程(3)	方程(4)
常用 AR 系数(组内维度)				
面板 v－统计	－3.025602	4.807836***	－2.45280	2.067647**
面板 r－统计	5.655060	－3.383594***	4.998889	－2.158328**
面板 PP－统计	－4.774904***	－17.60810***	－9.815681***	－7.458311***
面板 ADF－统计	－2.578561***	－16.07413***	－9.016635***	－7.479219***
独立 AR 系数(组间维度)				
组 r－统计	7.734502	－0.752284	6.789362	－0.318009
组 PP－统计	－24.46535***	－19.74090***	－12.01723***	－9.407463***
组 ADF－统计	－3.788551***	－15.62072***	－11.16871***	－10.13249***
卡奥残差协整测试	－3.669255***	－7.570433***	－1.5804*	－17.97554***

注：* 表示在 10% 重要性水平上否定零假设，** 表示在 5% 重要性水平上否定零假设，*** 表示在 1% 重要性水平上否定零假设。

这些结果表明面板 ADF－统计、面板 PP－统计、组 PP－统计和组 ADF－统计在 1% 水平上很强烈地否定了非协整零假设，且卡奥残值协整测试也在 1% 水平上强烈否定了非协整零假设。因此，我们获得了每个方程的该序列间协整的有力证据。因此，从长期来看，这些序列会一起波动，且所有方程式在该序列间存在稳态相关性。下一步开始评估 SEM。

基于上述面板协整测试，我们使用省级面板数据集来预测碳排放量的不平等效应。表 4－3 和表 4－4 对所有估计量的比较进行了综述。我们首先分析 GMM－3SLS 估计量，分析如下。

对于排放量方程，GMM－3SLS 估计量显示人均 GRP 二次平方项系数为负，人均 GRP 系数为正，从统计学来说，在 5% 和 1% 水平上显著。此信息为人均 CO_2 排放量和人均收入间存在倒 U 形相关性提供了证据。同时，APC 系数符号也在 1% 水平上统计学显著，这表明由于投资替代了消费，APC 的减小会导致 CO_2 排放量的增加。GRP 中消费比例不断降低，而投资份额不断增加。该结论说明中国的经济增长主要受投资驱动。换言之，中国的经济属投资驱动增长型经济。

表 4-3 排放量方程和收入方程的评估结果

方程(1) 排放量方程	单方程估计		系统估计
	FE2SLS 固定效应	EC2SLS 随机效应	GMM-3SLS 固定效应
人均 GRP	0.0004719 *** (-0.000017)	0.0004576 *** (-0.000018)	0.0002198 *** (-0.0000368)
人均 GRP^2	-5.26e-09 *** (-3.03E-10)	-5.39e-09 *** (-3.31E-10)	-1.23e-09 * (-7.47E-10)
APC	-0.0808065 *** (-0.0133689)	-0.0515953 *** (-0.0139701)	-0.1756793 *** (-0.0257368)
P	-0.0008191 *** (-0.000148)	-0.0001755 ** (-0.0000752)	-0.0000625 ** (-0.000031)
EG	0.0102473 (-0.0333743)	0.0172245 (-0.0364271)	0.4914355 *** (-0.0560431)
Urb	0.0000553 *** (-4.97E-06)	0.000024 *** (-3.11E-06)	9.59e-06 *** (-1.29E-06)
_cons	-3.596132 ** (-1.145944)	-3.606371 ** (-1.19839)	14.35503 *** (-2.185219)
Obs	448	448	449
内生性测试(DWH)	13.4395 ***		
豪斯曼随机测试	75.62 ***		
豪斯曼的 J 沃尔德测试			3.62473 (7)
	6840.91 ***	875.43 ***	
F	48.60 ***		
组内 r 平方	0.8117	0.7926	
组间 r 平方	0.3122	0.4146	
所有 r 平方	0.3493	0.536	

方程(3)收入 不平等方程	单方程估计		系统估计
	FE2SLS 固定效应	EC2SLS 随机效应	GMM-3SLS 固定效应
人均 GRP	0.0000122 *** (-1.51E-06)	0.0000156 *** (-1.37E-06)	0.0000171 *** (-1.17E-06)
人均 GRP^2	-1.62e-10 *** (-1.51E-11)	-1.58e-10 *** (-1.61E-11)	-1.29e-10 ** (-5.02E-11)
HCL	-0.0017759 (-0.0019329)	-0.0032248 * (-0.001772)	-0.0094035 *** (-0.0032944)
FDI	-0.0002588 (-0.0001573)	-0.0004451 *** (-0.0001451)	-0.0006722 *** (-0.0001053)
BPIS	-0.0005465 (-0.0004126)	-0.0019553 *** (-0.0003438)	-0.0026273 *** (-0.0002461)

续表

方程(3)收入不平等方程	单方程估计		系统估计
	FE2SLS 固定效应	EC2SLS 随机效应	GMM－3SLS 固定效应
EDUexg	0.0078366** (－0.0039719)	0.0171456*** (－0.0039417)	0.0368472*** (－0.007479)
Urb	－6.95e－07*** (－1.99E－07)	－2.54e－07** (－1.02E－07)	－1.50e－07*** (－3.76E－08)
_cons	0.2626088*** (－0.012494)	0.2596449 (－0.0147205)	0.2285798*** (－0.0174986)
Obs	480	480	449
内生性测试(DWH)	48.2399***	41.83***	
豪斯曼随机测试	146.75***		
豪斯曼的 J 沃尔德测试			3.62473 (7)
	40,895.89***	317.59***	
F	22.56***		
组内 r 平方	0.5416	0.4972	
组间 r 平方	0.0188	0.0047	
所有 r 平方	0.0731	0.2276	

注：* 表示在 10% 重要性水平上否定零假设，** 表示在 5% 重要性水平上否定零假设，*** 表示在 1% 重要性水平上否定零假设。

表 4－4 消费方程和输出方程的评估结果

方程(2)消费方程	单方程估计		系统估计
	FE2SLS 固定效应	EC2SLS 随机效应	GMM－3SLS 固定效应
基尼系数	_－30.06289** (－12.59334)	_－36.54562*** (－7.757462)	_－12.36033** (－6.33911)
APC 滞期	0.488765*** (－0.0335707)	0.2028025*** (－0.0524666)	0.3763064*** (－0.0346341)
Otinc	3902.969 (－4251.776)	3944.532 (－3396.958)	408.0294 (－2420.118)
_cons	50.94071*** (－7.481703)	81.41105*** (－4.298503)	65.69123*** (－3.070672)
Obs	448	448	449
内生性测试(DWH)	21.6531***	4.75	
豪斯曼随机测试	106.59***		
豪斯曼的 J 沃尔德测试			3.62473 (7)
	328544.45***	196.60***	
F	4.51***		
组内 r 平方	0.6106	0.3157	
组间 r 平方	0.6132	0.0584	
所有 r 平方	0.5809	0.1844	

续表

方程(4) 输出量方程	单方程估计		系统估计
	FE2SLS 固定效应	EC2SLS 随机效应	GMM-3SLS 固定效应
lnK	0.3782597 *** (-0.0226314)	0.3230537 *** (-0.0236708)	0.9005095 *** (-0.031664)
lnL	0.3982219 ** (-0.1613728)	0.3129412 *** (-0.0456345)	0.7688116 *** (-0.039708)
基尼系数	-7.549675 *** (-0.9924429)	-1.176052 *** (-0.4494549)	-4.246321 *** (-0.3939343)
单位 CO_2	0.1183094 *** (-0.0140788)	-0.1220322 *** (-0.0088564)	-0.0218107 (-0.013324)
_cons	2.381208 ** (-1.174361)	6.94137 *** (-0.2744894)	9.166851 *** (-0.2265507)
Obs	480	480	449
内生性测试(DWH)	115.568 ***		
豪斯曼随机测试	67.43 ***		
豪斯曼的J沃尔德测试			3.62473 (7)
	815,288.84 ***	4702.68 ***	
F	19.58 ***		
组内r平方	0.8209	0.9328	
组间r平方	0.0088	0.6507	
所有r平方	0.2322	0.771	

注：* 表示在10%重要性水平上否定零假设，** 表示在5%重要性水平上否定零假设，*** 表示在1%重要性水平上否定零假设。

与此同时，能源密度和城市化对于 CO_2 排放量均有显著的积极效应，且测试结果与大部分其他研究一致。能源密度越高的省份可能产生越多的排放量，因为能源密集型生产与较高的排放量相关。而且，人口规模效应为负值，与预期一致；也就是说，较大的人口规模与较低的人均排放量相关。

（1）关于消费方程，我们重点讨论收入不平等对APC的影响。收入不平等系数为负，且在5%水平上统计学显著，同大部分研究结论一样。

（2）对于收入不平等方程，所有变量均具有统计学显著性。我们还发现收入不平等和经济增长之间存在倒U形相关性。同时，HCL、FDI的增加和城市化的加快减少了收入不平等，而由于城乡地区间的教育支出不平衡，教育支出与收入不平等之间呈现负相关性。另外，基本养老保险和城市化有助于减少收入不平等。

(3) 考虑到基尼系数为负且统计学显著，输出方程表明收入不平等对经济增长具有反馈效应。因此，收入不平等通过 APC 对 CO_2 排放量的诱导弹性为正。

下面我们继续探讨 SEM 的两个额外估计量。

(a) 对于 CO_2 排放量方程来说，与 GMM－3SLS 估计量相比，变量系数符号与 GMM－3SLS 估计量相同，且除了 EG 外，具有统计学显著性。

(b) 对于收入不平等方程，除了 HCI、BPIS 和 FDI 之外，所有变量均有统计学显著性，且与 GMM－3SLS 估计量符号相同。在消费方程中，家庭收入不平等系数为负，且在 1% 水平上具有统计学显著性，而与是否使用估计方法无关。此结果符合传统凯恩斯理论，即收入平均分配会增加总消费量。基于这三个估计量，收入不平等通过 APC 的诱导弹性为正。类似的，输出方程中的变量系数符号与 GMM－3SLS 估计量相同，且具有统计学显著性。因此，我们最终采用 GMM－3SLS 估计量的结果来进行进一步研究。

(二) 讨论

上述实证研究证明家庭收入不平等通过其对 APC 的效应对人均 CO_2 排放量产生间接积极影响，该间接积极影响可归纳如下。

(1) 导致 CO_2 排放量增加的原因之一在于产能过剩，这导致能源浪费并增加了污染物排放。家庭收入不平等加剧，刺激了投资增长，发展中国家普遍出现的投资“浪潮”导致产能过剩。在中国，生产中的产能过剩备受关注。中国“十二五”规划提出了一项旨在抑制六个产能过剩行业的政策，这些行业包括钢铁、水泥、平板玻璃、多晶硅、风能设备和煤化工行业。2012 年的统计数据显示，钢铁业产能过剩 21%，自动化行业产能过剩 12%，水泥行业为 28%，电解铝行业为 35%，不锈钢行业为 60%，农药行业为 60%，光伏产业为 95%，玻璃制品行业为 95%。然而，对高能耗行业的投资不断增加。2012 年 1～10 月，高能耗行业的投资增长了 21.7%，自 2011 年开始一直保持加速增长趋势。因此，家庭收入不平等的加剧带来了低水平的消费需求和大规模的投资。总之，投资转变为生产资本之后，供应和最终消费需求间的差距将进一步扩大。因此，产能过剩造成了能耗浪费和CO_2排放量的增加。

（2）当收入不平等加剧时，社会便划分为两个极端群体：大部分的穷人和少数有高收入的富人。然而，依据边际效用递减原理，高收入人群不会将资金过量花费在相同产品上。相反，由于对产品价格的敏感程度大于对产品质量的敏感程度，贫穷群体无法负担高质量的创新产品。因此，生产系统便向低端扭曲，低质量、高能源密集型产品侵占了市场。所以，创新产品缺乏市场需求，创新无法保证获得合理回报。如此一来，企业不愿意再进行创新活动。同时，节能技术又会增加生产成本，并降低产品在价格敏感型市场上的竞争力。在此情况下，企业会因采用节能技术而损失利润。这些分析说明总消费受到抑制，消费结构受家庭收入不平等的影响。能源密集型和低质量偏好型消费结构从需求面阻碍了产业结构升级和技术创新，因为低附加值产品往往具有市场需求，因而无法通过自发消费的升级消除产能落后现象。通过升级产业结构和开发节能技术减少CO_2排放量受到消费结构的限制。

五　结束语

本文基于中国1995～2010年的面板数据集，采用GMM－3SLS估计值评估SEM的方法分析了家庭收入不平等和CO_2排放量之间的关系。与之前的研究相比，本研究具有如下主要特征：①在单一国家内从家庭水平维度研究了收入分配对CO_2排放量的影响，而其他研究主要致力于使用跨国数据研究家庭收入不平等对CO_2排放量的影响；②在本研究中采用SEM方法，而其他研究则采用单一模型规范；③本研究观察了家庭收入不平等通过消费影响CO_2排放量的诱导效应，而其他研究主要关注家庭收入不平等和CO_2排放量之间的直接关联。

本研究的主要发现是中国人均CO_2排放量和收入之间存在一个倒U形关系。实证分析显示家庭收入不平等通过消费对CO_2排放量产生积极的间接效应。产生此积极效应的原因如下。

（1）家庭收入不平等的加剧导致了更低的消费需求和更大规模的投资。发展中国家普遍的投资“浪潮”现象引发产能过剩，增加了能耗浪费和

CO_2 排放量。

(2) 总消费受到家庭收入不平等的抑制，消费结构受到家庭收入不平等的影响。能源密集型和低质量偏好型消费结构从需求层面妨碍了产业结构升级和技术创新。因此，通过升级产业结构和开发节能技术来减少 CO_2 排放量受到消费结构的限制。

根据上述分析，我们的政策实施侧重于通过减少收入不平等来促进消费并升级消费结构，以及限制生产行业中的产能过剩。

(1) 我们建议通过减少收入不平等来减少 CO_2 排放量。该措施通过增加消费需求来改革收入分配系统，依靠调整消费需求结构来减少国家储蓄，然后逐步改变投资驱动型增长。

(2) 指导市场来降低要素配置失真水平。这可以通过改革生产要素（如土地、水和电力及政府补贴）的定价系统来实现。因此，产能落后的生产企业获得了相对的优势和可观的利润。为了从根本上消除落后的产能和产能过剩，政府应进一步改革生产要素市场，例如可在所有企业的成本中加入环境成本和其他外部成本来反映资源的稀缺性，并淘汰落后的产能。

(3) 规范高污染和能源密集型的产能过剩行业。政府应改进环境排放标准，建立一个统一的国家排放交易市场，并征收碳税。

(4) 为行业的产能利用率创建一个统计监测系统。政府应为公众定期提供产能利用率信息，并对企业投资进行指导和制定生产决策，避免非理性投资和盲目扩张。

参考文献

[1] Ajmi, A. N., Hammoudeh, S., Nguyen, D. K. and Satod, J. R., "On the Relationships between CO_2 Emissions, Energy Consumption and Income: The Importance of Time Variation," *Energy Economics*, 2015, 49, 629 - 638.

[2] Auffhammer, M. and Wolfram, C. D., "Powering up China: Income distributions and Residential Electricity Consumption," *American Economic Review*, 2014, 104, 575 - 580.

[3] Baltagi, B. H., "Simultaneous Equations with Error Components," *Journal of Econometrics*, 1981, 17, 189 - 200.

[4] Baltagi, B. H. and Deng, Y., "EC3SLS Estimator for a Simultaneous System of

Spatial Auto-regressive Equations with Random Effects," *Econometic Reviews*, 2015, 34, 659 - 694.

[5] Bimonte, S., "Information Access, Income Distribution, and the Environmental Kuznets Curve," *Ecological Economics*, 2002, 41, 145 - 156.

[6] Blinder, A. S., "Distribution Effects and the Aggregate Consumption Function," *Journal of Political Economy*, 1975, 83, 447 - 475.

[7] Bouvier, R., "Distribution of Income and Toxic Emissions in Maine, United States: Inequality in Two Dimensions," *Ecological Economics*, 2014, 102, 39 - 47.

[8] Boyce, J. K., "Inequality as a Cause of Environmental Degradation," *Ecological Economics*, 1994, 11, 169 - 178.

[9] Boyce, J. K., "Inequality and Environmental Protection," PERI Working Papers.

[10] Boyce, J. K., Klemer, A. R., Templet, P. H. and Willis, C. E., "Power Distribution, the Environment and Public Health: A State-level Analysis," *Ecological Economics*, 1999, 29, 127 - 140.

[11] Brännlund, R. and Ghalwash, T., "The Income - Pollution Relationship and the Role of Income Distribution: An Analysis of Swedish Household Data," *Resource and Energy Economics*, 2008, 30 (3), 369 - 387.

[12] Chamberlain, G., *Unobservables in Econometric Models.* Unpublished Ph. D. Dissertation, Harvard University, Cambridge, MA, 1975.

[13] Choi, I., "Unit Root Tests for Panel Data," *Journal of International Money and Finance*, 2001, 20, 249 - 272.

[14] Clarke-Sather, A., Qu, J., Wang, J., Zeng, J. and Li, Y. Carbon Inequality at the Sub-national Scale: A Case Study of Provincial-level Inequality in CO_2 Emissions in China 1997 - 2007," *Energy Policy*, 39 (9), 5420 - 5428.

[15] Della Valle, Oguchi, "Distribution, the Aggregate Consumption Function and the Level of Economic Development: Some Cross-country Results," *Journal of Political Economy*, 1976, 84, 1325 - 1334.

[16] Gawande, K., Berrens and Bohara, "A Consumption-based Theory of the Environmental Kuznets Curve," *Ecological Economics*, 2001, 37, 101 - 112.

[17] Golley, J. and Meng, "Income Inequality and Carbon Dioxide Emissions: The Case of Chinese Urban Households," *Energy Economics*, 2012, 34, 1864 - 1872.

[18] Grossman, G. M. and Krueger, "Environmental Impacts of a North American Free Trade Agreement," National Bureau of Economic Research Working Paper 3914, NBER, Cambridge, MA.

[19] Grossman, G. M. and Krueger, "Economic Growth and the Environment," *Quarterly Journal of Economics*, 1995, 110, 353 - 377.

[20] Grunewald, N., Klasen, Martínez-Zarzoso and Muris, "Income Inequality and Carbon Emissions," Discussion Papers, Courant Research Centre, Göttingen, Germany.

[21] Heerink, N., Mulatu and Bulte, "Income Inequality and the Environment:

Aggregation Bias in Environmental Kuznets Curves," *Ecological Economics*, 2001, 38, 359 - 367.

[22] Hsiao, *Analysis of Panel Data*, Econometric Society Monographs No. 11. New York: Cambridge University Press.

[23] Im, K. S. , Pesaran and Shin, "Testing for Unit Roots in Heterogeneous Panels," *Journal of Econometrics*, 2003, 109, 53 - 74.

[24] IPCC, Climate Change. *The Scientific Basis*, 2006. Cambridge: Cambridge Press.

[25] Kao, C. , "Spurious Regression and Residual-based Tests for Cointegration in Panel Data," *Journal of Econometrics*, 1999, 105, 1 - 44.

[26] Keyness, J. M. , *The General Theory of Employment, Interest and Money*. London: MacMillon. 1936.

[27] Khan, A. H. , "Aggregate Consumption Function and Income Distribution Effect: Some Evidence from Developing Countries," *World Development*, 1987, 15, 1369 - 1374.

[28] Knight, J. and Xue, "How High is Urban Unemployment in China?" *Journal of Chinese Economic and Business Studies*, 2006 4, 91 - 107.

[29] Kuznets, S. , "Economic Growth and Income Inequality," *American Economic Review*, 1955, 44, 1 - 28.

[30] Levin, A. , Lin and Chu, "Unit Root Tests in Panel Data: Asymptotic and Finite-sample Properties," *Journal of Econometrics*, 2002, 108, 1 - 24.

[31] Maddala, G. S. and Wu, S. A. , "Comparative Study of Unit Root Tests with Panel Data and a New Simple Test," *Oxford Bulletin of Economics and Statistics*, 1999, 61, 631 - 652.

[32] Magnani, E. , "The Environmental Kuznets Curve, Environmental Protection Policy and Income Distribution," *Ecological Economics*, 2000, 32, 431 - 443.

[33] Marsiliani, L. and Thomas, "Inequality, Environmental Protection and Growth," Working Paper No. 35, University of Rochester, Rochester, NY.

[34] Nadiri, M. L. and Prucha, "Comparison and Analysis of Productivity Growth and R&D investment in the Electrical Machinery Industries of the United States and Japan," *Research in Income and Wealth*, 26 - 28 August. Cambridge, MA: National Bureau of Economic Research.

[35] National Bureau of Statistics of China (NBS) (2012) . China Statistical Yearbook-2012. Beijing: China Statistics Press.

[36] Nugent, J. B. and Sarma, "The Three E's—Efficiency, Equity, and Environmental protection," in search of "Win-Win-Win" Policies: A CGE Analysis of India," *Journal of Policy Modeling*, 2002, 24, 19 - 50.

[37] Pedroni, P. , "Panel Cointegration: Asymptotic and Finite Sample Properties of Pooled Time Series Tests, with an Application to the PPP Hypothesis: New results," Working Paper, Indiana University.

[38] Pedroni, P. , "Purchasing Power Parity Tests in Cointegrated Panels," Working

Paper, Indiana University.

[39] Pedroni, P., "Panel Cointegration: Asymptotic and Finite Sample Properties of Pooled Time Series Tests with an Application to the PPP Hypothesis," *Economic Theory*, 2004, 20, 597 - 625.

[40] Ravallion, M., M., Heil and Jalan, "Carbon Emissions and Income Inequality," Oxford University Papers, 2000, 52, 651 - 669.

[41] Scruggs, L. A., "Political and Economic Inequality and the Environment," *Ecological Economics*, 1998, 26, 259 - 275.

[42] Thomas, V., Wang and Fan, "Measuring Education Inequality: Gini Coefficients of Education for 140 Countries, 1960 ~ 2000," *Journal of Education Planning and Administration*, 2003, 17, 5 - 33.

[43] Torras, M. and Boyce, "Income, Inequality, and Pollution: A Reassessment of the Environmental Kuznets Curve," *Ecological Economics*, 1998, 25, 147 - 160.

[44] Tsurumi, T. and Managi, "Does Energy Substitution Affect Carbon Dioxide Emissions - Income Relationship?" *Journal of the Japanese and International Economies*, 2010, 24, 540 - 551.

[45] Von Doorn, J., "Aggregate Consumption and the Distribution of Income," *European Economic Review*, 1925, 6, 417 - 423.

[46] Vornovytskyy, M. S. and Boyce, "Economic Inequality and Environmental Quality: Evidence of Pollution Shifting in Russia," Working Paper.

[47] Wan, G., Lu and Zhao, "The Inequality - Growth Nexus in the Short and Long Run: Empirical Evidence from China," *Journal of Comparative Economics*, 2006, 34, 654 - 667.

[48] Wang, X. and Fan, G., "Income Inequality in China and its Influential Factors," *Economic Research Journal*, 2005, 10, 24 - 36.

[49] Yifu, H Wu and Xing, "Wave Phenomena and Formation of Excess Capacity," *Economic Research Journal*, 2010, 10, 4 - 19.

附表 4-1　IPCC 参考方法使用的燃料系数

燃油	煤	焦炭	汽油	煤油	柴油	燃油	天然气
NCV	20.52	28.2	44.8	44.67	43.33	40.19	48
CEF	24.74	29.5	18.9	19.55	20.2	21.1	15.3
OC	0.90	0.97	0.98	0.98	0.98	0.98	0.99

资料来源：IPCC（2006）。

附表 4－2 数据资源总结

变量	单位	资料来源
人均 CO_2 排放量	吨	CESY
人均 GDP	元	CSY
(人均 GDP)^2	元	CSY
APC	% ×100	SYP
EG	SCE10000 元/吨	SYP,CESY
P	10000 人	SYP
Urb	% ×100	SYP
lnKL	1 亿元/10000 人	SYP
Tgini	—	SYP,CYRHS
HCL	% ×100	ESYC,CPSY
EduExG	% ×100	ESYC,CSY
Unem	% ×100	SYP
BPIS	% ×100	CLSY
FDI	1 万美元	SYP,CYRHS
Tinc	元	SYP,CYRHS
CPI	—	SYP
IR	%	CMEI

第五章

中国工业行业基于投入产出的真实生产率分析*

高宇宁　郑云峰　胡鞍钢

一　"绿色国民核算"介绍

基于名义 GDP 的现有国民经济核算体系具有严重缺陷，因为它不会将自然资产流失从通过资源和能源的过度利用而产生的附加值中剔除。通过忽视资源损耗和严重环境退化的相关成本，它夸大了实际经济收益，可能导致国民福利的实际降低。作为回应，很多学者主张"绿色"GDP，将环境因素纳入国民经济核算体系中。从 GDP 中剔除损耗的自然资源价值后，生态退化的成本以及自然资源和环境的恢复成本更全面地反映了环境经济的变化。这种尝试首先将净福利作为传统 GDP 核算的一部分进行如下衡量：

$$\text{国民生产净值(NNP)} = \text{GNP} - \text{固定资本损耗} \tag{1}$$

计算自然资源损耗和污染排放的量化成本时，最系统化的方式是绿色国民核算。自 20 世纪 90 年代以来，联合国统计司、联合国环境计划署、世界

* 本文修改稿以"Input-Outputbased Genuine Value Added and Genuine Productivity in China's Industrial Sectors (1995 - 2010)"为题在 *Singapore Economic Review*（《新加坡经济评论》）2017 年第 3 卷发表。本研究受到清华大学 2014 ~ 2016 年度人文社科振兴基金课题"绿色生产率视角的地区与行业经济增长质量投入产出核算分析"（课题编号：20145081013）和2016 ~ 2018 年度自主科研计划课题"全球价值链视角的真实生产率核算：基于增值税大数据的分析"（课题编号：20151080359）资助。

银行和其他国际机构已经共同开展工作对环境核算进行定义。1994 年，该项工作完成了综合环境经济核算体系（SEEA）的发布。随着环境经济核算研究和实践的发展，经过讨论和修订，2001 年 6 月发布了 SEEA 2000，制定了综合环境经济核算体系的实施步骤。经过大量修订后，SEEA 2003 发布。经过过去 10 多年的不懈努力，SEEA 中心框架已经成为联合国统计司的国际标准，目前作为环境经济核算的统计框架得到国际承认。

SEEA 系统根据名义 GDP 提出了经环境调整的“国内产出”（EDP）概念，这是将传统 GDP 剔除资源损耗和环境退化成本后的净产出。这就是如今我们所称的绿色 GDP。绿色 GDP 可以理解为，在考虑外部因素和自然资源后，经国民经济核算体系（SNA）更全面地反映一个国家或地区经济福利的 GDP。SEEA 将非生产性自然资产和环境的经济影响纳入考量范围，改变了传统做法。在国民核算矩阵中，使用非生产性资源释放污染的环境和经济成本应被增加到投入中，同时资源恢复和污染治理的效益应被加入产出中。

$$\text{国内净产值(NDP)} = \text{GDP} - \text{资源和环境核算退化成本} \quad (2)$$

表 5－1　包括资源和环境配置的社会核算矩阵

		产量	因素	机构	节省	世界其他地区	资源	环境	总额
供应量	产量			C	I	X			产品和服务配置总额
	因素	NDP							产品和服务配置净额
	机构		NDP				NRP	NEP	福利配置
	节省	δK		Sg			nR	σe	节省配置总额（财务投资）
	世界其他地区	M			$(X-M)$				世界其他地区配置总额
	资源				ng				资源产品总额
	环境			PBB	σd				环境产品总额
	总额	人造产品和服务总供给量	人造产品和服务净供给量	福利供应（MEW）	节约供给总量	向世界其他地区供给的总量	资源供给总量	环境效益总供给量	

资料来源：Atkinson, G., Dubourg, R., Hamilton, K., Munasinghe, M., Pearce, D., Young, C., *Measuring Sustainable Development: Macroeconomics and the Environment*, Edward Elgar Publishing Ltd., 1997.

由表 5－1 可知，社会核算矩阵，包括 Atkinson、Hamilton 和 Pearce 1997 年提出的资源和环境，关注资源退化和碳排放，不考虑排放其他污染物的成本。结合系统化追踪绿色国民核算中附加值的产生及分布的理论框架，可以得出开放条件下的绿色国民核算结果。将资源和环境因素整合到国民生产净值（GDP 减去考虑国外储蓄率的生产性固定资本折旧）的社会核算矩阵中，将自然资源枯竭损失（nR-ng）从国内净产值中剔除，可以得出资源净产值（NRP）。类似的，在剔除污染损失量（σe-σd）后，可以得出环境净产值（NEP）。

1995 年，基于社会核算矩阵框架，世界银行开始使用“真实国民核算”的概念重新定义和衡量国民财富。真实储蓄的形式模型由 Kunte 等（1998）以及 Hamilton 和 Clemens（1998）提出。与系统化绿色国民核算相比，世界银行所设计的真实储蓄核算以及简化和调整后的净储蓄更符合实际：

$$G = GNP - C - \delta K - n(R - g) - \sigma(e - d) + m \tag{3}$$

其中，GNP 代表国民生产总值，C 代表消费，δK 代表生产性固定资产折旧，n 代表净边际资产的租金率，g 代表开采量，R 代表可利用资源，e 代表污染排放量，d 代表污染排放累积量的自然净化量，m 代表人力资本投入（通过当前教育支出衡量，不会折损，可以公共知识的形式衡量）。

另外，（$GNP - C$）代表传统储蓄总额，包括国外储蓄；（$GNP - C - \delta K$）代表传统储蓄净额；［$-n(R - g)$］代表自然资源枯竭损耗；［$-(R - g)$］代表资源存量的变化（假设其生产不需要成本）；［$-\sigma(e - d)$］代表污染损失量；［$-(e - d)$］代表污染存量的变化。

自然资源损耗通过从自然资源开采和采购中获得的经济租金来衡量。该经济租金是以世界价格计算的生产价格同总生产成本之间的差额。这些成本包括固定资本折旧和资本收益。需要注意的是，当自然资源的开采是经济增加的必要条件时，如果资源租金很低，将导致过度开采。如果获得的租金不用于再投资，而是用于消费，同样也不合理。其中的污染损失在很大程度上与二氧化碳污染有关。通过排放一吨二氧化碳造成的全球边际损失来计算，Fankhauser（1995）的计算结果为 20 美元。

值得注意的是，由于政策环境缺失和存在大量其他困难，这项工作在中国仍处于酝酿阶段。例如，在资源和环境核算中，我们仅将 4 种自然资源纳入实物资本核算的考虑范围：土地、森林、地下矿产资源和水资源。大量基础性工作刚刚开始，包括理论研究、集成框架设计、核算方案公式化、实施步骤的建立以及试点计划，我们仍远落后于 SEEA 的基本要求。例如，在国民经济核算体系中将资源和环境纳入考量范围的一个关键问题是如何衡量这些资源和环境的价值。这要求我们不仅要了解资源消耗的量化价值和排放污染物的成本，而且要了解更多相关内容。如果不能清楚地认识不同地区和行业的真实资源消耗和污染量情况，则不可能准确地计算其量化价值。

一些中国学者已经尝试在中国构建绿色国民核算体系，建立绿色投入产出表和 1992～2002 年的绿色社会核算矩阵。由于这段时期的资料获取极为有限，相关研究工作完全是资源损耗和污染排放物理量的强假定。中国环境保护机构在 2004 年编制的绿色 GDP 主要考虑了排放污染的成本，而非资源消耗带来的损失，特别是非生产性资源。

二　部门层面的间接分解分析

当我们考察中国部门层面的自然资本时，很难对每个行业自然资源的租金率进行估值，因为缺少价格数据。为了简化核算，假定在给定年份中所有省份每使用一单位自然资源的总生产成本（包括固定资产折旧和资本收益）是相同的。该假设的结果是，每单位自然资源的租金率在所有省份中也是相同的，原因是生产价格（国际价格）相同。能源损耗的定义是每单位资源租金和开采能源物理量的乘积。因此我们可以计算 i 部门的能源损耗：

$$D_i^E = n_i E_i^E = n E_i^E = \frac{D^E}{E^E} E_i^E = D^E \frac{E_i^E}{E^E} \quad (n_i = n_j = n) \tag{4}$$

这表明一个部门的总能源损耗实际上是通过其能源开采份额衡量的。其中 D^E 指的是从世界发展指标数据库获得的中国能源损耗，E^E 指的是中国开采的能源，它们可以从《中国统计年鉴》中找到。

难以估算二氧化碳损耗的原因是在任何中国环境统计资料中都找不到二氧化碳的排放数据。因为二氧化碳排放对于能源消耗具有重要意义且两者密切相关，我们必须对部门二氧化碳排放做出自己的估算。根据以下公式利用能源消耗量估算二氧化碳排放量：

$$
\begin{aligned}
\text{二氧化碳排放量} &= \text{化石燃料消耗量}^{①} \times \text{碳排放因数} \times \text{碳氧化部分} \\
&\quad + \text{水泥生产} \times \text{加工排放因数}
\end{aligned} \tag{5}
$$

碳氧化部分指的是每单位纯气化碳释放二氧化碳的物理量，它是值为3.67（44/12）的常数。公式中最重要的系数是碳排放因数，指的是与化石燃料消耗相等的碳排放。该因数最常使用的值分别有以下3种：0.67，来自国家发改委能源研究所；0.68，来自美国能源部二氧化碳信息分析中心；0.69，来自日本能源经济研究所。在此使用的是第一个值。另外，水泥生产比消耗化石燃料产生更多的二氧化碳，因为石灰岩煅烧导致每生产1吨水泥平均产生0.365吨的二氧化碳。

在本文中，1978～1994年的能源消费结构和总能源损耗数据，以及水泥生产数据来自《中国统计概要1949～2009》，而1995～2008年省级能源损耗总量数据来自历年《中国能源统计年鉴》。

矿产资源损耗估值稍显复杂。它被定义为“单位资源租金和开采矿产资源物理量的乘积”。由于缺乏生产数据，我们剔除了金和银两种矿产资源。我们还采用了总生产成本的一个假设价格，计算 i 省的矿产资源损耗，公式如下：

$$
\begin{aligned}
D_i^M &= n_i E_i^M = n_i^I E_i^I + n_i^P E_i^P = n^I E_i^I + n^P E_i^P = n^M \left(\frac{n^I}{n^M} E_i^I + \frac{n^P}{n^M} E_i^P\right) \\
&= \frac{D^M}{E^M}\left(\frac{n^I}{n^M} E_i^I + \frac{n^P}{n^M} E_i^P\right) = D^M \frac{w_1 E_i^I + w_2 E_i^P}{w_1 E^I + w_2 E^P} \quad \left(w_1 = \frac{n^I}{n^M}, w_2 = \frac{n^P}{n^M}\right)
\end{aligned} \tag{6}
$$

其中，n^M 和 E^M 指的是租金率和开采的矿产资源，I 和 P 分别代表铁和磷。我们限定仅使用国际银行大宗商品价格数据中的国际价格来衡量8种矿产资源（铝、铜、铁、铅、镍、磷、锡、锌）。

自然资本损耗 D 的分解因此仅发生在投入产出表中的中间投入品和最终用途部分。第一步，将自然资本损失的中间“使用”分解并重新组合成实际“使用”，如下所示：

$$
D_{out} = A^T D + CD = (A^T + C) D \tag{7}
$$

此处 D 指的是该部门自然资本损失的一个（$1 \times n$）向量。A^T 代表直接

① 更准确的计算应不包括碳贮存的部分，这里因数据有限使用了近似值。

输入系数矩阵的转置，C 代表最终用途在中间投入品和最终使用的总数中所占比例的对角矩阵。

$$C = diag(1 - \sum_i a_{ji}) \tag{8}$$

在这里，作为投入产出通用模型的总输入系数，它们还必须包含自然资本在中间商品的循环过程中的间接损失。因此，对初始自然资本损失进行的最终分解与里昂惕夫倒数相似，应该用如下式子表示：

$$D'_{out} = CD + CA^T D + CA^T A^T D + \cdots = C(I - A^T)^{-1} D \tag{9}$$

本文在对一个部门中自然资本损失的数据进行分解计算时，必须首先按照投入产出表的分类计算出 36 个①产业中每个部门的总量，然后进行转换，之后再进行分解。因此，分解是以临近年份的投入产出表（见表 5－2）为基础的。

表 5－2　各年份投入产出表

基础投入产出表	全行业数量(个)	覆盖年份(年)
1995 年扩展投入产出表	33	1994、1995
1997 年投入产出表	40	1996、1997、1998
2000 年扩展投入产出表	40	1999、2000
2002 年投入产出表	42	2001、2002、2003
2005 年扩展投入产出表	33	2004、2005
2007 年投入产出表	42	2006、2007、2008
2010 年扩展投入产出表	65	2009、2010

尽管大多数能源消耗和所有矿产资源消耗都被计算在了产业部门的消耗范畴之内，但是分解数据表明，一半左右的自然资本损失最终被用在了其他非产业部门中，比如建筑业和运输业。与未经调整的自然资本损失相比，调整后的损失与总附加值的比例降低了 3%～8%，它与所有产业部门的总附加值的比例变得更加稳定了。1994～2010 年产业附加值与自然资本损失见图 5－1。

① 因缺乏连续数据，2003 年前的其他矿业开采，2004 年后的艺术品生产和其他制造业、废弃物的处理和回收利用被划分为其他类。

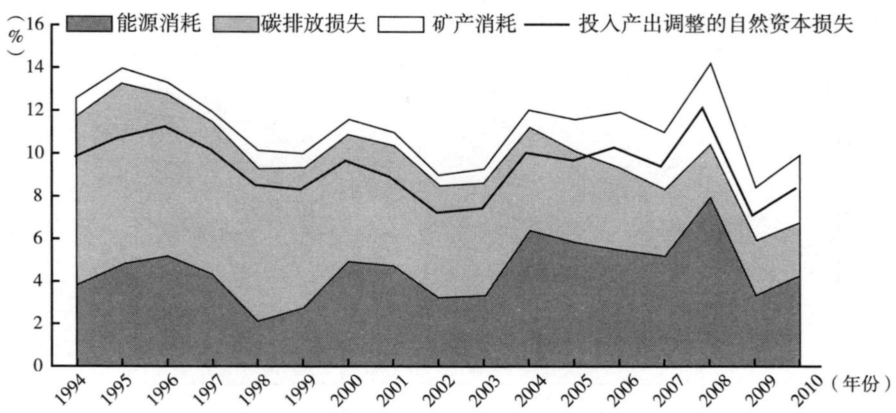

图 5－1　产业附加值与自然资本损失

三　真实投资与真实资本存量

（一）产业真实附加值

产业真实附加值的计算方法与真实储蓄率的计算方法相同。除天然气部门的生产与供应以外，对于真实附加值份额最低的部门，它们的传统附加值份额在 80% 与 85% 之间波动，在 2004 年以 88.7% 达到了顶峰。在 2000 年以前，天然气部门在生产与供应中产生的真实附加值一直比其他行业低，尤其是在 1999 年，当时它的真实附加值仅占总附加值的 71.44%。这主要是因为在 20 世纪 90 年代末，该部门的能量消耗比较高，所以其附加值相对比较低。

真实附加值份额最高的部门通常是石油天然气行业和烟草部门。这些部门创造了 99% 以上的传统 GDP。1995～2010 年真实附加值与传统附加值的份额见图 5－2。

（二）产业真实投资

根据公式（1），我们可以将 i 部门的真实投资定义为：

$$I'_{it} = I_{it} - n_{it}(R_{it} - g_{it}) - \sigma_{it}(e_{it} - d_{it}) + m_{it} \tag{10}$$

I_{it}代表传统投资，$[-n_{it}(R_{it} - g_{it}) - \sigma_{it}(e_{it} - d_{it})]$ 代表自然资本损失，m_{it}指教育支出。投资数据取自历年《中国统计年鉴》。按照支出计算法，我们

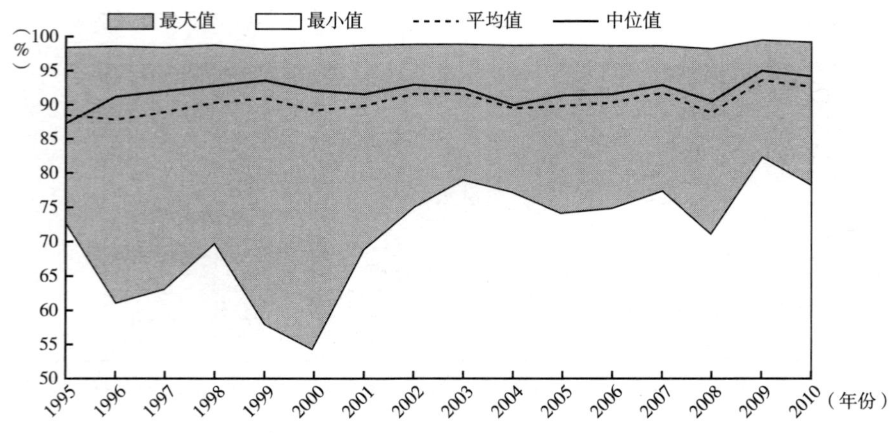

图 5－2　真实附加值与传统附加值的份额

根据工业企业的会计数据绘制了固定资本原始价值的变化曲线，使固定资本形成连贯了起来。但是，由于数据的有限可用性，固定资本形成的平减指数使用中国整体的固定资本投资价格指数，这个指数在各部门之间是相同的。

工业部门的传统固定资本形成率的平均值为 16% ～30% 。与此同时，真实固定资本形成率的平均值波动很大，低的时候在 7% 左右，高的时候在 25% 以上。真实固定资本形成率比传统固定资本形成率低，这是因为资本形成中自然资本损失的扣除比附加值更加明显。

但是，自然资本损失对真实固定资本形成率的影响和它对真实附加值的影响似乎是不同的，所以非投入产出调整后的真实固定资本形成率比调整后的要高。2004 年峰值的出现是国家统计局在首次中国经济调查中对绩效指标进行调整的结果（见图 5－3）。由于缺少合适的基准数据，所以我们不能孤立这一效果而对我们的计算进行调整。

（三）产业真实资本存量

在运用永续盘存法测量资本存量时，资本形成的差异会极大地影响资本存量。我们可以用以下式子表示真实资本存量：

$$K'_{it} = K'_{it-1}(1 - \delta_{it}) + I'_{it} \tag{11}$$

在这里，K'_{it} 代表 i 地区 t 年的真实物质资本存量，K'_{it-1} 代表 i 地区 $t-1$ 年的真实物质资本存量，δ_{it} 代表物质资本折旧率。在工业企业的会计数据中，

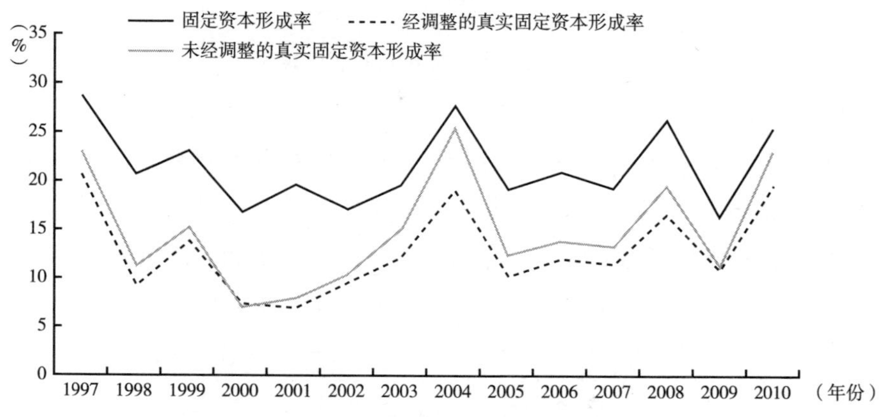

图5－3　各情况下的固定资本形成率（1997～2010年）

注：公用事业部门除外。

累计折旧的变化（即固定资本原始价值与固定资本净值之间的差距）向我们提供了一系列资本折旧。I'_{it}代表真实固定资本形成额。

因为真实固定资本形成率的数据有限，真实资本存量是从1995年开始的。累积不断的自然资源损耗和环境破坏导致了真实资本存量相对于传统资本存量的下降。然而这一趋势在2007～2009年的全球金融危机之后得到了反转，真实资本存量的增长率已经超过了传统资本存量的增长率。在2006年之前，金属制品部门的资本存量最低，电力机械及器材部门是倒数第二。因为它们需要大量使用有色金属，这两个部门都深受其苦。1996～2010年真实资本存量份额见图5－4。

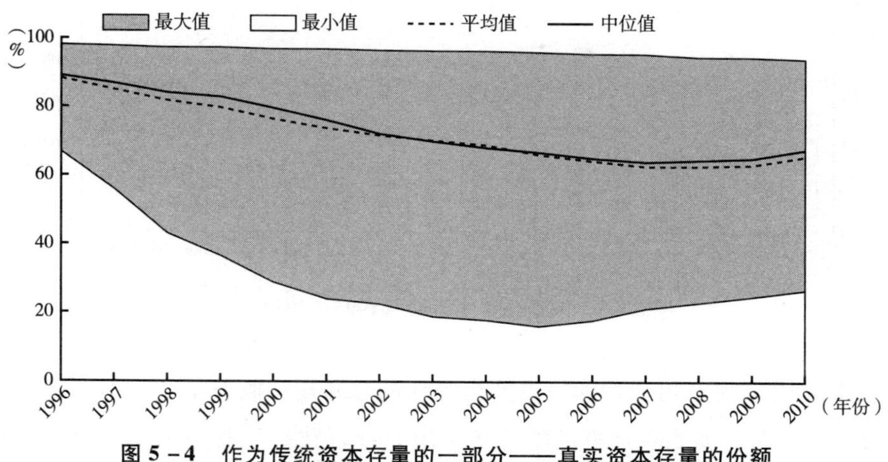

图5－4　作为传统资本存量的一部分——真实资本存量的份额

四 计算真实生产率

增长计算法是分析生产率的经典方法。假设规模收益不变，我们可以将 GDP 的增长分解成要素贡献与产能贡献。按照收益法，资本增长和劳动力增长的弹性系数，显示为它们在 GDP 中的比例。新的世界投入-产出数据库也提供了完整系列的工业级资本与劳动分配比例。附加值的调整会影响资本补偿的经营盈余部分，并因此改变资本产出弹性：

$$\alpha' = \frac{\alpha - \rho}{1 - \rho} \tag{12}$$

α 是原始资本产出弹性，ρ 是原始附加值中自然资源损耗和环境破坏的比例。

由于整体劳动分配比例下降，传统劳动分配比例和真实劳动分配比例的差距从 0.06 缩小到 0.02。这表明了资本份额的增长以及真实资本份额在向资本份额靠拢。两者之间的差距意味着由资源损耗和环境破坏引起的资本补偿损失，而自然资本损耗的减少是两者靠拢的驱动力。1995～2010 年资本、劳动份额见图 5－5。

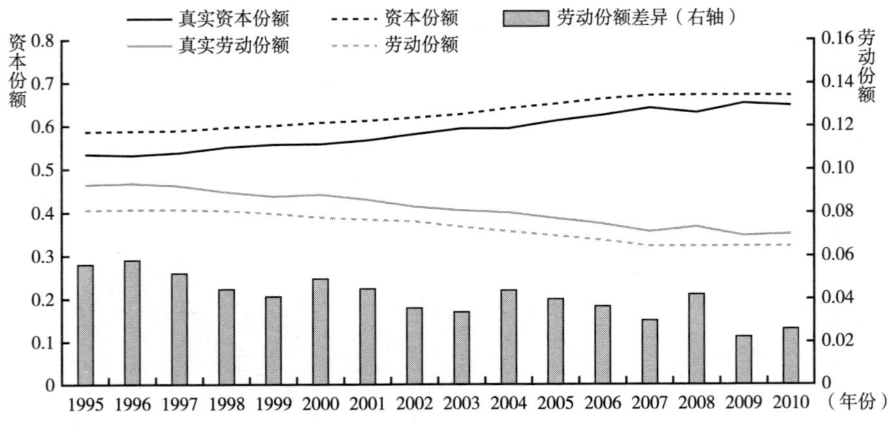

图 5－5 劳动、资本份额（1995～2010 年）

假定劳动力产出弹性和资本产出弹性的总和规模收益不变，即两者之和等于 1，真实全要素生产率的增长率可用 Divisia 生产率指数表示（Jorgenson

& Griliches, 1971)。此生产率指数应用广泛，经合组织在《生产力手册》上进行推荐。用公式表示如下：

$$A' = Y' - \alpha' K' - (1 - \alpha') L \tag{13}$$

A'是真实全要素生产率，Y'是真实附加值，K'是真实资本存量，α'是调整过的劳动分配比例。

当投入要素和产出保持不变价格时，我们可以看出投入要素的增长对产出增长的贡献率是评估不同模式生产率的关键指标。虽然真实附加值水平低于传统测量值，因差距缩小，前者的增长率高于后者的平均值。两者增长率的差异在 1995 ~ 2002 年为 0.4%。2003 ~ 2010 年，差异缩小到 0.3%。

由于自然资源损耗和环境破坏的累积效应严重降低了资本存量增长率的真实测量值，资本存量增长的传统测量值远高于其真实测量值。这种效应导致真实资本存量的增长率平均减缓 3%。此差距从第一期（1995 ~ 2002 年）的 4.8% 减少到第二期（2003 ~ 2010 年）的 1%。这表明由于自然资本损失仍被记录为固定资本形成的一部分，传统测量值高估了资本存量在中国工业部门整体增长中的收益。因此，按照传统测量方法，1995 ~ 2010 年，资本存量对附加值的贡献率为 60.49%，而按照真实测量法为 45.24%，与全要素生产率的贡献率相当。

增长核算最重要的部分就是全要素生产率。考虑到真实附加值的增长稍微高了一些，所以 1995 ~ 2010 年，按照真实测量法 TFP 的增长率要高 2.52%，对附加值增长的贡献要高 15.92%。这种新的测量方法改变了资本存量完全主导中国工业部门附加值增长率的传统看法，而且我们还发现全要素生产率扮演着类似的角色。两个时期的全要素生产率增长率差距为 3.68%，两者对附加值增长率的影响比较接近。与此相比，按真实测量法，两个时期的全要素生产率增长率差距仅为 1.7%。这说明它对 1995 ~ 2002 年工业附加值平均增长率的影响要高得多，约为 64%。这甚至比增长资本存量的平均收益高了 11.56%。不过，这种密集式增长模式在第二期被更粗放的增长模式代替了。这里全要素生产率增长仅有助于大约 1/3 的真实附加值增长，与传统测量并无明显差异。

表 5 - 3　真实附加值增长的增长核算

单位：亿美元，%

	附加值	劳动力增长	资本增长	TFP 增长
传统附加值增长				
1995 ~ 2002 年	9.28	-2.01	13.44	2.69
		(-21.69)	(88.94)	(28.95)
2003 ~ 2010 年	20.89	2.81	14.87	6.37
		(13.44)	(47.04)	(30.47)
1995 ~ 2010 年	14.94	0.37	14.15	4.51
		(2.47)	(60.49)	(30.19)
真实附加值增长				
1995 ~ 2002 年	9.69	-2.01	8.64	6.20
		(-20.77)	(52.36)	(63.92)
2003 ~ 2010 年	21.10	2.81	13.88	7.88
		(13.31)	(41.52)	(37.34)
1995 ~ 2010 年	15.26	0.37	11.23	7.03
		(2.41)	(45.24)	(46.11)

注：括号里的数字指收益，是百分比值。因为平均分配给各项，它们的总和不足 100%。

从细分的各个工业部门可以看出，所有全要素生产率的差额都是正值，这意味着按照真实测量法，这些工业都实现了更高的全要素生产率增长。但是，有几个部门的真实附加值低于传统测量值。通用的模型是，附加值的差距（真实测量值减去传统测量值）越高，全要素生产率差距越大。考虑到按真实测量法，较高的附加值增长率主要来自较高的全要素生产率，真实增长模式是一种更受全要素生产率驱动的模式，这样通用模型就很好解释了。

电气机械及器材制造业这方面的差异在 1995 ~ 2010 年均居各工业部门之首，达到每年 6.5%。紧接着的是有色金属制造业，为 5.6%；排第三的是金属制品业，为 4.7%。在其他大量使用金属的行业中，通用和专用机械制造业和含铁金属制造业都有着独特的特性：低真实附加值增长差距之下的大全要素生产率差距。这意味着矿产资源损耗的影响损害了它们的支出增长，但为其资本存量累积之下的额外全要素生产率增长留下了更多的空间。部分部门的传统、真实生产率差异见图 5 - 6。

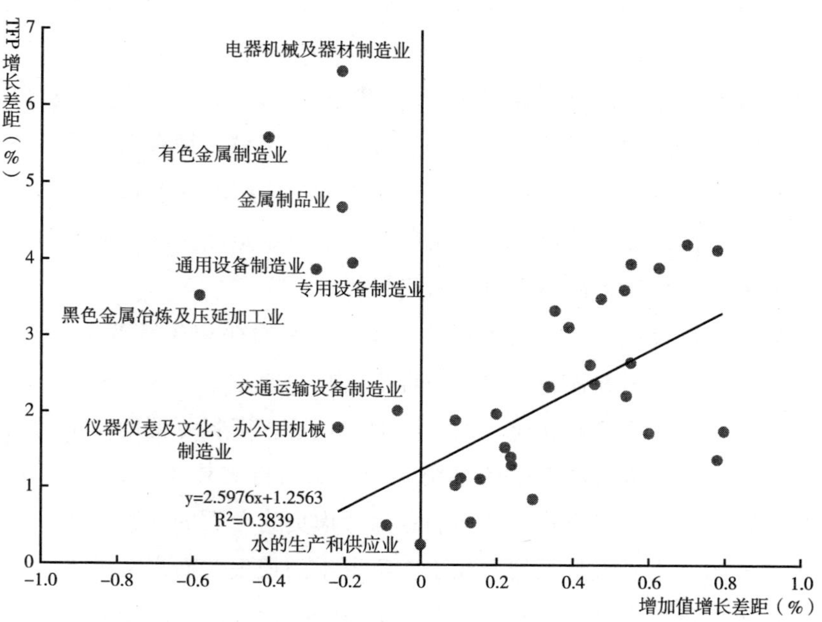

图 5-6　传统、真实生产率差异组合分布

注：图中圆点代表各个工业部门，加文字标签的为真实附加值低于传统测量值的部门。

五　结论

自然资源损耗和碳损耗成本接近中国工业毛附加值的1/10，导致附加值下降。在20世纪90年代中期的10%和2010年的8.5%之间波动，而导致资本存量下降的累积作用在2007年达到了顶峰，平均占资本存量的30%。这些损耗也导致在传统测量法下产业层面的生产率增长率降低了3%～6%。不过，真实测量法显示中国的工业增长模式更受生产率的影响，尤其是1995～2003年这段时期。但也有一些与传统测量相比真实附加值增加较低的大量消耗金属的行业实现了最高水准的真实全要素生产率增长。

自然资源的过度消耗和污染将会在很大程度上与工业部门的附加值增长资本存量相抵消。与传统测量法相比，更多的自然资本的损耗将降低附加值的真实测量值，并将减缓真实资本存量的累积。自然资本更为集约式的利用将加速真实资本存量的增长。我们认为，自然资源的集约式利用、碳排放的减少、资源损耗和排放控制方面新科技的采用，都将有助于全要素生产率的增长。

从国家和工业层面进行真实 GDP 核算能帮助政府理解绿色增长以及环境和资源方面制约的重要性。新的测量方式提供了另一种有助于理解不同工业发展模式的方法，并通过将环境污染带来的负面影响和非再生资源的过度消耗计入现有国民经济核算系统，帮助有关部门制定相应的工业政策，从而为中国政府的结构转型战略提供了新格局。

此外，通过投入－产出表将各种工业的资源损耗和环境破坏联系起来，提供了关于它们成因和最终消费的综合性资料，通过这些资料，我们能更好地理解生产链各个环节对此应负的不同责任。这些资料可帮助政策制定者理解某一具体工业政策可能带来的系统影响，从而打破传统的面向 GDP 的高碳排放、高污染的发展模式，转而制定出考虑更为全面的政策。

本研究的一个局限是我们专注于实物资本的损失，而未考虑人力资源的损失。作为本研究内容的扩充，测度环境破坏如 PM2.5 对人体健康和人力资本的影响，将之与真实生产率联系起来进行分析，是未来可行的研究方向。

参考文献

[1] Atkinson, G., Dubourg, R., Hamilton, K., Munasinghe, M., Pearce, D., Young, C., *Measuring Sustainable Development: Macroeconomics and the Environment*, Edward Elgar Publishing Ltd., 1997.

[2] Chen Shiyi, "Green Industrial Revolution in China: A Perspective from the Change of Environmental Total Factor Productivity," *Economic Research Journal* (in Chinese), 2010, 45 (10): 21 – 34.

[3] Fankhauser, S., *Valuing Climate Change : The Economics of the Greenhouse*, London: Earth Scan, 1995.

[4] Hamilton, Kirk and Michael Clemens, "Genuine Savings Rates in Developing Countries," August, The Environment Department, The World Bank, 1998.

[5] Hamilton, Kirk, Giovanni Ruta, Liaila Tajibaeva, "Capital Accumulation and Resource Depletion: A Hartwick Rule Counterfactual," World Bank Policy Research Working Paper No. 3480.

[6] Hu Angang, "China's Genuine Domestic Savings and Natural Capital Losses (1970 –

1998)," *Journal of Peking University* (Humanities and Social Sciences), 2001, 38: 49 - 56.

[7] Hu Angang, "China: Green Development and Green GDP (1970 - 2001)," *China Science Foundation*, 2005, 19: 84 - 89.

[8] Jing Weimin and Lu Zhang, "Environmental Regulation, Economic Opening and China's Industrial Green Technology Progress," *Economic Research Journal* (in Chinese), 2014, 49 (9): 34 - 47.

[9] Jorgenson, Dale and Griliches, "Divisia Index Numbers and Productivity Measurement," *Review of Income and Wealth*, 1971, 17: 53 - 55.

[10] Kunte, Arundhati , Kirk Hamilton, John Dixon and Michael Clemens, "Estimating National Wealth: Methodology and Results," The Environment Department Working Paper No. 57. Washington, DC: The World Bank, 1998.

[11] Lei Ming, *Green Input-output Analysis - Theory and Application* (in Chinese) . Beijing: Peking University Press, 2000.

[12] Lei Ming, *China's Resource-economy-environment Greening Accounting* (1992 - 2002) (in Chinese) . Beijing: Peking University Press, 2010.

[13] Liao Mingqiu, *Green GDP Input-output Model Research* (in Chinese) . Beijing: Capital Normal University Press, 2012.

[14] Maler, K. G. , "National Accounts and Environmental Resources," *Environmental and Resource Economics*, 1991, 1: 1 - 15.

[15] National Bureau of Statistics (NBS), *Data of Gross Domestic Product of China (1952 ~ 2004)* . Beijing: China Statistics Press, 2007.

[16] National Bureau of Statistics (NBS), *China compendium of Statistics 1949 - 2009*. Beijing: China Statistics Press, 2010.

[17] National Bureau of Statistics (NBS) and National Development and Reform Committee (NDRC) (various years), *China Energy Statistical Yearbook*. Beijing: China Statistics Press.

[18] Roumasset, James, Kimberly Burnett and Hua Wang, "Environment Resource and Economic Growth," in Brandt, Loren and Thomas G. Rawski ed. *China's Great Economic Transformation*. New York: Cambridge University Press, 2008.

[19] Spencer Star and Robert E. Hall, "An Approximate Divisia Index of Total Factor Productivity," *Econometrica*, 1976, 44: 257 - 263.

[20] Sun, Guangsheng, Tao Xiang, Yi Huang and Xiangming Yang, "Efficiency, Output and Energy Consumption: A Comparative Analysis of Chinese Industries," *China Economic Quarterly* (in Chinese), 2012, 11: 253 - 268.

[21] World Bank, *Expanding the Measure of Wealth: Indicators of Environmentally Sustainable Development*. Washington, DC: World Bank, 1997.

[22] Wu, Harry X. , "Measuring and Interpreting Total Factor Productivity in Chinese Industry," *Comparative Studies* (in Chinese), 2013, 69: 1 - 28.

[23] Wu, Harry X. , "Measuring Industry Level Employment, Output and Labor Productivity

in the Chinese Economy, 1987 - 2008," *The Economic Review*, 2013, 64: 42 - 61.

[24] United Nations, European Commission, International Monetary Fund, Organization for Economic Co-operation and Development, World Bank, *Integrated Environmental and Economic Accounting*, http: //unstats. un. org/unsd/envAccounting/seea 2003. pdf, 2003.

[25] United Nations, European Commission, Food and Agriculture Organization of the United Nations, Organization for Economic Co-operation and Development, International Monetary Fund, World Bank, *System of Environmental-Economic Accounting* 2012 - *Central Framework*. New York: United Nations, 2014.

第六章

考虑环境和碳排放因素的中国省级技术效率排名*

郑京海　胡鞍钢　高宇宁　张　宁　许海萍

引言

本文采用省际数据并应用方向性距离函数生产率模型对中国各省份的技术效率在考虑了环境和碳排放因素的情况下进行重新排名。根据最近公布的世界银行数据来推算中国绿色 GDP 的时间序列，在传统增长核算框架下进一步推算出的绿色 TFP 指标还无法反映环境因素的影响，而采用省际数据和方向性距离函数生产率模型有以下几个优点。

一是省级横断面数据中在许多变量上存在很大的地区差异，因此观察到各省份在增长模式上的差别以及对环境影响的可能性会更大。二是方向性距离函数生产率模型在测算绿色 TFP 时不需要污染排放的价格数据。三是方向性距离函数在测算技术效率时采用的标准是，在给定投入的情况下，鼓励正常产出向生产前沿方向增加的同时，鼓励污染排放向污染最小化前沿方向减少。这比直接采用绿色 GDP 数据通过 Solow 余值法来估算绿色 TFP 更具生产经济学含义。近年来，国际上采用方向性距离函数生产率模型考察环境因素对生产率绩效测算影响的研究逐渐增多，而国内在这方面的应用研究还

---

* 本文以《考虑环境因素的省级技术效率排名（1999—2005）》为题在《经济学》（季刊）2008 年第 7 卷第 3 期发表。本研究受到清华大学产业发展与环境治理研究中心 2008 年度应急项目“环境因素对中国省际生产率的影响”资助。

不多。我们在此进行一个初步的尝试，采用 CO_2、COD、SO_2、废水总排量和固体废弃物总排量作为环境指标。

本文首先采用传统的增长核算方法对各省份的经济增长方式进行分类。其次用标准的 DEA 方法在不考虑环境因素的情况下对省级技术效率进行排名，并试图找出经济增长方式与技术效率排名之间的关系。最后我们采用方向性距离函数生产率模型来考察环境因素如何影响各省份的技术效率排名，以及考虑环境因素的技术效率度量与经济增长方式之间的关系。

本文分五个部分。第一部分是研究背景及文献综述，第二部分是环境数据及背景情况，第三部分是模型及文献，第四部分是采用不同模型的经验估算结果和分析，第五部分是结论。

一　数据和省级增长核算

本文对各地区 TFP 增长率的核算基于国家统计局在《新中国五十五年统计资料汇编》中公布的各地区 GDP、就业人数和张军①对各地区资本存量的估算。本文计算资本和劳动的权重皆取 0.5。

从一般意义下的增长模式来看，大部分地区在改革开放以来的增长模式都是粗放式，即资本存量的增长率高于 GDP 增长率。1978 ~2005 年，全国资本存量增长率比 GDP 增长率高出 1.3 个百分点，而在 31 个省份中，只有四川、贵州、云南、陕西、甘肃、宁夏 6 个省份的资本存量增长率低于 GDP 增长率，属于集约式增长。

如表 6 -1 所示，增长核算结果表明，全国有 17 个省份 1978 ~2005 年的 TFP 增长率为 3% ~4%，天津（4.63%）、浙江（4.18%）、福建（5.09%）、山东（4.02%）、湖北（4.09%）、广东（4.82%）、四川（4.64%）7 个地区的 TFP 增长率超过 4%，而北京（0.57%）、山西（2.61%）、黑龙江（2.46%）、上海（2.93%）、西藏（1.74%）、青海（2.16%）6 个地区的 TFP 增长率则不足 3%。特别需要指出的是，北京的 TFP 增长率远低于全国平均水平，仅为 0.57%，这主要是由其相对过高的

① 根据作者说明，2001 ~2005 年的计算结果是上海财经大学的张学良博士把数据库的数据按照张军等的方法更新，海南经贸职业技术学院财经系的陈刚先生补充了西藏的数据。

资本存量增长率导致的。其 GDP 增长率低于全国平均水平而资本存量增长率居全国第二位，高出平均水平 4.89 个百分点。

表 6－1　各地区 TFP 增长率及增长贡献率（1978～2005 年）

单位：%

省　份	GDP 增长率	资本增长率	就业增长率	TFP 增长率	TFP 贡献率
北　京	10.19	16.49	2.74	0.57	5.63
天　津	10.24	10.65	0.56	4.63	45.21
河　北	10.56	11.93	1.86	3.66	34.71
山　西	9.18	11.55	1.59	2.61	28.45
内蒙古	10.94	13.86	1.74	3.13	28.65
辽　宁	9.16	10.33	1.70	3.14	34.28
吉　林	9.78	10.93	1.99	3.32	33.95
黑龙江	8.09	9.47	1.79	2.46	30.45
上　海	9.93	13.25	0.76	2.93	29.46
江　苏	12.49	16.54	1.24	3.60	28.83
浙　江	13.13	15.73	2.17	4.18	31.82
安　徽	10.51	10.88	2.33	3.91	37.22
福　建	12.84	12.87	2.64	5.09	39.63
江　西	9.82	11.69	1.94	3.00	30.59
山　东	11.96	13.87	2.03	4.02	33.56
河　南	10.83	11.49	2.63	3.76	34.75
湖　北	10.47	11.50	1.26	4.09	39.10
湖　南	9.20	9.65	1.77	3.49	37.97
广　东	13.45	14.53	2.72	4.82	35.85
广　西	9.43	9.96	2.32	3.29	34.86
海　南	10.93	12.52	1.99	3.68	33.62
重　庆	—	—	—	—	—
四　川	9.52	8.27	1.49	4.64	48.76
贵　州	9.19	8.77	2.79	3.41	37.12
云　南	9.39	8.89	2.35	3.77	40.13
西　藏	9.50	13.97	1.53	1.74	18.36
陕　西	9.65	9.44	2.09	3.89	40.31
甘　肃	9.05	8.92	2.49	3.34	36.96
青　海	8.14	9.64	2.30	2.16	26.59
宁　夏	9.25	8.50	2.98	3.52	37.99
新　疆	10.23	11.98	1.65	3.41	33.35
全国算术平均	10.24	11.60	1.98	3.44	33.61
全国加权平均	10.74	12.08	2.10	3.65	34.01

注：资本和劳动权重均为 0.5。

此外，从TFP增长贡献率来看，31个地区中有19个1978~2005年TFP对GDP增长的贡献率为30%~40%，而四川（48.76%）、天津（45.21%）、陕西（40.31%）和云南（40.13%）4个地区高于40%。另外，北京（5.63%）、山西（28.45%）、内蒙古（28.65%）、上海（29.46%）、江苏（28.83%）、西藏（18.36%）、青海（26.59%）7个地区的TFP增长贡献率低于30%。同样，北京的TFP增长贡献率远远低于全国平均水平，仅为5.63%。

将改革开放以来划分为两个时段，即1978~1993年和1994~2005年。在第一个时段，全国的资本存量增长率仅比GDP增长率高出约0.5个百分点。实际上，这是因为有14个地区处于“集约式”增长模式之中，其中湖北、广西、四川、贵州、云南、甘肃、宁夏7个地区资本存量增长率更是低于GDP增长率2个百分点以上。在第二个时段，全国资本存量增长率高出GDP增长率2.4个百分点，除了天津和黑龙江的资本存量增长率分别低于GDP增长率1.94个和1.35个百分点之外，其他所有29个地区都处于“粗放式”增长之中。

增长核算结果表明，在第一时期（1978~1993年），出现了浙江（5.26%）、福建（5.70%）、湖北（5.05%）、广东（5.96%）4个TFP增长率超过5%的地区，同时还有天津（1.87%）、吉林（1.86%）、黑龙江（0.31%）、上海（1.00%）、西藏（0.10%）、青海（1.60%）6个地区的TFP增长率低于2%，而北京在这一时期的TFP竟然呈现负增长，整体来说这一时期的TFP增长率差异很大。第二个时期（1994~2005年），除了天津（8.12%）具有远高于其他地区的增长率以外，最低的广西（1.68%）地区和最高的上海地区（5.36%），相差3.68个百分点，远小于第一时期（见表6-2）。

如果将两个时期加以比较，可以发现有16个地区在后一个阶段TFP增长率超过前一个时期，主要集中在华北、东北和华东地区，其中河北、四川和甘肃虽然第二个时期的TFP增长率较高，但其贡献率低于第一个时期，而海南则刚好相反。一般认为1994~2005年这一阶段中国的TFP增长率低于前一个阶段，然而计算结果表明至少有一半地区通过提高TFP增长率来实现GDP增长率不因为就业增长率下降而下降。

表 6－2　各地区不同时期 TFP 增长率比较

单位：%

省份	1978～1993 年				1994～2005 年			
	GDP	资本	劳动	TFP	GDP	资本	劳动	TFP
北　京	9.48	17.73	2.34	-0.55	11.08	14.96	3.24	1.98
天　津	8.13	10.39	2.13	1.87	12.93	10.99	-1.36	8.12
河　北	9.70	9.38	2.76	3.63	11.65	15.20	0.75	3.67
山　西	8.58	8.58	2.43	3.07	9.94	15.38	0.54	1.98
内蒙古	9.76	12.29	2.94	2.14	12.43	15.85	0.27	4.37
辽　宁	8.69	9.96	3.18	2.12	9.74	10.80	-0.11	4.40
吉　林	9.19	10.23	4.44	1.86	10.53	11.81	-0.98	5.11
黑龙江	6.86	10.40	2.69	0.31	9.66	8.31	0.67	5.17
上　海	8.38	13.43	1.34	1.00	11.89	13.03	0.03	5.36
江　苏	12.33	17.90	1.82	2.47	12.70	14.86	0.53	5.01
浙　江	13.25	13.44	2.54	5.26	12.98	18.67	1.70	2.79
安　徽	9.79	10.21	3.54	2.92	11.43	11.71	0.83	5.15
福　建	13.05	11.27	3.42	5.70	12.58	14.89	1.67	4.30
江　西	9.64	9.22	2.82	3.62	10.04	14.86	0.85	2.19
山　东	11.47	12.26	2.62	4.03	12.58	15.91	1.30	3.98
河　南	10.42	10.12	3.04	3.84	11.33	13.24	2.12	3.65
湖　北	9.88	7.72	1.94	5.05	11.22	16.41	0.41	2.81
湖　南	8.39	7.91	2.59	3.14	10.23	11.87	0.75	3.92
广　东	14.29	13.87	2.78	5.96	12.41	15.36	2.65	3.40
广　西	8.92	5.86	3.02	4.48	10.06	15.31	1.45	1.68
海　南	12.90	15.33	2.76	3.85	8.53	9.11	1.05	3.45
重　庆	—	—	—	—	—	—	—	—
四　川	8.96	6.41	2.64	4.43	10.24	10.64	0.07	4.88
贵　州	9.19	6.62	3.55	4.10	9.20	11.52	1.85	2.52
云　南	9.67	6.64	3.08	4.81	9.05	11.77	1.45	2.44
西　藏	7.21	12.96	1.26	0.10	12.42	15.25	1.87	3.86
陕　西	9.57	9.00	3.12	3.51	9.75	9.98	0.82	4.36
甘　肃	8.43	5.49	4.88	3.24	9.83	13.37	-0.42	3.36
青　海	6.62	6.84	3.21	1.60	10.06	13.26	1.18	2.84
宁　夏	8.95	5.93	3.56	4.20	9.63	11.79	2.25	2.61
新　疆	11.18	12.61	1.95	3.90	9.06	11.21	1.28	2.81
全国算术平均	9.76	10.33	2.81	3.19	10.84	13.24	0.96	3.74
全国加权平均	10.19	10.72	2.79	3.43	11.44	13.80	1.25	3.92

注：资本和劳动权重均为 0.5。

二　环境数据及背景情况

20 世纪 70 年代末期以来，随着中国经济持续快速发展，发达国家上百年工业化过程中分阶段出现的环境问题在中国集中出现，环境与发展的矛盾日益突出。资源相对短缺、生态环境脆弱、环境容量不足，逐渐成为中国发展中的重大问题。虽然中国政府在过去 20 多年一直采取积极的措施进行环境治理，但是，因为本文所要探讨的环境因素对技术效率的影响主要表现在环境污染物的排放对技术效率的影响，因此本文选取了 5 个主要的环境污染物排放量作为考察指标，分别是废水、工业固体废弃物、废水中的代表性污染物 COD（Chemical Organic Demand，COD）、废气中的代表性污染物 SO_2、与能源消费密切相关的 CO_2。

（一）废水排放情况

自 1989 年以来，全国废水排放总量总体呈增长趋势，但是各地区排放量增长的速度快慢不一，总体上，东部地区废水排放量增长速度较快，中西部地区增长较慢，有的省份甚至还有所下降。如表 6 - 3 所示，年均排放量增长最快的 5 个省份依次是广东、江苏、浙江、山东、福建，这 5 个省均为改革开放以来经济快速增长的沿海东部省份。其中广东的年均废水排放增长量高达 24678 万吨，江苏、浙江、山东、福建分别为 14754 万吨、10335 万吨、8927 万吨、6947 万吨。相反，部分省份近年来废水排放总量呈下降趋势，如黑龙江（年均下降量为 2123 万吨）、四川（年均下降量为 1866 万吨）、湖北（年均下降量为 751 万吨）、辽宁（年均下降量为 439 万吨）、甘肃（年均下降量为 57 万吨）。但是与排放量增加的省份的增长速度相比，排放量下降的省份其下降速度并不足以扭转全国排放量持续增长的趋势，故全国废水排放总值持续增长，特别是“九五”和“十五”期间，增长速度加快。

（二）工业固体废弃物

因为生活和农业固体废弃物统计非常困难，故一直以来都只统计工业固体废弃物排放量，因此本文也只能选用工业固体废弃物排放量来进行研究。从全国水平看，工业固体废弃物排放量总体呈下降趋势，部分省份如天津、

表 6－3　废水排放量增加最快的 5 个省份和下降的 5 个省份

单位：万吨

排放量增长最快的 5 个省份	年均增长量	排放量下降的 5 个省份	年均下降量
广东	24678	黑龙江	2123
江苏	14754	四川	1866
浙江	10335	湖北	751
山东	8927	辽宁	439
福建	6947	甘肃	57

江苏、海南、黑龙江、安徽、山东、上海等对工业固体废弃物已经做到了全部综合利用或进行再处理，排放量已达到或接近零。到 2005 年，还有较大的工业固体废弃物排放量的省份有山西、重庆、贵州、四川、广西，2005 年分别排放了 604.7 万吨、184.5 万吨、131.3 万吨、115.7 万吨、110.5 万吨（见表 6－4）。“十五”期间，大部分省份的工业固体废弃物排放量都有了较大削减，但也有部分省份反而有所增加，如新疆、山西、重庆等，其中新疆的工业固体废弃物排放量增长最快，2005 年与 2000 年相比，增加了 46.87 万吨（见表 6－4）。

表 6－4　“十五”期间工业固体废弃物排放量变化

单位：万吨

2005 年排放量最大的 5 个省份	排放量	排放量下降最多的 5 个省份	2005 年比 2000 年排放增长量
山西	604.7	新疆	46.87
重庆	184.5	山西	22.20
贵州	131.3	重庆	16.27
四川	115.7	广西	4.93
广西	110.5	湖北	4.44

（三）COD 排放量

COD 是废水中的代表性污染物，“十五”期间（2000～2005 年）全国

COD 排放量总体呈上升趋势，但有些省份有所上升，有些省份有所下降。排放量最大的 10 个省份为广西、广东、江苏、湖南、四川、山东、河南、河北、辽宁、湖北。“十五”末与“十五”初相比，排放量增加最多的 10 个省份是江苏、湖南、广东、新疆、福建、山西、江西、广西、甘肃、内蒙古；排放量下降最多的 10 个省份有山东、四川、河南、湖北、吉林、北京、辽宁、河北、天津、宁夏（见表 6－5）。

表 6－5 “十五”期间 COD 排放量变化

单位：万吨

2005 年 COD 排放量前 10 名省份	排放量	增长最多的 10 个省份(2005 年比 2000 年)	增长量	下降最多的 10 个省份(2005 年比 2000 年)	下降量
广西	107	江苏	31.2	山东	22.9
广东	105.8	湖南	22.1	四川	19.3
江苏	96.6	广东	10.7	河南	9.9
湖南	89.5	新疆	7.4	湖北	8.6
四川	78.3	福建	7.2	吉林	6.9
山东	77.0	山西	7.0	北京	6.3
河南	72.1	江西	6.7	辽宁	5.7
河北	66.1	广西	4.4	河北	4.6
辽宁	64.4	甘肃	4.4	天津	4.0
湖北	61.6	内蒙古	4.1	宁夏	3.2

（四）SO_2 排放量

对于大多数省份，SO_2 排放量经历了一个先增长（1989～1998 年），后下降（1998～2003 年），再增长（2003～2005 年）的过程，2003 年后迎来新一轮的增长高峰。从表 6－6 中可以看出，山东、河南、山西、河北、内蒙古、江苏、贵州、四川、广东、辽宁的 SO_2 排放总量位于全国前列，但排放增长速度最快的 10 个省份分别是青海、福建、新疆、宁夏、广东、内蒙古、贵州、河南、云南、海南，特别引人注目的是一些西部省份如青海、新疆、宁夏、内蒙古、贵州、云南等表现出了非常高的增长率。

表 6-6　SO_2 排放量最大的 10 个省份和增长率最高的 10 个省份

单位：万吨，%

2005 年排放量最大的 10 个省份	排放量	增长率最高的 10 个省份	增长率
山　东	200.3	青　海	313.3
河　南	162.5	福　建	254.6
山　西	151.6	新　疆	246.0
河　北	149.6	宁　夏	211.8
内蒙古	145.6	广　东	208.1
江　苏	137.3	内蒙古	197.1
贵　州	135.8	贵　州	151.5
四　川	129.9	河　南	139.0
广　东	129.4	云　南	127.0
辽　宁	119.7	海　南	120.0

（五）CO_2 排放量

因为历年的环境统计年鉴上都没有 CO_2 的统计数据，但 CO_2 的排放与各种能源的使用又密切相关，所以本文对省际 CO_2 的排放量重新进行了测算。目前一般采用如下方法计算：

二氧化碳排放量 = 含碳能源消费量 × 碳折算系数 × 二氧化碳气化系数

含碳能源一般是指煤炭、石油、天然气等在消费过程中会释放出二氧化碳的能源。二氧化碳气化系数是指碳完全氧化成为二氧化碳之后与之前的质量之比，是一个标准量 3.67（即 44∶12）。这里面唯一的不同就是“碳折算系数”，目前国内比较通行的是三种口径：第一是国家发改委能源研究所制定的系数，为 0.67；第二就是美国能源部二氧化碳信息分析中心（CDIAC）制定的系数，为 0.69；第三就是日本能源经济研究所（IEE，Japan）制定的系数，为 0.68。本文采用了第一种。

本文能源消费结构数据和 1990 ~ 1994 年能源消费总量数据来自《新中国五十五年统计资料汇编》（2006）和《中国能源统计年鉴》。目前由于山西和上海的能源消费结构数据是终端能源消费数据，无法直接使用，采用能源生产结构数据代替，部分数据缺失采用简单线性插值法补齐(见表6-7)。

表6-7 CO_2 排放量最大的10个省份和增长率最高的10个省份

单位：万吨，%

2004年排放量最大的10个省份	排放量	1999～2004年平均增长率最高的10个省份	增长率
山　东	48204.81	宁　夏	23.96
河　北	38732.34	山　东	16.70
江　苏	33370.72	内蒙古	14.90
辽　宁	32022.10	浙　江	14.28
广　东	29892.72	广　西	12.82
山　西	27587.44	陕　西	12.58
浙　江	25503.09	海　南	12.47
湖　北	21194.94	湖　南	12.12
四　川	18770.33	江　西	11.67
内蒙古	18689.72	山　西	11.60

三　模型及文献

方向性距离函数较早的讨论有 Chambers、Chung 和 Färe（1996）。投入距离函数与成本函数互为对偶关系，产出距离函数与产值函数互为对偶关系，而方向性距离函数的一个经济学意义是它与利润函数互为对偶关系，并且可以证明投入和产出距离函数是方向性距离函数的特例（Färe 和 Grosskopf，2000）。较早将方向性距离函数应用于考虑环境因素的生产率测算的有 Chung 等（1997），该研究定义了以方向性距离函数来表述的 Malmquist-Luenberger 生产率变化指数，并可将生产率拆分为技术进步和技术效率改善两个部分。本文侧重将基于方向性距离函数的“环境技术效率”概念应用于中国省级经济总量数据。通过对标准的 DEA 类型的线性规划问题的求解，我们试图对我国各省份的技术效率在考虑了环境因素的情况下进行重新排名。

含污染排放的生产可能集表述为：

$$F^t = [(x^t, y^t, b^t) \mid x^t\ can\ produce(y^t, b^t)]$$

其中，b 表示作为产出之一的污染排放。产出的弱自由处置假设为：

$$(x^t, y^t, b^t) \in F^t \text{ and } 0 \leqslant \theta \leqslant 1 \text{ imply}(x^t, \theta y^t, \theta b^t) \in F^t$$

产出与污染排放的联合生产假设为：

$$\text{If}(x^t, y^t, b^t) \in F^t \text{ and } b^t = 0 \text{ than } y^t = 0$$

标准的产出距离函数的定义为：

$$D_0^t(x^t, y^t, b^t) = \inf[\theta \mid (x^t, y^t/\theta, b^t/\theta) \in F^t] = \left\{\sup[\theta \mid (x^t, \theta y^t, \theta b^t) \in F^t]\right\}^{-1}$$

在忽略污染排放的情况下（即忽略产出 b 的情况下），通过 DEA 模型计算距离函数的值为：

$$\left\{\hat{D}_0^t\left[x^t\left(k^*\right), y^t\left(k^*\right), b^t\left(k^*\right)\right]\right\}^{-1} \max\theta\left(k^*\right)$$

$$\text{s. t. } \theta\left(k^*\right) y_m^t\left(k^*\right) \leqslant \sum_{k=1}^{K} \lambda^t\left(k\right) y_m^t\left(k\right), m = 1, \cdots, M$$

$$\sum_{k=1}^{K} \lambda^t\left(k\right) x_l^t\left(k\right) \leqslant x_l^t\left(k^*\right), l = 1, \cdots, L$$

$$\lambda^t\left(k\right) \geqslant 0, k = 1, \cdots, K$$

用距离函数来定义技术效率的度量为一个在 0 与 1 之间的指数，如下所示：

$$\text{技术效率} = \left.\frac{1}{\hat{D}_0^t(x^t, y^t, b^t)}\right|_{b=0}$$

含污染排放的产出集为：

$$P(x^t) = \left\{\left(y^t, b^t\right) \middle| \left(x^t, y^t, b^t\right) \in F^t\right\}$$

当方向向量为 g 时，方向性距离函数的定义为：

$$\hat{D}_0^t(x^t, y^t, b^t; g) = \sup\left\{\beta \mid \left(y^t + \beta g_y, b^t - \beta g_b\right) \in P\left(x^t\right)\right\}$$

当方向向量为（y，b），方向性距离函数与标准距离函数之间的关系如下所示：

$$\vec{D}_0^t(x^t,y^t,b^t;y,b) = \sup\left\{\beta \mid \left(y^t+\beta g_y, b^t-\beta g_b\right) \in P\left(x^t\right)\right\}$$

$$= \sup\left\{\beta \mid \left[y^t\left(1+\beta\right), b^t\left(1+\beta\right)\right] \in P\left(x^t\right)\right\}$$

$$= \sup\left\{-1+\left(1+\beta\right) \middle| \left[y^t\left(1+\beta\right), b^t\left(1+\beta\right)\right] \in P\left(x^t\right)\right\}$$

$$= -1+\sup\left\{\left(1+\beta\right) \middle| \left[y^t\left(1+\beta\right), b^t\left(1+\beta\right)\right] \in P\left(x^t\right)\right\}$$

$$= -1+\frac{1}{D_0^t(x^t,y^t,b^t)}$$

在文献中，方向性距离函数也可以通过求解类似标准 DEA 模型的线性规划问题来计算：

$$\overrightarrow{\hat{D}_0^t}\left[x^t\left(k^*\right),y^t\left(k^*\right),b^t\left(k^*\right);y^t\left(k^*\right),-b^t\left(k^*\right)\right] = \max\beta$$

$$\text{s.t.}\ \left(1+\beta\right)y_m^t\left(k^*\right) \leqslant \sum_{k=1}^{K}\lambda^t\left(k\right)y_m^t\left(k\right), m=1,\cdots,M$$

$$\sum_{k=1}^{K}\lambda^t\left(k\right)b_n^t\left(k\right) = \left(1-\beta\right)b_n^t\left(k^*\right), n=1,\cdots,N$$

$$\sum_{k=1}^{K}\lambda^t\left(k\right)x_l^t\left(k\right) \leqslant x_l^t\left(k^*\right), l=1,\cdots,L$$

$$\lambda^t\left(k\right) \geqslant 0, k=1,\cdots,K$$

这类模型的较早期非线性版本出现在 Färe 等人的文献中。

模仿采用标准距离函数的技术效率度量，方向性距离函数的效率可以定义为一个在 0 与 1 之间的指数：

$$\text{方向性技术效率} = \frac{1}{1+\vec{D}_0^t(x^t,\ y^t,\ b^t;\ y^t,\ -b^t)}$$

注意，根据这个定义，当观测点在生产前沿上时，方向性距离函数的值为 0，相应的技术效率为 1，即 100%。我们暂且用它来进行技术效率排名。但上述模型在实际应用中，在某些情况下常常会出现大量的效率为 100% 的生产单位。因此文献中也提到可以用非射线的效率度量模型来拉开生产单位之间技术效率的排名差距，如 Tyteca 在假设正常产出效率相同情况下采用了下面的模型：

$$\left\{\overrightarrow{D}_0^t\left[x^t\left(k^*\right),y^t\left(k^*\right),b^t\left(k^*\right)\right]\right\}^{-1}=\min\theta\left(k^*\right)$$

$$s.t.\ y_m^t\left(k^*\right)\leqslant\sum_{k=1}^{K}\lambda^t\left(k\right)y_m^t\left(k\right),m=1,\cdots,M$$

$$\sum_{k=1}^{K}\lambda^t\left(k\right)b_n^t\left(k\right)=\theta\left(k^*\right)b_n^t\left(k^*\right),n=1,\cdots,N$$

$$\sum_{k=1}^{K}\lambda^t\left(k\right)x_l^t\left(k\right)\leqslant x_l^t\left(k^*\right),l=1,\cdots,L$$

$$\lambda^t\left(k\right)\geqslant 0,k=1,\cdots,K$$

上面的模型还可以与加权非射线效率模型组合形成环境非射线效率模型。

四　采用不同模型的经验估算结果和分析

（一）技术效率的地区分布

采用不同模型的经验估算结果如表 6－8 至表 6－11 所示。在考虑单一环境因素的估计中，地区技术效率东部地区最高，中部地区次之，西部地区最低，其分布呈现技术效率越高的项目地区差距越小的情况：各地区考虑废水排放的技术效率均最高，同时中部和西部地区与东部地区的差距在各类环境因素之间最小，分别为 0.046 和 0.108，西部地区与东部地区的最大差距出现在整体技术效率最低的考虑固体废弃物排放的技术效率，为 0.222，而中部地区与东部地区的最大差距出现在整体技术效率次低的考虑 SO_2 排放的技术效率，为 0.125。

表 6-8　不同环境因素下的地区技术效率分布（各年度平均）

因素＼地区	东部	中部	西部
忽略环境因素	0.714	0.602	0.427
CO_2	0.894	0.820	0.741
COD	0.875	0.768	0.723
SO_2	0.886	0.761	0.670
固体废弃物	0.793	0.700	0.571
废水	0.908	0.862	0.800

在考虑双环境因素的估计中，整体技术效率都会往生产前沿移动，因此呈现技术效率整体较单一环境因素高的情况。考虑两个环境因素的估计在不同组别之间的差异较单一环境因素小，但是最大差异仍然出现在整体水平较低的考虑 SO_2 和固体废弃物的技术效率估计中，中部地区与东部地区的差距为 0.084，西部地区与东部地区的差距为 0.215。而两个地区与东部地区的最小差距则出现在考虑 CO_2 和固体废弃物的估计中，中部地区与东部地区的差距仅为 0.010，在考虑固体废弃物和废水的估计中，西部地区与东部地区的差距仅为 0.099。

表 6-9　忽略环境因素和两环境因素下的地区技术效率分布（各年度平均）

因素＼地区	东部	中部	西部
忽略环境因素	0.714	0.602	0.427
CO_2 和 COD	0.964	0.905	0.780
CO_2 和 SO_2	0.946	0.896	0.802
CO_2 和固体废弃物	0.921	0.911	0.769
CO_2 和废水	0.980	0.932	0.843
COD 和 SO_2	0.921	0.861	0.795
COD 和固体废弃物	0.900	0.859	0.764
COD 和废水	0.941	0.895	0.830
SO_2 和固体废弃物	0.902	0.818	0.687
SO_2 和废水	0.954	0.886	0.850
固体废弃物和废水	0.928	0.909	0.829

从技术效率地区分布的年度变化来看，无论是单一环境因素平均还是两环境因素组平均，其变化趋势都是类似的，即东部地区的技术效率最高，都呈现先下降后上升的趋势，单一环境因素平均在 2004 年达到最低值 0.864，

两环境因素组平均在 2003 年达到最低值 0.926；中部地区技术效率居中，但是呈现明显的对东部地区的追赶，单一环境因素平均与东部地区的差距从 1999 年的 0.095 缩小到 2005 年的 0.084，两环境因素组平均的差距从 1999 年的 0.064 缩小到 2005 年的 0.046；西部地区技术效率最低，而且呈现下降趋势，与东部和中部地区的差距都在扩大，单一环境因素平均值从 1999 年的 0.730 下降到 2005 年的 0.689，与东部地区的差距从 0.139 扩大到 0.180，两环境因素组平均值从 1999 年的 0.818 下降到 2005 年的 0.781，与东部地区的差距从 0.121 扩大到 0.156。

表 6－10　不同年份下的地区技术效率分布（单一环境因素平均）

年份	东部	中部	西部
1999	0.869	0.774	0.730
2000	0.877	0.790	0.702
2001	0.877	0.790	0.706
2002	0.873	0.780	0.706
2003	0.868	0.774	0.701
2004	0.864	0.782	0.691
2005	0.869	0.785	0.689

表 6－11　不同年份下的地区技术效率分布（两环境因素组平均）

年份	东部	中部	西部
1999	0.939	0.875	0.818
2000	0.941	0.885	0.810
2001	0.940	0.892	0.815
2002	0.934	0.887	0.802
2003	0.926	0.891	0.794
2004	0.934	0.890	0.793
2005	0.937	0.891	0.781

（二）生产前沿

如表 6－12 所示，在考虑单一环境因素的估计中，总体来说，辽宁和上海是始终处于生产前沿的。其中，考虑 CO_2 的估计结果和其他环境因素的差别较大，仅有湖北亦处于生产前沿，而在考虑其他四个环境因素的估计中，安徽和云南均处于生产前沿。此外，江苏在考虑 COD、SO_2 和固体废弃物排放的估计中处于生产前沿，西藏在考虑 SO_2 的估计中处于生产前沿，而天津在考虑废水排放的估计中处于生产前沿。

表 6－12　不同环境因素下的最佳实践省份（各年度平均）

环境因素	最佳实践省份
忽略环境因素	辽宁、上海、云南
CO_2	辽宁、上海、湖北
COD	辽宁、上海、江苏、安徽、云南
SO_2	辽宁、上海、江苏、安徽、云南、西藏
固体废弃物	辽宁、上海、江苏、安徽、云南
废水	天津、辽宁、上海、安徽、云南

与之对照，在考虑两环境因素的估计结果中，有更多的省份移动到了生产前沿上（见表 6－13）。在忽略环境因素的估计中处于前沿的辽宁、上海和云南在考虑各类环境因素组的估计中仍然处于前沿。此外，江苏（除了 SO_2 和固体废弃物组）和安徽在各类环境因素组合中也基本处在生产前沿。相比来说，CO_2、SO_2 和废水排放这三个环境因素的两两组合所对应的估计，有比较多的地区处于生产前沿。

此外，湖北在 6 个组合、天津在 5 个组合中分别处于前沿。山西在和固体废弃物有关的 4 个组合、海南和贵州在和 SO_2 有关的 4 个组合中分别都有 3 个处于前沿，但是在 SO_2 和固体废弃物的组合中均不在前沿，这应该和这些地区的排放特征直接相关。

表 6－13　不同环境因素下的最佳实践省份（各年度平均）

环境因素	最佳实践省份
忽略环境因素	辽宁、上海、云南
CO_2 和 COD	辽宁、上海、江苏、安徽、湖北、广东、广西、云南
CO_2 和 SO_2	北京、辽宁、黑龙江、上海、江苏、安徽、福建、湖北、广西、海南、贵州、云南
CO_2 和固体废弃物	山西、辽宁、黑龙江、上海、江苏、安徽、湖北、云南
CO_2 和废水	天津、内蒙古、辽宁、上海、江苏、安徽、湖北、广东、广西、云南
COD 和 SO_2	辽宁、上海、江苏、安徽、湖北、海南、贵州、云南、西藏
COD 和固体废弃物	山西、辽宁、上海、江苏、安徽、云南
COD 和废水	天津、辽宁、上海、江苏、安徽、云南

续表

环境因素	最佳实践省份
SO_2 和固体废弃物	天津、辽宁、上海、安徽、云南
SO_2 和废水	天津、内蒙古、辽宁、上海、江苏、安徽、福建、湖北、广东、海南、贵州、云南、西藏
固体废弃物和废水	天津、山西、辽宁、上海、江苏、安徽、云南

在不同年份上，最佳实践省份的分布相对比较稳定，相比单一环境因素，考虑两因素的估计结果有更多的省份移动到了生产前沿上。在单一环境因素的估计中，辽宁、上海始终处于生产前沿上，从2000年开始安徽和云南也一直处于生产前沿上，而湖北从2000年之后就退出了生产前沿，而江苏则在2000年、2002年、2004年和2005年处于生产前沿（见表6－14）。在两环境因素组的估计中，辽宁、上海、安徽、云南始终处于生产前沿，江苏在除了2003年以外的年份也都处于生产前沿。此外，湖北在2002年以前也一直处在生产前沿上，在这个时期，西藏除了2000年以外也处于生产前沿（见表6－15）。

表6－14　不同年份下的最佳实践省份（单一环境因素平均）

年份	最佳实践省份
1999	辽宁、上海、湖北
2000	辽宁、上海、江苏、安徽、湖北、云南
2001	辽宁、上海、安徽、云南
2002	辽宁、上海、江苏、安徽、云南
2003	辽宁、上海、安徽、云南
2004	辽宁、上海、江苏、安徽、云南
2005	辽宁、上海、江苏、安徽、云南

表6－15　不同年份下的最佳实践省份（两环境因素组平均）

年份	最佳实践省份
1999	辽宁、上海、江苏、安徽、湖北、云南、西藏
2000	辽宁、上海、江苏、安徽、湖北、云南
2001	辽宁、上海、江苏、安徽、湖北、云南、西藏
2002	辽宁、上海、江苏、安徽、湖北、云南、西藏
2003	辽宁、上海、安徽、云南
2004	辽宁、上海、江苏、安徽、云南
2005	辽宁、上海、江苏、安徽、云南

（三）增长方式与技术效率进步

本文采用资本存量增长率和 GDP 增长率的比值来衡量一个地区的增长模式，如果该比值小于 1，说明前者小于后者，该地区为集约式增长。在 1999 ~ 2005 年，天津、上海、海南、黑龙江和四川五个地区属于这种模式（见表 6 - 16）。如图 6 - 1 和图 6 - 2 所示，进一步分析增长模式特征与地区技术效率排名进步我们可以看到，无论是考虑单一环境因素还是考虑两环境因素组的估计，各地区 1999 ~ 2005 年资本存量年均增长率和 GDP 年均增长率的比值与这一时期技术效率（排名）的进步呈现比较明显的负相关关系。也就是说，一个地区增长模式越是接近集约式，其技术效率的进步就越快，反之，一个地区增长模式越是接近粗放式，其技术效率的进步就越慢。

表 6 - 16　各地区增长方式划分（1999 ~ 2005 年）

增长方式	地区
集约式增长	天津(0.74),上海(0.83),海南(0.83),黑龙江(0.84),四川(0.85)
粗放式增长	广东(1.04),福建(1.07),新疆(1.09),北京(1.10),陕西(1.11),江苏(1.13),河南(1.15),河北(1.16),安徽(1.16),辽宁(1.17) 云南(1.24),湖南(1.25),山西(1.26),吉林(1.27),广西(1.27),山东(1.29),内蒙古(1.33),青海(1.36) 贵州(1.41),宁夏(1.41),浙江(1.43),江西(1.54),甘肃(1.59),湖北(1.63),西藏(1.79)

注：括号中数字为资本存量年均增长率与 GDP 年均增长率之比。

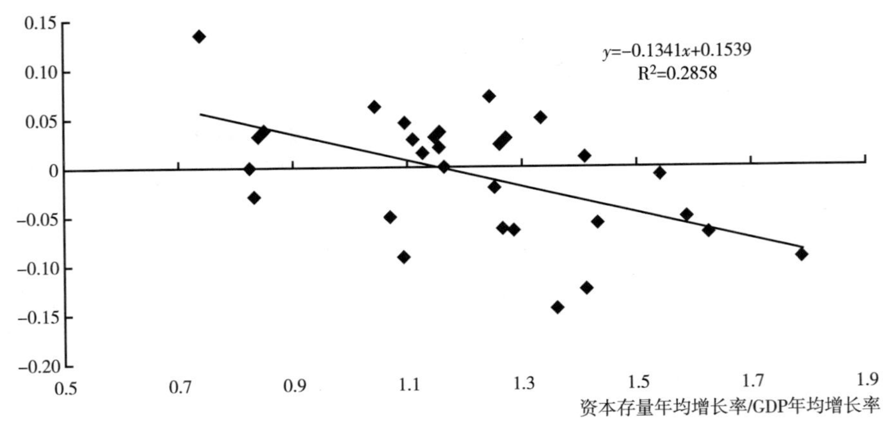

图 6 - 1　增长模式与单一环境因素平均技术效率进步（1999 ~ 2005 年）

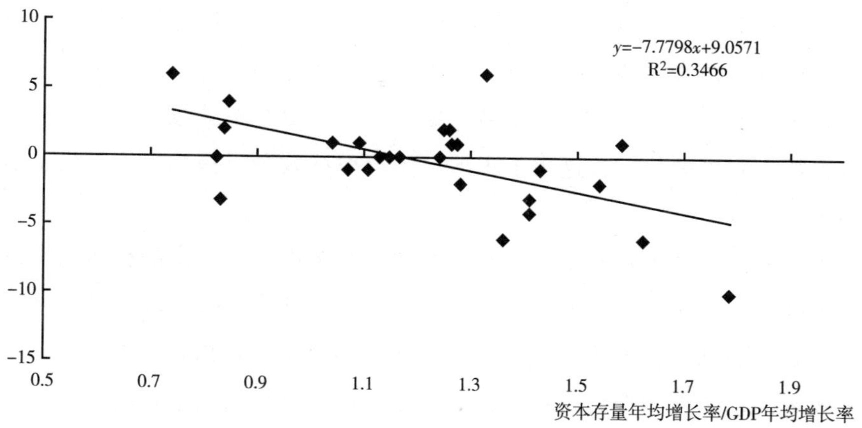

图 6-2　增长模式与两环境因素组平均技术效率进步（1999～2005 年）

五　结论

伴随着中国的经济发展，环境因素对 GDP 的影响已经越来越受到关注。本文采用以方向性距离函数为表述的全要素生产率模型，对我国各地区的技术效率指标在考虑了环境因素的情况下进行了分析。

从估算结果来看，在测算时期内，东部地区考虑了环境因素的技术效率最高，中部地区次之，西部地区最低。在考虑单一环境因素的估计中，地区技术效率分布呈现技术效率越高的项目地区差距越小的情况。这说明环境因素对技术效率的影响存在梯度，越是影响小、容易解决的项目（像废水），各地区的技术、投入差距就越小，技术效率差距就越小；反之，越是影响大、难以解决的项目（像 SO_2 和固体废弃物），各地区的技术、投入差距就越大，技术效率差距就越大。另外，测算期内，中部地区对东部地区不断追赶，技术效率水平提高，差距缩小，而西部地区技术效率水平下降，和东部地区的差距不断拉大。这说明在“西部大开发”战略实施以后，西部地区虽然增长迅速，但是忽视了效率的提高，增长模式趋向“粗放”。

从生产前沿分析来看，考虑了环境因素的前沿面构成，除了有传统意义的高技术效率地区，如上海、江苏，还包括辽宁、安徽、云南等在考虑各类环境因素下的高技术效率地区。这表明，在排除环境因素的影响后，可以更清晰地认识地区生产率绩效的特征。同时，在不同环境因素的估计中，还有部分地区在考虑特定的环境因素（组）的估计中，处于生产前沿面。山西在与固体废弃物有关的4个组合、海南和贵州在与SO_2有关的4个组合中分别都有3个处于生产前沿，这也说明特定地区的生产率绩效与该地区的环境因素特征有直接的关系，这为未来地区生产率绩效分析提供了可以借鉴的途径和工具。

本文另外一个重要的结论就是认为各地区考虑环境因素的技术效率的进步与地区增长模式具有重要的关联，一个地区的增长模式越是接近集约式，其技术效率的进步就越快，反之，一个地区的增长模式越是接近粗放式，其技术效率的进步就越慢，这一结论对于指导地区经济增长道路的选择具有重要的指导作用。实际上在近年来我国总体TFP增长放缓的大背景下，扭转地区经济普遍的"粗放式"增长模式，提高地区技术效率的进步，对于保持我国长期可持续增长具有重要的意义。当然，进一步的工作就是以定量的方法，找出其他影响技术效率进步的因素以及影响地区增长模式的因素，从而为地区经济增长提供更为充分的政策分析。

参考文献

[1] Arcelus, F. and Arecena, P., "Productivity Differences across OECD Countries in the Presence of Environmental Constraints," *Journal of the Operational Research Society*, 2005, 56 (12): 1352 - 1362.

[2] Banker, R. D., Charnes, A. et al., "Some Models for Estimating Technical and Scale Inefficiencies in Data Envelopment Analysis," *Management Science*, 1984, 30 (9): 1078 - 1092.

[3] Charnes, A., Cooper, W. W. et al., "Foundations of Data Envelopment Analysis for Peroto-Koopmans Efficient Empirical Production Functions," *Journal of Econometrics*, 1985, 30: 81 - 107.

[4] Charnes, A., Cooper, W. W. et al., "Measuring the Efficiency of Decision Making Units," *European Journal of Operational Research*, 1978, 2 (6): 429 - 444.

[5] Chung, Y., Fare, R. et al., "Productivity and Undesirable Outputs: A Directional Distance Function Approach," *Journal of Environmental Management*, 1997, 51: 229 - 240.

[6] Färe, R., Grosskopf, S. et al., "Productivity Growth, Technical Progress and Efficiency Change in Industrialized Countries," *American Economic Review*, 1994, 84: 66 - 83.

[7] Jeon, B. M. and Sickles, R. C., "The Role of Environmental Factors in Growth Accounting," *Journal of Applied Econometrics*, 2004, 19: 567 - 591.

[8] Kalirajan, K. P., Obwona, M. B. et al., "A Decomposition of Total Factor Productivity Growth: The Case of Chinese Agricultural Growth before and after Reforms," *American Journal of Agricultural Economics*, 1996, 78 (2): 331 - 338.

[9] Koopmans, T. C., "Analysis of Production as an Efficient Combination of Activities," New York, Cowles Commission, 1951: 33 - 97.

[10] Malmquist, S., "Index Numbers and Indifference Surfaces," Trabajos de Estatistica, 1953, 4: 209 - 242.

[11] Smail, V., "Environmental Problems in China: Estimates of Economic Costs," East West Center Special Report No. 5, East West Center, Honolulu, Havaii, 1996.

[12] Scheel, H., "Undesirable Outputs in Efficiency Valuation," *European Journal of Operational Research*, 2001, 132: 400 - 410.

[13] Shephard, R., *Theory of Cost and Production Functions*, Princeton University Press, 1970.

[14] The World Bank, "Expanding the Measure of Wealth: Indicators of Environmentally Sustainable Development," The Environment Department, 1997.

[15] Wu, Y., "Is China's Economic Growth Sustainable? A Productivity Analysis," *China Economic Review*, 2000, 11: 278 - 296.

[16] Wu, Y., "Has Productivity Contributed to China's Growth," *Pacific Economic Review*, 2003, 8 (1): 15 - 30.

[17] 过孝民、张慧勤：《公元2000年中国环境预测与对策研究》，清华大学出版社，1990。

[18] 孙炳彦：《世纪之交中国污染损失估算、预测与思考》，国家环境保护局环境与经济政策研究中心报告，1997。

[19] 夏光、赵毅红：《中国环境污染损失的经济计量与研究》，《管理世界》1995年第5期。

[20] 徐嵩龄：《中国环境破坏的经济损失计算》，中国环境科学出版社，1998。

[21] 郑京海、胡鞍钢：《中国改革时期省级生产率增长变化的实证分析》，《经济学季刊》2005年第4期。

[22] 郑易生、李玉浸、钱薏红、王世汶：《中国环境污染经济损失估算》，《生态经济》1997 年第 6 期。

[23] 周民良：《中国的区域发展与区域污染》，《管理世界》2000 年第 2 期。

[24] 彭水军、包群：《中国经济增长与环境污染——基于时序数据的经验分析（1985 ~ 2003 年）》，《当代财经》2006 年第 7 期。

[25] 刘娇、洪河：《中国环境污染状况备忘录》，《生态经济》2003 年第 8 期。

[26] 王玉庆：《中国环境污染的状况和对策》，《中国环境科学》1993 年第 13 期。

[27] 中国科学院可持续发展战略研究组：《2006 年中国可持续发展战略报告》，科学出版社，2006。

[28]《中国环境统计年鉴》（1989 ~ 2006 年）。

[29]《全国环境统计公报》（1989 ~ 2006 年）。

[30] 郑易生、阎林、钱薏红：《90 年代中期中国环境污染经济损失估算》，《管理世界》1999 年第 2 期。

附表 6-1　1999~2005 年考虑环境因素的技术效率排名（单一环境因素平均）

地区	1999 年		2000 年		2001 年		2002 年		2003 年		2004 年		2005 年	
	技术效率	排名	技术效率	排名	技术效率	排名	技术效率	排名	技术效率	排名	技术效率	排名	技术效率	排名
北　京	0.792	(15)	0.782	(16)	0.802	(15)	0.810	(14)	0.813	(13)	0.812	(13)	0.837	(11)
天　津	0.843	(12)	0.885	(10)	0.884	(11)	0.945	(8)	0.922	(10)	0.945	(6)	0.978	(6)
河　北	0.729	(19)	0.740	(17)	0.741	(18)	0.718	(18)	0.719	(18)	0.729	(18)	0.750	(18)
山　西	0.595	(30)	0.609	(29)	0.608	(29)	0.601	(29)	0.600	(29)	0.612	(27)	0.617	(27)
内蒙古	0.662	(26)	0.672	(23)	0.671	(23)	0.667	(21)	0.663	(21)	0.691	(20)	0.712	(20)
辽　宁	1.000	(1)	1.000	(1)	1.000	(1)	1.000	(1)	1.000	(1)	1.000	(1)	1.000	(1)
吉　林	0.775	(17)	0.786	(15)	0.813	(14)	0.803	(15)	0.806	(14)	0.806	(14)	0.803	(14)
黑龙江	0.792	(16)	0.819	(13)	0.795	(16)	0.775	(16)	0.780	(16)	0.851	(10)	0.823	(13)
上　海	1.000	(1)	1.000	(1)	1.000	(1)	1.000	(1)	1.000	(1)	1.000	(1)	1.000	(1)
江　苏	0.985	(4)	1.000	(1)	0.996	(5)	1.000	(1)	0.999	(5)	1.000	(1)	1.000	(1)
浙　江	0.905	(8)	0.879	(11)	0.891	(10)	0.860	(12)	0.855	(12)	0.850	(11)	0.847	(10)
安　徽	0.966	(5)	1.000	(1)	1.000	(1)	1.000	(1)	1.000	(1)	1.000	(1)	1.000	(1)
福　建	0.951	(6)	0.959	(7)	0.952	(7)	0.953	(7)	0.926	(9)	0.912	(9)	0.900	(9)
江　西	0.797	(14)	0.828	(12)	0.837	(13)	0.828	(13)	0.804	(15)	0.783	(16)	0.788	(16)
山　东	0.825	(13)	0.815	(14)	0.781	(17)	0.739	(17)	0.743	(17)	0.758	(17)	0.760	(17)
河　南	0.705	(21)	0.721	(20)	0.723	(19)	0.709	(19)	0.714	(19)	0.724	(19)	0.734	(19)
湖　北	1.000	(1)	1.000	(1)	0.995	(6)	0.983	(6)	0.941	(6)	0.920	(8)	0.931	(7)
湖　南	0.674	(24)	0.678	(22)	0.674	(22)	0.659	(22)	0.657	(22)	0.654	(23)	0.654	(24)
广　东	0.863	(10)	0.934	(8)	0.919	(9)	0.925	(10)	0.927	(8)	0.936	(7)	0.925	(8)
广　西	0.672	(25)	0.624	(27)	0.628	(27)	0.619	(27)	0.612	(27)	0.609	(28)	0.608	(29)
海　南	0.856	(11)	0.909	(9)	0.932	(8)	0.911	(11)	0.901	(11)	0.820	(12)	0.826	(12)

续表

地区	1999 年		2000 年		2001 年		2002 年		2003 年		2004 年		2005 年	
	技术效率	排名	技术效率	排名	技术效率	排名	技术效率	排名	技术效率	排名	技术效率	排名	技术效率	排名
四　川	0.623	(28)	0.651	(25)	0.644	(25)	0.638	(25)	0.630	(24)	0.643	(25)	0.660	(22)
贵　州	0.614	(29)	0.612	(28)	0.614	(28)	0.609	(28)	0.602	(28)	0.616	(26)	0.625	(25)
云　南	0.928	(7)	1.000	(1)	1.000	(1)	1.000	(1)	1.000	(1)	1.000	(1)	1.000	(1)
西　藏	0.885	(9)	0.737	(18)	0.850	(12)	0.929	(9)	0.935	(7)	0.788	(15)	0.790	(15)
陕　西	0.630	(27)	0.670	(24)	0.655	(24)	0.640	(24)	0.640	(23)	0.655	(22)	0.658	(23)
甘　肃	0.714	(20)	0.679	(21)	0.676	(21)	0.650	(23)	0.629	(25)	0.652	(24)	0.662	(21)
青　海	0.771	(18)	0.726	(19)	0.690	(20)	0.678	(20)	0.671	(20)	0.658	(21)	0.624	(26)
宁　夏	0.699	(23)	0.606	(30)	0.595	(30)	0.588	(30)	0.584	(30)	0.600	(30)	0.573	(30)
新　疆	0.701	(22)	0.637	(26)	0.632	(26)	0.622	(26)	0.612	(26)	0.606	(29)	0.608	(28)

附表 6－2　忽略和考虑单一环境因素的技术效率排名（各年度平均）

地区	忽略环境因素		考虑单一环境因素									
			CO_2		COD		SO_2		固体废弃物		废水	
	技术效率	排名	技术效率	排名	技术效率	排名	技术效率	排名	技术效率	排名	技术效率	排名
北　京	0.426	(19)	0.796	(18)	0.946	(6)	0.929	(11)	0.501	(25)	0.862	(18)
天　津	0.859	(8)	0.870	(13)	0.910	(10)	0.890	(13)	0.903	(8)	1.000	(1)
河　北	0.550	(16)	0.701	(24)	0.777	(15)	0.676	(18)	0.575	(16)	0.933	(9)
山　西	0.406	(20)	0.593	(29)	0.654	(26)	0.547	(29)	0.500	(29)	0.736	(26)
内蒙古	0.522	(17)	0.644	(27)	0.700	(22)	0.585	(23)	0.540	(19)	0.915	(12)
辽　宁	1.000	(1)	1.000	(1)	1.000	(1)	1.000	(1)	1.000	(1)	1.000	(1)
吉　林	0.661	(11)	0.801	(17)	0.731	(17)	0.820	(14)	0.755	(13)	0.886	(15)

续表

地区	忽略环境因素		考虑单一环境因素									
			CO_2		COD		SO_2		固体废弃物		废水	
	技术效率	排名	技术效率	排名	技术效率	排名	技术效率	排名	技术效率	排名	技术效率	排名
黑龙江	0.615	(13)	0.730	(22)	0.723	(19)	0.819	(15)	0.862	(10)	0.891	(14)
上　海	1.000	(1)	1.000	(1)	1.000	(1)	1.000	(1)	1.000	(1)	1.000	(1)
江　苏	0.981	(5)	0.989	(4)	1.000	(1)	1.000	(1)	1.000	(1)	0.996	(6)
浙　江	0.737	(9)	0.888	(12)	0.883	(11)	0.895	(12)	0.763	(12)	0.917	(11)
安　徽	0.997	(4)	0.976	(6)	1.000	(1)	1.000	(1)	1.000	(1)	1.000	(1)
福　建	0.727	(10)	0.979	(5)	0.944	(7)	0.996	(8)	0.849	(11)	0.912	(13)
江　西	0.620	(12)	0.937	(8)	0.779	(14)	0.800	(16)	0.661	(14)	0.869	(17)
山　东	0.553	(15)	0.821	(14)	0.798	(13)	0.681	(17)	0.642	(15)	0.930	(10)
河　南	0.345	(26)	0.914	(11)	0.723	(20)	0.644	(20)	0.521	(20)	0.790	(21)
湖　北	0.902	(6)	1.000	(1)	0.941	(8)	0.995	(9)	0.947	(6)	0.953	(7)
湖　南	0.353	(25)	0.782	(19)	0.663	(25)	0.639	(21)	0.517	(21)	0.719	(27)
广　东	0.861	(7)	0.935	(9)	0.914	(9)	0.984	(10)	0.877	(9)	0.881	(16)
广　西	0.314	(28)	0.819	(15)	0.580	(30)	0.579	(24)	0.506	(23)	0.640	(30)
海　南	0.556	(14)	0.924	(10)	0.747	(16)	0.999	(7)	0.905	(7)	0.822	(19)
四　川	0.313	(29)	0.816	(16)	0.631	(28)	0.566	(27)	0.500	(30)	0.694	(29)
贵　州	0.269	(30)	0.619	(28)	0.663	(24)	0.528	(30)	0.501	(28)	0.755	(24)
云　南	1.000	(1)	0.949	(7)	1.000	(1)	1.000	(1)	1.000	(1)	1.000	(1)
西　藏	0.385	(21)	—	—	0.865	(12)	1.000	(1)	0.571	(17)	0.944	(8)
陕　西	0.355	(24)	0.721	(23)	0.670	(23)	0.569	(25)	0.501	(27)	0.789	(22)
甘　肃	0.334	(27)	0.749	(20)	0.718	(21)	0.566	(26)	0.501	(24)	0.796	(20)

续表

地区	忽略环境因素		考虑单一环境因素									
			CO_2		COD		SO_2		固体废弃物		废水	
	技术效率	排名	技术效率	排名	技术效率	排名	技术效率	排名	技术效率	排名	技术效率	排名
青　海	0.369	(23)	0.733	(21)	0.725	(18)	0.660	(19)	0.554	(18)	0.770	(23)
宁　夏	0.379	(22)	0.657	(26)	0.599	(29)	0.547	(28)	0.514	(22)	0.714	(28)
新　疆	0.441	(18)	0.684	(25)	0.639	(27)	0.595	(22)	0.501	(26)	0.737	(25)

附表 6-3　1999～2005 年考虑环境因素的技术效率排名（两环境因素组平均）

地区	1999 年		2000 年		2001 年		2002 年		2003 年		2004 年		2005 年	
	技术效率	排名	技术效率	排名	技术效率	排名	技术效率	排名	技术效率	排名	技术效率	排名	技术效率	排名
北　京	0.933	(11)	0.917	(14)	0.921	(15)	0.945	(12)	0.946	(9)	0.944	(11)	0.960	(10)
天　津	0.933	(12)	0.946	(10)	0.978	(10)	0.987	(9)	0.982	(6)	0.992	(6)	0.995	(6)
河　北	0.828	(19)	0.834	(19)	0.852	(20)	0.822	(20)	0.819	(22)	0.821	(22)	0.867	(19)
山　西	0.777	(23)	0.823	(21)	0.887	(17)	0.880	(17)	0.859	(19)	0.846	(19)	0.848	(21)
内蒙古	0.813	(21)	0.789	(23)	0.796	(23)	0.814	(22)	0.862	(18)	0.881	(17)	0.901	(15)
辽　宁	1.000	(1)	1.000	(1)	1.000	(1)	1.000	(1)	1.000	(1)	1.000	(1)	1.000	(1)
吉　林	0.894	(17)	0.906	(16)	0.904	(16)	0.887	(16)	0.930	(12)	0.898	(15)	0.895	(16)
黑龙江	0.918	(14)	0.931	(12)	0.926	(14)	0.914	(14)	0.897	(16)	0.957	(10)	0.934	(12)
上　海	1.000	(1)	1.000	(1)	1.000	(1)	1.000	(1)	1.000	(1)	1.000	(1)	1.000	(1)
江　苏	1.000	(1)	1.000	(1)	1.000	(1)	1.000	(1)	0.990	(5)	1.000	(1)	1.000	(1)
浙　江	0.933	(13)	0.925	(13)	0.937	(12)	0.907	(15)	0.913	(15)	0.909	(14)	0.906	(14)
安　徽	1.000	(1)	1.000	(1)	1.000	(1)	1.000	(1)	1.000	(1)	1.000	(1)	1.000	(1)

续表

地区	1999 年		2000 年		2001 年		2002 年		2003 年		2004 年		2005 年	
	技术效率	排名	技术效率	排名	技术效率	排名	技术效率	排名	技术效率	排名	技术效率	排名	技术效率	排名
福　建	0.996	(8)	0.991	(8)	0.995	(8)	0.992	(8)	0.956	(8)	0.976	(8)	0.967	(9)
江　西	0.910	(15)	0.915	(15)	0.928	(13)	0.921	(13)	0.873	(17)	0.881	(16)	0.880	(17)
山　东	0.906	(16)	0.936	(11)	0.879	(18)	0.843	(18)	0.834	(21)	0.855	(18)	0.880	(18)
河　南	0.821	(20)	0.832	(20)	0.840	(21)	0.824	(19)	0.858	(20)	0.838	(20)	0.857	(20)
湖　北	1.000	(1)	1.000	(1)	1.000	(1)	1.000	(1)	0.967	(7)	0.975	(9)	0.981	(7)
湖　南	0.744	(29)	0.766	(27)	0.751	(28)	0.743	(27)	0.773	(24)	0.732	(28)	0.726	(27)
广　东	0.991	(9)	0.999	(7)	0.963	(11)	0.971	(11)	0.938	(10)	0.982	(7)	0.979	(8)
广　西	0.760	(26)	0.761	(28)	0.763	(25)	0.760	(24)	0.803	(23)	0.806	(23)	0.762	(25)
海　南	0.984	(10)	0.985	(9)	0.987	(9)	0.975	(10)	0.927	(13)	0.923	(13)	0.926	(13)
四　川	0.746	(28)	0.768	(26)	0.760	(26)	0.754	(26)	0.718	(28)	0.736	(26)	0.762	(24)
贵　州	0.847	(18)	0.840	(18)	0.855	(19)	0.817	(21)	0.922	(14)	0.836	(21)	0.817	(22)
云　南	1.000	(1)	1.000	(1)	1.000	(1)	1.000	(1)	1.000	(1)	1.000	(1)	1.000	(1)
西　藏	1.000	(1)	0.901	(17)	1.000	(1)	1.000	(1)	0.930	(11)	0.932	(12)	0.945	(11)
陕　西	0.763	(25)	0.777	(24)	0.758	(27)	0.736	(28)	0.729	(27)	0.752	(24)	0.752	(26)
甘　肃	0.774	(24)	0.795	(22)	0.803	(22)	0.772	(23)	0.734	(26)	0.751	(25)	0.779	(23)
青　海	0.787	(22)	0.776	(25)	0.774	(24)	0.756	(25)	0.750	(25)	0.732	(27)	0.681	(28)
宁　夏	0.747	(27)	0.726	(29)	0.684	(30)	0.673	(30)	0.656	(30)	0.724	(29)	0.612	(30)
新　疆	0.698	(30)	0.708	(30)	0.702	(29)	0.707	(29)	0.711	(29)	0.672	(30)	0.678	(29)

附表 6-4　忽略和考虑两环境因素组的技术效率排名（各年度平均）

地区	忽略环境因素		考虑两环境因素组									
			CO_2 和 COD		CO_2 和 SO_2		CO_2 和固体废弃物		CO_2 和废水		COD 和 SO_2	
	技术效率	排名	技术效率	排名	技术效率	排名	技术效率	排名	技术效率	排名	技术效率	排名
北　京	0.426	(19)	0.988	(11)	1.000	(1)	0.804	(20)	0.899	(20)	0.966	(13)
天　津	0.859	(8)	0.974	(13)	0.920	(16)	0.946	(13)	1.000	(1)	0.960	(14)
河　北	0.550	(16)	0.844	(20)	0.705	(26)	0.708	(25)	0.978	(12)	0.798	(20)
山　西	0.406	(20)	0.887	(17)	0.601	(29)	1.000	(1)	0.845	(23)	0.723	(24)
内蒙古	0.522	(17)	0.819	(21)	0.810	(22)	0.657	(28)	1.000	(1)	0.852	(18)
辽　宁	1.000	(1)	1.000	(1)	1.000	(1)	1.000	(1)	1.000	(1)	1.000	(1)
吉　林	0.661	(11)	0.939	(15)	0.832	(19)	0.806	(19)	0.913	(19)	0.987	(12)
黑龙江	0.615	(13)	0.734	(26)	1.000	(1)	1.000	(1)	0.922	(18)	0.916	(16)
上　海	1.000	(1)	1.000	(1)	1.000	(1)	1.000	(1)	1.000	(1)	1.000	(1)
江　苏	0.981	(5)	1.000	(1)	1.000	(1)	1.000	(1)	1.000	(1)	1.000	(1)
浙　江	0.737	(9)	0.912	(16)	0.903	(17)	0.883	(17)	0.947	(16)	0.919	(15)
安　徽	0.997	(4)	1.000	(1)	1.000	(1)	1.000	(1)	1.000	(1)	1.000	(1)
福　建	0.727	(10)	0.996	(10)	1.000	(1)	0.995	(10)	0.999	(11)	0.996	(11)
江　西	0.620	(12)	1.000	(9)	1.000	(1)	0.974	(12)	0.975	(13)	0.852	(17)
山　东	0.553	(15)	0.875	(18)	0.827	(20)	0.803	(21)	0.974	(14)	0.822	(19)
河　南	0.345	(26)	0.953	(14)	0.995	(15)	0.934	(14)	0.932	(17)	0.742	(23)
湖　北	0.902	(6)	1.000	(1)	1.000	(1)	1.000	(1)	1.000	(1)	1.000	(1)
湖　南	0.353	(25)	0.811	(22)	0.825	(21)	0.825	(18)	0.799	(27)	0.681	(26)
广　东	0.861	(7)	1.000	(1)	0.996	(14)	0.996	(9)	1.000	(1)	0.996	(10)
广　西	0.314	(28)	1.000	(1)	1.000	(1)	0.924	(16)	1.000	(1)	0.591	(30)

续表

地区	忽略环境因素		考虑两环境因素组									
			CO_2 和 COD		CO_2 和 SO_2		CO_2 和固体废弃物		CO_2 和废水		COD 和 SO_2	
	技术效率	排名	技术效率	排名	技术效率	排名	技术效率	排名	技术效率	排名	技术效率	排名
海　南	0.556	(14)	0.985	(12)	1.000	(1)	0.992	(11)	0.965	(15)	1.000	(1)
四　川	0.313	(29)	0.865	(19)	0.903	(18)	0.928	(15)	0.839	(24)	0.637	(29)
贵　州	0.269	(30)	0.725	(27)	1.000	(1)	0.751	(23)	0.829	(25)	1.000	(1)
云　南	1.000	(1)	1.000	(1)	1.000	(1)	1.000	(1)	1.000	(1)	1.000	(1)
西　藏	0.385	(21)	—	—	—	—	—	—	—	—	1.000	(1)
陕　西	0.355	(24)	0.742	(25)	0.789	(23)	0.770	(22)	0.858	(22)	0.688	(25)
甘　肃	0.334	(27)	0.792	(23)	0.724	(24)	0.730	(24)	0.878	(21)	0.779	(21)
青　海	0.369	(23)	0.791	(24)	0.708	(25)	0.700	(26)	0.808	(26)	0.748	(22)
宁　夏	0.379	(22)	0.677	(28)	0.653	(27)	0.607	(29)	0.765	(29)	0.659	(27)
新　疆	0.441	(18)	0.648	(29)	0.635	(28)	0.664	(27)	0.768	(28)	0.642	(28)

地区	考虑两环境因素组									
	COD 和固体废弃物		COD 和废水		SO_2 和固体废弃物		SO_2 和废水		固体废弃物和废水	
	技术效率	排名	技术效率	排名	技术效率	排名	技术效率	排名	技术效率	排名
北　京	0.963	(8)	0.975	(11)	0.959	(8)	0.954	(15)	0.870	(21)
天　津	0.933	(11)	1.000	(1)	1.000	(1)	1.000	(1)	1.000	(1)
河　北	0.788	(19)	0.943	(15)	0.686	(21)	0.955	(14)	0.944	(13)
山　西	1.000	(1)	0.743	(27)	0.882	(15)	0.775	(25)	1.000	(1)
内蒙古	0.720	(24)	0.978	(9)	0.595	(26)	1.000	(1)	0.936	(14)
辽　宁	1.000	(1)	1.000	(1)	1.000	(1)	1.000	(1)	1.000	(1)
吉　林	0.914	(14)	0.988	(8)	0.833	(16)	0.900	(19)	0.905	(19)
黑龙江	0.942	(10)	0.959	(13)	0.915	(14)	0.912	(18)	0.953	(11)

续表

地区	考虑两环境因素组									
	COD 和固体废弃物		COD 和废水		SO_2 和固体废弃物		SO_2 和废水		固体废弃物和废水	
	技术效率	排名	技术效率	排名	技术效率	排名	技术效率	排名	技术效率	排名
上　海	1.000	(1)	1.000	(1)	1.000	(1)	1.000	(1)	1.000	(1)
江　苏	1.000	(1)	1.000	(1)	0.986	(6)	1.000	(1)	1.000	(1)
浙　江	0.884	(17)	0.939	(17)	0.920	(13)	0.946	(17)	0.932	(15)
安　徽	1.000	(1)	1.000	(1)	1.000	(1)	1.000	(1)	1.000	(1)
福　建	0.946	(9)	0.989	(7)	0.968	(7)	1.000	(1)	0.930	(16)
江　西	0.781	(20)	0.890	(18)	0.790	(17)	0.873	(20)	0.874	(20)
山　东	0.840	(18)	0.941	(16)	0.776	(18)	0.947	(16)	0.956	(10)
河　南	0.724	(23)	0.802	(23)	0.702	(19)	0.795	(23)	0.804	(24)
湖　北	0.979	(7)	0.976	(10)	0.949	(9)	1.000	(1)	0.988	(8)
湖　南	0.669	(26)	0.722	(28)	0.701	(20)	0.723	(28)	0.723	(27)
广　东	0.933	(12)	0.973	(12)	0.935	(12)	1.000	(1)	0.918	(17)
广　西	0.583	(30)	0.702	(29)	0.649	(24)	0.642	(30)	0.643	(30)
海　南	0.924	(13)	0.830	(21)	0.941	(10)	1.000	(1)	0.944	(12)
四　川	0.644	(28)	0.698	(30)	0.571	(29)	0.702	(29)	0.705	(29)
贵　州	0.893	(16)	0.762	(26)	0.601	(25)	1.000	(1)	0.917	(18)
云　南	1.000	(1)	1.000	(1)	1.000	(1)	1.000	(1)	1.000	(1)
西　藏	0.898	(15)	0.955	(14)	0.940	(11)	1.000	(1)	0.956	(9)
陕　西	0.685	(25)	0.803	(22)	0.574	(28)	0.811	(22)	0.804	(23)
甘　肃	0.744	(22)	0.831	(20)	0.588	(27)	0.838	(21)	0.820	(22)
青　海	0.746	(21)	0.785	(24)	0.661	(23)	0.778	(24)	0.781	(25)
宁　夏	0.601	(29)	0.866	(19)	0.570	(30)	0.773	(26)	0.718	(28)
新　疆	0.662	(27)	0.767	(25)	0.678	(22)	0.744	(27)	0.758	(26)

第七章

考虑环境和碳排放因素的省际生产率研究*

高宇宁　郑京海　张　宁

一　引言

中国在高速的经济增长过程中，生态环境的恶化和自然资源的消耗已经成为越来越突出的问题。在世界银行公布的2006年世界污染最严重的20座城市中，中国占了16席。与此同时，中国从20世纪80年代起就一直是世界上最大的有机废水排放国，目前排放总量已经相当于美国、日本和印度的总和（Wolf et al.，2003）。

同时，国际能源署等机构的研究和预测认为中国从2007年开始就超过美国成为世界最大的二氧化碳排放国。中国的资源环境问题很大程度上与其规模巨大且发展速度空前的工业化直接相关，这一过程伴随着巨大的能源、资源消耗和污染排放。中国的经济增长模式总体上是粗放的、黑色的，在物质资本投入迅速积累、制造业高速扩张、出口快速增长的同时走了一条“先污染再治理”的道路。2006年国家环保总局和国家统计局联合公布了《中国绿色国民经济核算研究报告（2004）》。报告指出，2004年全国因环境污染造成的经济损失为5118亿元，占当年GDP的3.05%。研究显示，2004年全国水污染造成的经济损失为2862.8亿元，占总损失的55.9%；大

* 本研究受到清华大学产业发展与环境治理研究中心2008年度应急项目“环境因素对中国省际生产率的影响”的资助。

气污染造成的损失为 2198.0 亿元，占总损失的 42.9%；固体废弃物和污染事故造成的经济损失 57.4 亿元，占总损失的 1.1%。

目前，这些问题已经引起越来越多的关注，类似于“绿色 GDP”等方法就是在试图将其影响定量化。“绿色 GDP”是指在传统的 GDP 基础上扣减资源损耗和环境退化成本后的余额。可以认为绿色 GDP 是指在 SNA 核算体系的基础上，对外部影响因素和自然资源加以考虑而得出的新的 GDP，代表着一个国家或地区更综合的经济福利水平。然而，传统的经济增长和生产率研究，特别是对各地区的研究涉及此类问题比较少，本研究在此基础上提出绿色 TFP，即“绿色全要素生产率”的概念，它指的是在给定生产要素投入的情况下，单位投入的绿色 GDP 产出考虑了环境污染因素的全要素生产率，来分析和考察各类环境因素对地区生产率的影响。以往对经济总量全要素生产率的研究主要是采用有关经济总量的时间序列数据来进行，这类研究所采用的方法的主要局限有三点：一是在增长核算法中需要引入很强的行为与制度假设；二是它们一般不对技术进步和技术效率加以区别；三是采用的时间序列的数据量很小，很难选择较复杂的函数形式进行生产函数估算并对生产率进行拆分，即使考虑加入更多的变量进行分析也会很困难。而在我们的研究中，由于采用了省际数据和前沿生产函数估算方法，上述三个方面的问题得到了较好的解决。在对各种生产率模型特别是前沿生产函数生产率模型进行深入细致的调查研究的基础上，我们倾向于在对省际生产率进行估算时采用一种确定性的非参数前沿生产函数生产率模型（Färe et al.，1994）。

此外，根据 2006 年公布的世界银行数据推算的中国绿色 GDP 时间序列数据，在传统的增长核算框架下进一步推算出的绿色 TFP 指标也还无法准确反映环境因素的影响。为此，我们将考虑多种环境因素对中国省际生产率的影响，这对科学系统地分析和探讨中国经济可持续增长问题有着极其重要的学术价值和政策含义。

二　文献综述

由于传统的增长核算方法一般将全要素生产率的增长等同于技术进步，从而忽略了技术效率的变化对生产率变化的影响。如前所述，近年来，在西方经济学文献中，人们对全要素生产率的拆分表现出了越来越大的兴趣。这类文献认为，生产率的增长是由三部分组成的：一是技术进步（如新技术的采用或新产品的发明）；二是技术效率（如管理效率的提高和生产经验的积累）；三是规模效益（组建和管理大企业乃至大国经济的能力以及知识本身，如知识产业等）。对生产率进行拆分的模型多为前沿生产函数生产率模型，它们的应用要求采用面板数据（Panel Data），因此我国省际面板数据的存在为我们对经济增长中的生产率因素进行进一步拆分提供了一个有利条件。

由于数据可获得性的限制，世界银行的绿色 GDP 计算没有包括水污染、SO_2 污染和其他有害、有毒物质的污染损失。另外由于方法的局限性，即使有这方面的数据，具体估算这些污染物所造成的经济损失也是十分困难的，因为存在一个如何设定污染排放物价格的问题。目前一些生产率模型已经开始考虑环境因素的影响，比如方向性距离函数生产率模型。这类模型的优点在于，它既可以考虑环境因素的影响，又继承了传统生产率分析技术的系统性和结构性框架，相对于目前流行的直观的绿色 GDP 推算方法有着更为广泛的应用前景。另外，方向性距离函数生产率模型在测算绿色 TFP 时不需要污染排放的价格数据。

对方向性距离函数进行的较早讨论可参见 Chambers 等 1996 年的研究。投入距离函数与成本函数互为对偶关系，产出距离函数与产值函数互为对偶关系，而方向性距离函数的一个经济学意义是它与利润函数互为对偶关系，并且可以证明投入和产出距离函数是方向性距离函数的特例。较早将方向性距离函数应用于考虑环境因素的生产率测算的有 Chung 等，其研究定义了以方向性距离函数来表述的 Malmquist-Luenberger 生产率变化指数，并将生产率拆分为技术进步和技术效率改善两个部分。Jeon 和 Sickles 2004 年将 CO_2 排放纳入生产率分析，利用 OECD 国家和亚洲国家数据，采用上述方法，分别测算了 Malmquist 和 Malmquist-Luenberger 生产率。此外，Arcelus 和 Arocena 2005 年同样针对 OECD 国家的 CO_2 排放问题，采用方向性距离函数的方法，并与其他不同策略倾向的效率评测方法结果进行对比。

以上分析均在不同程度表明，将环境因素纳入生产率分析后，可以较好地体现经济增长的环境成本，还原一个较为真实的国家生产率水平。本文将基于方向性距离函数的“环境技术效率”概念应用于中国省际经济总量数据，通过对标准的 DEA 类型的线性规划问题的求解，我们试图在考虑环境因素的前提下对我国大陆不包括重庆的 30 个省（自治区、直辖市）的技术效率进行测算。

三　方法与模型

我们主要参照 Jeon 和 Sickles 的表达形式来介绍本文所采用的方向性距离函数生产率模型。含污染排放的生产可能集表述如下：

$$F^t = \left[\left(x^t, y^t, b^t \right) \mid x^t \ can\ produce \left(y^t, b^t \right) \right]$$

其中，b 表示作为产出之一的污染排放。同时引入产出的弱自由处置假设为 $(x^t, y^t, b^t) \in F^t$ and $0 \leqslant \theta \leqslant 1$ imply $(x^t, \theta y^t, \theta b^t) \in F^t$，产出与污染排放的联合生产假设为 If $(x^t, y^t, b^t) \in F^t$ and $b^t = 0$ then $y^t = 0$。

标准的产出距离函数的定义如下所示：

$$D_0^t(x^t, y^t, b^t) = \inf\left[\theta \mid (x^t, y^t/\theta, b^t/\theta) \in F^t \right] = \left\{ \sup\left[\theta \mid (x^t, \theta y^t, \theta b^t) \in F^t \right] \right\}^{-1}$$

为了定义 Malmquist 指数，我们给出一个含有两个不同时刻的距离函数如下：

$$D_0^t(x^{t+1}, y^{t+1}, b^{t+1}) = \inf\left[\theta \mid (x^{t+1}, y^{t+1}/\theta, b^{t+1}/\theta) \in F^t \right]$$

为了避免在选择生产技术参照系时的随意性，我们把以产出为指标的 Malmquist 指数特定为两个 Malmquist 指数的几何平均值。一个以 t 时刻的生产技术为参照，另一个以（$t+1$）时刻为参照，其数学表达式如下所示：

$$M_0^{t,t+1} = \left[\left(\frac{D_o^t(\mathrm{x}^{t+1}, \mathrm{y}^{t+1}, b^{t+1})}{D_o^t(\mathrm{x}^t, \mathrm{y}^t, b^t)} \right) \left(\frac{D_o^{t+1}(\mathrm{x}^{t+1}, \mathrm{y}^{t+1}, b^{t+1})}{D_o^{t+1}(\mathrm{x}^t, \mathrm{y}^t, b^t)} \right) \right]^{1/2}$$

上式中的指数可以被看成两个部分的乘积，即：

技术效率变化 $= \dfrac{D_o^{t+1}(\mathrm{x}^{t+1}, \mathrm{y}^{t+1})}{D_o^t(\mathrm{x}^t, \mathrm{y}^t)}$ 和

技术进步率 $= \left[\dfrac{D_o^t(\mathrm{x}^{t+1}, \mathrm{y}^{t+1})}{D_o^{t+1}(\mathrm{x}^{t+1}, \mathrm{y}^{t+1})} \dfrac{D_o^t(\mathrm{x}^t, \mathrm{y}^t)}{D_o^{t+1}(\mathrm{x}^t, \mathrm{y}^t)} \right]^{1/2}$

在 t 时刻的距离函数可以被分解为线性规划问题，即：

$$\left\{ \hat{D}_0^t \left[x^t\left(k^*\right), y^t\left(k^*\right), b^t\left(k^*\right) \right] \right\}^{-1} = \max \theta(k^*)$$

$$\text{s. t. } \theta(k^*) y_m^t(k^*) \leqslant \sum_{k=1}^{K} \lambda^t(k) y_m^t(k),\ m = 1, \cdots, M$$

$$\sum_{k=1}^{K} \lambda^t(k) x_l^t(k) \leqslant x_l^t(k^*),\ l = 1, \cdots, L$$

$$\lambda^t(k) \geqslant 0, k = 1, \cdots, K$$

定义含污染排放的产出集为：

$$P(x^t) = \left[(y^t, b^t) | (x^t, y^t, b^t) \in F^t \right]$$

当方向向量为 g 时，方向性距离函数的定义为：

$$\hat{D}_0^t(x^t, y^t, b^t; g) = \sup \left[\beta | (y^t + \beta g_y, b^t - \beta g_b) \in P(x^t) \right]$$

当方向向量为 (y, b) 时，方向性距离函数与标准距离函数之间的关系可以表述为：

$$\begin{aligned}
\vec{D}_0^t(x^t, y^t, b^t; y, b) &= \sup \left[\beta | (y^t + \beta g_y, b^t + \beta g_b) \in P(x^t) \right] \\
&= \sup\{\beta | [y^t(1 + \beta), b^t(1 + \beta)] \in P(x^t)\} \\
&= \sup\{-1 + (1 + \beta) | [y^t(1 + \beta), b^t(1 + \beta)] \in P(x^t)\} \\
&= -1 + \sup\{(1 + \beta) | [y^t(1 + \beta), b^t(1 + \beta)] \in P(x^t)\} \\
&= -1 + \frac{1}{D_0^t(x^t, y^t, b^t)}
\end{aligned}$$

并且，方向性距离函数也可以通过求解类似标准 DEA 模型的线性规划问题来计算，Chung 等于 1997 年定义了在产出空间中的 t 时刻和 $(t+1)$ 时刻之间的 Malmquist - Luenberger 生产率指数为：

$$ML_0^{t,t+1} = \left\{ \left[\frac{1 + \vec{D}_0^t(x^t, y^t, b^t; y^t, -b^t)}{1 + \vec{D}_0^t(x^{t+1}, y^{t+1}, b^{t+1}; y^{t+1}, -b^{t+1})} \right] \left[\frac{1 + \vec{D}_0^{t+1}(x^t, y^t, b^t; y^t, -b^t)}{1 + \vec{D}_0^{t+1}(x^{t+1}, y^{t+1}, b^{t+1}; y^{t+1}, -b^{t+1})} \right] \right\}^{1/2}$$

这一指数同样可以被拆分为两部分：

$$\text{ML 技术效率变化} = \frac{1 + \vec{D}_0^t(x^t, y^t, b^t; y^t, -b^t)}{1 + \vec{D}_0^{t+1}(x^{t+1}, y^{t+1}, b^{t+1}; y^{t+1}, -b^{t+1})} \text{ 和 ML 技术进步率} =$$

$$\left\{ \left[\frac{1 + \vec{D}_0^{t+1}(x^{t+1}, y^{t+1}, b^{t+1}; y^{t+1}, -b^{t+1})}{1 + \vec{D}_0^t(x^{t+1}, y^{t+1}, b^{t+1}; y^{t+1}, -b^{t+1})} \right] \left[\frac{1 + \vec{D}_0^{t+1}(x^t, y^t, b^t; y^t, -b^t)}{1 + \vec{D}_0^t(x^t, y^t, b^t; y^t, -b^t)} \right] \right\}$$

四 不考虑环境因素的主要计算结果分析

我们考虑了 1999 ~2005 年不同环境因素影响下的 Malmquist 生产率指数和地区构成情况，并根据实证结果从三个方面来讨论中国改革开放以来生产率增长的性质和近几年的变化趋势。

（一）生产率变化的时间趋势

从 1979 年到 2001 年，全国技术效率的平均值有较大提高，而标准差有一个明显的先下降后上升的趋势，规模效率水平总的来说呈现下降趋势，20 世纪 90 年代的技术效率比 20 世纪 80 年代略有提高。全要素生产率在 80 年代平均每年增加 0.88%，而在 90 年代只有 0.26%。从 2001 年开始，全要素生产率出现了持续的负增长。这一趋势与我们在另一篇文章中以总量数据根据 Solow 增长核算公式所得到的结果很接近（见图 7 -1）。

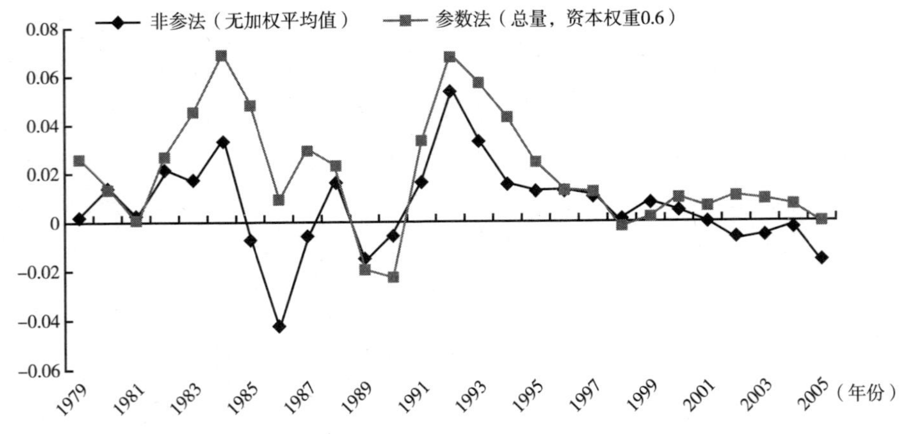

图 7 -1 两种不同方法计算的中国 TFP 增长率（1979 ~2005 年）

需要注意的是，就业权重越大，TFP 就会越高，因为就业的增长率远低于资本的增长率，如 1978 ~1995 年资本存量增长率为 8.8%，就业增长率为 2.4%。而 1995 ~2001 年资本存量增长率为 11.8%，就业增长率仅为 1.2%。资本权重的取值大小对在经济总量水平上估算生产率增长是至关重要的。以近几年的资本存量增长率 11.8% 为例，其权重从 0.4 提高到 0.6 会使资本增长对 GDP 增长的贡献率从 4.72% 提高到 7.08%，而这一期间的 GDP 年平均增长率为 8.2%。我们所采用的 Malmquist 指数法属于生产函数生产率模型，在本质上与 Chow 于 2000 年估算的总量生产函数生产率模型是一致的。而以劳动报酬在 GDP 中的份额为就业权重的方法需要满足总量经济的生产行为遵从利润最大化原则，以及完备竞争市场的制度假设。这些假设对于中国这样一个发展中的转型国家来说似乎是难以满足的。基于上述原因，我们认为“1995 年以后全要素平均增长率出现下降”的结果是有一定的理论和经验依据的。

在改革期间，在总量水平或全国平均水平上，技术效率呈现先大幅上升后小幅下降的趋势，而省际技术效率水平差距变化趋势则刚好相反，可以肯定大部分省份的技术效率正在上升。技术效率有显著提高的省份有 27 个，占 87%。技术效率提高最多的省份是甘肃，为 121%。效率下降的省份只有 2 个。当然，由于经验模型的性质，这一下降可能不是效率低本身造成的，而是省份之间的技术差距导致的。

（二）全要素生产率的增长及其构成

通过对生产率的拆分，我们可以判断技术效率和全要素生产率升降的原因。总体上看，生产率的增长是由技术进步导致的，省际平均技术效率水平变化相对比较小。并且，计算结果也显示 20 世纪 80 年代和 90 年代的 TFP 增长主要是技术进步带来的。下面我们通过观察生产前沿的移动和生产单位（省、自治区、直辖市）在投入系数空间的分布和随时间变化的情况来大致判断一下生产率拆分结果的参考价值。

图 7-2 显示的是省际生产前沿在投入系数空间内随时间移动的情况，从这三年的点阵分布形式和运动方向来看，有两个趋势似乎是明显的。一是资本劳动比从 1978 年的东西向分布逐渐变为 2005 年的南北向分布，似乎表明生产要素结构在这 20 多年间经历了一个资本相对密集化的过程，与 Young 于 2000 年观察到的现象是一致的。二是点阵向生产前沿的运动也还是清晰可见的。

从生产前沿的形状和运动来看，有三点值得注意：一是 20 世纪 80 年代生产前沿向原点移动的幅度要比 20 世纪 90 年代大得多，与前文提到的 20 世纪 90 年代技术进步率降低影响到生产率的增长是一致的；二是生产前沿的线性分段在逐步增加，也就是最佳实践省份在逐渐增加；三是生产前沿在资本系数方向上，20 世纪 90 年代资本深化现象也出现在生产前沿的某些区段上。比如，虽然上海的劳动系数在下降，但资本系数在增加。但是在劳动

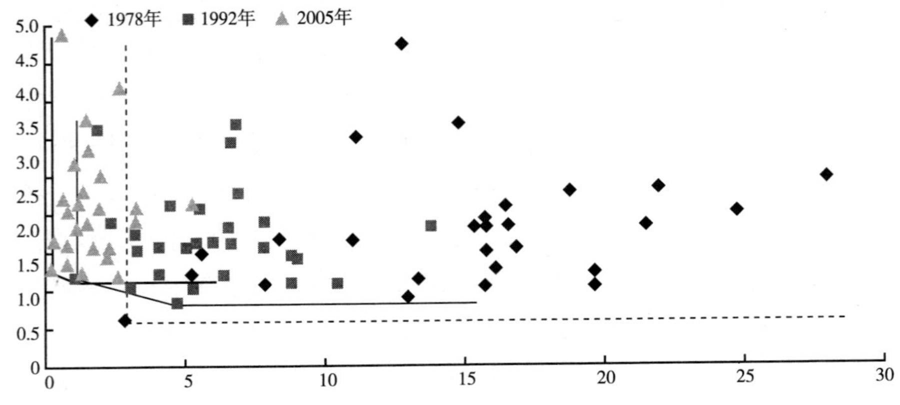

图 7－2　生产前沿的运动和省际资本劳动比分布的变化

注：——代表 2005 年的生产前沿；——代表 1992 年的生产前沿；·········代表 1978 年的生产前沿。

系数方向上，生产前沿 20 世纪 90 年代移动的幅度也大大小于 20 世纪 80 年代。生产前沿上资本系数的变化远小于劳动系数变化的情况应该引起人们的注意，因为这意味着生产率的提高过分地依赖于劳动生产率，而如果劳动生产率的提高又仅仅依赖于资本密集度的提高，就会最终形成一种资本积累型的增长模式。20 世纪 80 年代和 90 年代各省全要素生产率变化见图 7－3。

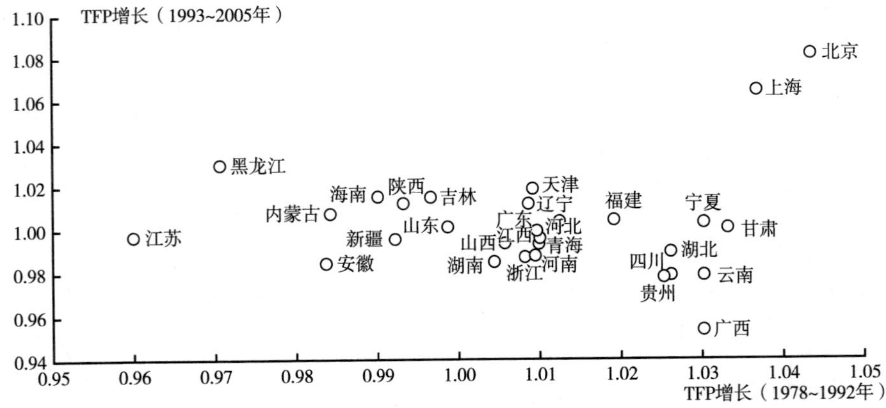

图 7－3　20 世纪 80 年代和 90 年代各省全要素生产率变化情况

注：图中气泡大小为 1978～2005 年各地区平均的 Malmquist 指数大小，横轴为 1978～1992 年各地区平均的 Malmquist 指数值，纵轴为 1993～2005 年各地区平均的 Malmquist 指数值，下同。

（三）生产率、技术变化和效率变化的分布变化情况

在图 7－3 中多数省份位于 45°线下方，从另一个角度表明 20 世纪 90 年代生产率的增长普遍比 20 世纪 80 年代减缓了许多。20 世纪 80 年代生产率提高较快的省份如湖北、四川、云南、广西，其增长率均高于平均值，但在 20 世纪 90 年代远远地落在了后面，大大低于平均值。

图 7－4 分别以两个时期各省生产率（如技术效率或 TFP 增长率等）的平均值为坐标来显示两个时期的生产率水平或增长率之间是否有某种相关关系。图中显示 20 世纪 90 年代除北京、上海外，其他省份的技术进步速度有所下降，均分布在图中 45°线的下方。因此技术进步率下降是 20 世纪 90 年代生产率的增长率比 20 世纪 80 年代下降的一个原因，而且技术进步率的差异似乎也是省际生产率的增长率差异增大的原因。①

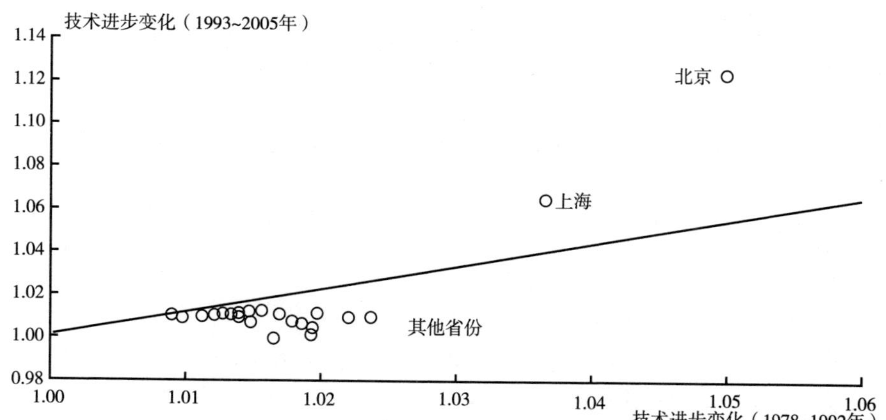

图 7－4　20 世纪 80 年代和 90 年代各省技术进步效率和技术效率的变化

注：由于图形空间限制，除北京、上海外的其余省份名称不做标注，具体数据可以同作者联系。

图 7－5 进一步显示省际技术效率在两个时期的变化，位于 45°线两边的省份几乎各占一半，其中 45°线上的省份效率有提高，而 45°线以下的省份效率下降了。另外，点阵的发散似乎表明效率差别加大。因此，技术效率变化的重新分布可能是省际生产率增长率差异增大的另一个原因。

① 由于我们在估算 Malmquist 指数时采用了“技术无退步约束”，在给定 TFP 增长率的情况下技术进步和效率变化之间形成了此消彼长的关系。这种关系对我们的分析会产生怎样的影响还需要进一步观察。

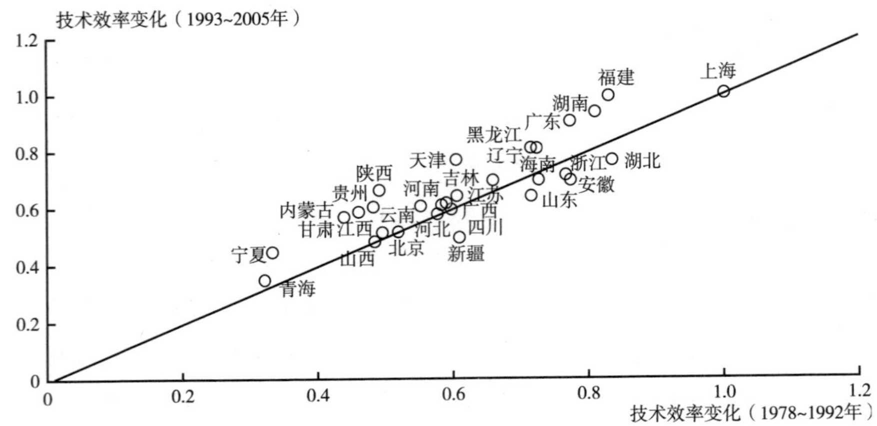

图 7-5　20 世纪 80 年代和 90 年代各省技术效率的变化情况

五　实证结果分析

（一）TFP 增长的趋势与构成

1999～2005 年各地区忽略环境因素的 TFP 增长无论是平均值还是标准差变化都比较小，最小值出现在 2004～2005 年的 4.64%，最大值出现在 2000～2001 年的 5.63%。尽管 2001～2002 年和 2002～2003 年这两期的技术效率变化相对较低，但是由于这两期的技术进步率都非常高（超过 6%），因而还是保持了它们较高的 TFP 增长率（见表 7-1）。实际上，相关研究也观测到 20 世纪 90 年代以后各地区技术效率的变化放缓。

表 7-1　各时期 TFP 增长及构成

	M-L 指数		技术效率		技术进步	
	平均值	标准差	平均值	标准差	平均值	标准差
忽略环境因素						
1999～2000 年	1.0491	0.0293	0.9947	0.0166	1.0546	0.0194
2000～2001 年	1.0563	0.0326	1.0032	0.0214	1.0527	0.0151
2001～2002 年	1.0466	0.0450	0.9859	0.0349	1.0614	0.0186
2002～2003 年	1.0515	0.0332	0.9880	0.0181	1.0641	0.0240
2003～2004 年	1.0540	0.0345	1.0073	0.0211	1.0462	0.0213
2004～2005 年	1.0464	0.0336	1.0043	0.0190	1.0420	0.0329

续表

	M－L 指数		技术效率		技术进步	
	平均值	标准差	平均值	标准差	平均值	标准差
单环境因素平均						
1999～2005 年	1.3367	0.1640	0.9851	0.0807	1.3550	0.1036
1999～2000 年	1.0374	0.0425	1.0016	0.0314	1.0359	0.0234
2000～2001 年	1.0297	0.0341	1.0033	0.0352	1.0276	0.0157
2001～2002 年	1.0240	0.0182	0.9916	0.0208	1.0333	0.0166
2002～2003 年	1.0134	0.0159	0.9938	0.0116	1.0200	0.0164
2003～2004 年	1.0133	0.0284	1.0010	0.0276	1.0131	0.0145
2004～2005 年	1.0079	0.0191	1.0036	0.0175	1.0048	0.0112
两环境因素平均						
1999～2005 年	1.1057	0.0781	0.9918	0.0507	1.1180	0.0596
1999～2000 年	1.0339	0.0496	1.0136	0.0367	1.0213	0.0299
2000～2001 年	1.0237	0.0359	0.9970	0.0355	1.0289	0.0261
2001～2002 年	1.0203	0.0187	0.9984	0.0137	1.0224	0.0156
2002～2003 年	1.0082	0.0224	0.9986	0.0310	1.0117	0.0218
2003～2004 年	1.0061	0.0259	0.9994	0.0259	1.0083	0.0163
2004～2005 年	0.9983	0.0250	0.9932	0.0556	1.0129	0.0518

当考虑单一环境因素的时候，技术效率变化的趋势差别较小，只有2001～2002 年期由进步变为退步。但是在考虑两环境因素时差别较大，仅有 1999～2000 年这一期的技术进步效率值大于 1。更主要的区别来自生产率差异，考虑环境因素的 TFP 增长率远低于传统估计且呈现下降趋势，特别是考虑两种环境因素的 TFP 在 2004～2005 年期出现负增长。考虑单一环境因素的1999～2005 年的 TFP 累计增长仅为忽略情况下的 1/3，而考虑两环境因素的仅为忽略情况下的 1/6 略强。出现这一趋势的主要原因是新的估计中技术进步率低于原来的估计，而且考虑两因素的情况下大部分时间里低于考虑单一因素的情况。这样的趋势表示在“十五”期间，环境污染作为一种“非合意产出”对 TFP 增长，特别是对技术进步的负面影响是在不断加大的（见表 7－2）。

表 7-2 单一环境因素平均的 TFP 增长率

	M-L 指数		技术效率		技术进步	
	平均值	标准差	平均值	标准差	平均值	标准差
各时期平均						
忽略环境因素	1.0506	0.0347	0.9973	0.0218	1.0535	0.0219
CO_2	1.0040	0.0250	0.9990	0.0233	1.0050	0.0089
COD	1.0245	0.0512	1.0051	0.0528	1.0199	0.0205
SO_2	1.0298	0.0343	0.9995	0.0251	1.0303	0.0252
固体废弃物	1.0274	0.0551	0.9928	0.0487	1.0361	0.0552
废水	1.0196	0.0330	0.9992	0.0391	1.0215	0.0251
1999~2005 年累计						
忽略环境因素	1.3367	0.1640	0.9851	0.0807	1.3550	0.1036
CO_2	1.0349	0.0882	0.9943	0.0709	1.0404	0.0348
COD	1.1346	0.1073	1.0225	0.0867	1.1095	0.0461
SO_2	1.1542	0.1032	0.9961	0.0511	1.1589	0.0848
固体废弃物	1.1259	0.1264	0.9563	0.1027	1.1911	0.1878
废水	1.0832	0.0811	0.9919	0.0704	1.0925	0.0409

当我们比较不同污染物对 TFP 增长的影响时可以发现，对于考虑单一环境因素的情况，SO_2 对 TFP 增长的影响最小，而 CO_2 的影响最大。考虑 SO_2 的平均 TFP 增长率比不考虑环境因素的情况低 2.08 个百分点，累计 TFP 增长率不到其一半，为 15.42%。相比之下，考虑 CO_2 的平均 TFP 增长率仅为 0.4%，而其累计增长率仅为不考虑环境因素时的 1/10。同样，在考虑两环境因素的 TFP 增长率中，所有与 CO_2 有关的组合也都远低于其他组合，这说明碳排放是威胁地区 TFP 增长的最主要的环境因素。出现这种 TFP 增长差异主要是源于不同环境因素对应的技术进步率出现的显著差异，这一点无论是考虑单一因素还是考虑两因素的情况下都是类似的（见表 7-3）。

表 7－3　两环境因素平均的 TFP 增长率

	M－L 指数		技术效率		技术进步	
	平均值	标准差	平均值	标准差	平均值	标准差
各时期平均						
忽略环境因素	1.0506	0.0347	0.9973	0.0218	1.0535	0.0219
CO_2 和 COD	1.0006	0.0354	0.9906	0.0286	1.0133	0.0240
CO_2 和 SO_2	1.0005	0.0373	0.9869	0.0305	1.0172	0.0230
CO_2 和固体废弃物	1.0008	0.0380	0.9982	0.0301	1.0070	0.0209
CO_2 和废水	1.0133	0.0272	0.9951	0.0198	1.0195	0.0168
COD 和 SO_2	1.0397	0.0287	1.0038	0.0237	1.0375	0.0207
COD 和固体废弃物	1.0315	0.0293	1.0080	0.0303	1.0259	0.0171
COD 和废水	1.0260	0.0272	0.9991	0.0198	1.0293	0.0168
SO_2 和固体废弃物	1.0432	0.0403	1.0090	0.0266	1.0380	0.0342
SO_2 和废水	1.0295	0.0245	0.9956	0.0231	1.0352	0.0179
固体废弃物和废水	1.0292	0.0223	1.0016	0.0213	1.0288	0.0147
1999～2005 年累计						
忽略环境因素	1.3367	0.1640	0.9851	0.0807	1.3550	0.1036
CO_2 和 COD	1.0132	0.0910	0.9638	0.0997	1.0564	0.0818
CO_2 和 SO_2	1.0038	0.1171	0.9505	0.1027	1.0566	0.0612
CO_2 和固体废弃物	1.0060	0.0818	0.9769	0.1026	1.0353	0.0743
CO_2 和废水	1.0345	0.0871	0.9803	0.0661	1.0553	0.0526
COD 和 SO_2	1.1064	0.1144	1.0071	0.0826	1.0983	0.0675
COD 和固体废弃物	1.0812	0.1420	1.0151	0.1267	1.0657	0.0608
COD 和废水	1.0660	0.0965	0.9912	0.0781	1.0751	0.0393
SO_2 和固体废弃物	1.1493	0.1291	1.0257	0.0918	1.1215	0.0861
SO_2 和废水	1.0634	0.0905	0.9842	0.0762	1.0809	0.0474
固体废弃物和废水	1.0663	0.0955	1.0026	0.0814	1.0635	0.0380

（二）各地区 TFP 增长的分布

我国各地区 TFP 增长率差异十分明显，即使不考虑环境因素，西部地区的 TFP 增长率仍然比东部地区低接近 1 个百分点（不包括 2004～2005 年）。从累计的 TFP 增长率来说，西部地区的技术进步率反而还略高于中部地区，但是由于退步的技术效率变化，其在生产率的增长中落后，从 1999 年到 2005 年累计低于中部地区 6 个百分点。

如果考虑环境因素，西部地区的落后就更为明显，尽管各个区域都显示出了明显的 TFP 增长放缓，但是西部地区在 2003 年之后出现了 TFP 的负增长（两环境因素是 2002 年之后）。TFP 增长放缓的主要原因是技术进步的放缓，如西部地区的技术进步在考虑两环境因素的情况下，在 2003 ~ 2004 年期间出现了负增长。这一趋势说明西部地区的增长是典型的“环境粗放型”增长，其生产率增长在考虑环境因素之后会远低于传统的估计（见表 7 - 4）。

表 7 - 4　各时期分地区 TFP 增长及构成

	东部			中部			西部		
	M - L 指数	效率变化	技术进步	M - L 指数	效率变化	技术进步	M - L 指数	效率变化	技术进步
忽略环境因素									
1999 ~ 2000 年	1.0553	0.9954	1.0601	1.0439	0.9946	1.0494	1.0461	0.9939	1.0524
2000 ~ 2001 年	1.0599	1.0051	1.0545	1.0540	1.0018	1.0517	1.0538	1.0021	1.0514
2001 ~ 2002 年	1.0492	0.9909	1.0587	1.0491	0.9866	1.0630	1.0406	0.9785	1.0634
2002 ~ 2003 年	1.0546	0.9890	1.0664	1.0547	0.9944	1.0602	1.0440	0.9804	1.0649
2003 ~ 2004 年	1.0591	1.0090	1.0497	1.0537	1.0113	1.0415	1.0475	1.0011	1.0464
2004 ~ 2005 年	1.0452	1.0005	1.0449	1.0497	1.0135	1.0356	1.0446	1.0003	1.0445
单环境因素平均									
1999 ~ 2005 年	1.3682	0.9906	1.3829	1.3439	1.0049	1.3296	1.2876	0.9582	1.3432
1999 ~ 2000 年	1.0425	1.0012	1.0419	1.0424	1.0061	1.0362	1.0256	0.9974	1.0275
2000 ~ 2001 年	1.0285	1.0040	1.0255	1.0279	0.9989	1.0300	1.0330	1.0067	1.0279
2001 ~ 2002 年	1.0304	0.9937	1.0379	1.0203	0.9870	1.0342	1.0191	0.9933	1.0264
2002 ~ 2003 年	1.0205	0.9935	1.0276	1.0125	0.9963	1.0166	1.0050	0.9918	1.0134
2003 ~ 2004 年	1.0199	0.9993	1.0207	1.0210	1.0071	1.0146	0.9969	0.9970	1.0015
2004 ~ 2005 年	1.0134	1.0075	1.0061	1.0095	1.0031	1.0076	0.9990	0.9989	1.0002
两环境因素平均									
1999 ~ 2005 年	1.1247	0.9998	1.1304	1.1374	0.9974	1.1431	1.0488	0.9757	1.0763
1999 ~ 2000 年	1.0354	1.0150	1.0216	1.0500	1.0191	1.0319	1.0158	1.0062	1.0104
2000 ~ 2001 年	1.0183	0.9884	1.0329	1.0215	1.0041	1.0186	1.0333	1.0014	1.0340
2001 ~ 2002 年	1.0171	0.9946	1.0227	1.0283	1.0005	1.0280	1.0165	1.0013	1.0164
2002 ~ 2003 年	1.0136	0.9966	1.0175	1.0107	1.0021	1.0109	0.9984	0.9978	1.0049
2003 ~ 2004 年	1.0134	1.0070	1.0077	1.0143	0.9968	1.0182	0.9883	0.9918	0.9991
2004 ~ 2005 年	1.0018	1.0082	0.9988	0.9985	0.9972	1.0142	0.9932	0.9692	1.0303

此外，如果我们比较不同环境因素的影响，我们可以看到 CO_2 仍然是具有最显著影响的环境因素，在考虑单一环境因素的估计中对西部地区的影响最为显著，在考虑两环境因素的估计中，和 CO_2 有关的组合中，西部地区有 3 个出现了负增长。而且，废水排放在考虑单一环境因素的估计中，使东部地区的 TFP 增长率从 5.39% 下降到 1.99%，其受影响程度与西部地区已经接近。这也表明不同污染物排放对各区域 TFP 增长的影响具有明显的差异。同样，这种 TFP 增长的放缓仍然主要来自技术进步的放缓，如西部地区在 CO_2 和 COD 以及 CO_2 和固体废弃物这两种组合下的技术进步率亦为负。而且，西部地区在所有环境因素及组合中的技术效率进步为负，这进一步影响了其生产率增长（见表 7－5 和表 7－6）。

表 7－5　分地区单一环境因素 TFP 增长率

	东部			中部			西部		
	M－L 指数	效率变化	技术进步	M－L 指数	效率变化	技术进步	M－L 指数	效率变化	技术进步
各时期平均									
忽略环境因素	1.0539	0.9983	1.0557	1.0508	1.0004	1.0502	1.0461	0.9927	1.0538
CO_2	1.0064	0.9989	1.0076	1.0031	0.9989	1.0041	1.0013	0.9991	1.0022
COD	1.0317	1.0097	1.0222	1.0248	1.0048	1.0204	1.0147	0.9992	1.0163
SO_2	1.0387	1.0032	1.0355	1.0284	0.9987	1.0298	1.0191	0.9954	1.0237
固体废弃物	1.0342	0.9913	1.0454	1.0278	0.9912	1.0389	1.0186	0.9964	1.0220
废水	1.0199	0.9958	1.0247	1.0272	1.0052	1.0228	1.0116	0.9979	1.0159
1999～2005 年累计									
忽略环境因素	1.3682	0.9906	1.3829	1.3439	1.0049	1.3296	1.2876	0.9582	1.3432
CO_2	1.0374	0.9945	1.0432	1.0513	0.9945	1.0556	1.0127	0.9937	1.0190
COD	1.1710	1.0566	1.1074	1.1638	1.0288	1.1326	1.0567	0.9708	1.0892
SO_2	1.1879	1.0162	1.1678	1.1692	0.9917	1.1798	1.0943	0.9737	1.1261
固体废弃物	1.1721	0.9543	1.2551	1.1756	0.9421	1.2534	1.0197	0.9728	1.0505
废水	1.0622	0.9744	1.0915	1.1269	1.0298	1.0942	1.0673	0.9773	1.0923

表 7－6　分地区两环境因素 TFP 增长率

	东部			中部			西部		
	M－L指数	效率变化	技术进步	M－L指数	效率变化	技术进步	M－L指数	效率变化	技术进步
各时期平均									
忽略环境因素	1.0539	0.9983	1.0557	1.0508	1.0004	1.0502	1.0461	0.9927	1.0538
CO_2 和 COD	1.0089	0.9968	1.0137	1.0015	0.9822	1.0249	0.9883	0.9916	0.9997
CO_2 和 SO_2	1.0065	0.9936	1.0144	1.0116	0.9935	1.0232	0.9789	0.9694	1.0147
CO_2 和固体废弃物	1.0097	1.0074	1.0063	1.0014	0.9928	1.0149	0.9877	0.9917	0.9990
CO_2 和废水	1.0055	0.9926	1.0136	1.0156	1.0013	1.0156	1.0224	0.9917	1.0330
COD 和 SO_2	1.0420	1.0106	1.0310	1.0544	1.0078	1.0488	1.0219	0.9907	1.0349
COD 和固体废弃物	1.0400	1.0185	1.0238	1.0406	1.0144	1.0280	1.0122	0.9887	1.0263
COD 和废水	1.0231	0.9998	1.0264	1.0392	1.0072	1.0325	1.0168	0.9900	1.0301
SO_2 和固体废弃物	1.0508	1.0055	1.0486	1.0641	1.0269	1.0428	1.0132	0.9954	1.0202
SO_2 和废水	1.0292	0.9966	1.0329	1.0405	1.0071	1.0334	1.0191	0.9827	1.0401
固体废弃物和废水	1.0222	1.0014	1.0219	1.0427	1.0119	1.0309	1.0242	0.9914	1.0350
1999～2005 年累计									
忽略环境因素	1.3682	0.9906	1.3829	1.3439	1.0049	1.3296	1.2876	0.9582	1.3432
CO_2 和 COD	1.0324	0.9879	1.0478	1.0206	0.9371	1.1003	0.9785	0.9605	1.0188
CO_2 和 SO_2	1.0215	0.9763	1.0477	1.0397	0.9672	1.0748	0.9371	0.8930	1.0496
CO_2 和固体废弃物	1.0234	0.9993	1.0238	1.0160	0.9665	1.0701	0.9776	0.9607	1.0176
CO_2 和废水	1.0114	0.9738	1.0379	1.0360	1.0011	1.0342	1.0674	0.9666	1.1053
COD 和 SO_2	1.1329	1.0374	1.0910	1.1608	1.0196	1.1405	1.0166	0.9540	1.0658
COD 和固体废弃物	1.1140	1.0612	1.0490	1.1532	1.0618	1.0888	0.9924	0.9327	1.0643
COD 和废水	1.0541	0.9894	1.0656	1.1100	1.0237	1.0843	1.0379	0.9612	1.0784
SO_2 和固体废弃物	1.1321	1.0155	1.1138	1.2401	1.0974	1.1302	1.0959	0.9800	1.1223
SO_2 和废水	1.0606	0.9879	1.0737	1.1129	1.0244	1.0864	1.0175	0.9391	1.0851
固体废弃物和废水	1.0639	1.0028	1.0607	1.1190	1.0535	1.0620	1.0278	0.9627	1.674

（三）生产率、技术效率和技术进步的分布变化

我们可以比较两种不同估计下的各地区 TFP 增长率，几乎所有的省份都在 45°线下方，说明它们考虑环境因素的累计 TFP 增长率低于传统的估计。在考虑单环境因素的情况下，仅有江西、贵州和湖北的分布相反，处于 45°线上方，而在考虑两环境因素的估计中，整体 TFP 增长率更低，仅有江西高于不

考虑环境因素的估计。反之，远离45°线的省份，如内蒙古、江苏、四川、宁夏则是生产率增长受到环境因素影响最大的省份（见图7－6）。

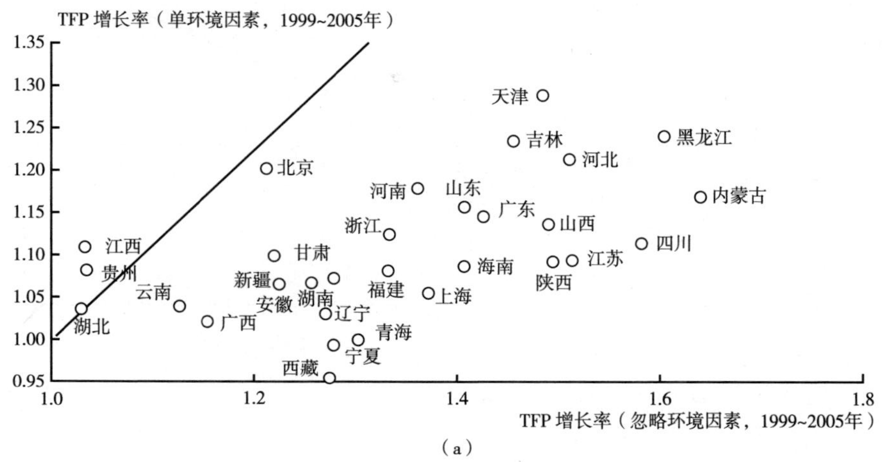

（a）

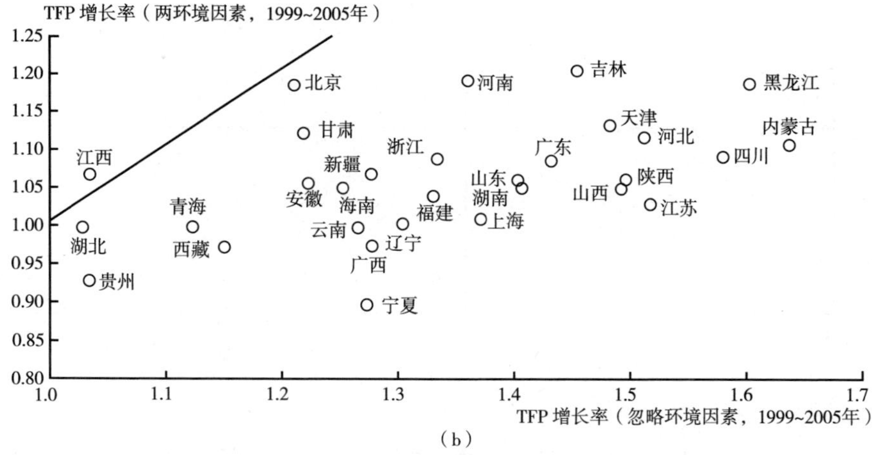

（b）

图7－6　考虑和忽略环境因素的各地区TFP增长率

技术效率对TFP增长的影响相对较小，各地区基本分布在45°线的两侧。像北京、新疆、甘肃等一些地区的技术效率进步是比较明显的，在考虑两环境因素的情况下，河南、吉林也出现了比较明显的技术效率进步，而像黑龙江、宁夏这些地区则出现了比较明显的技术效率退步（见图7－7）。这表示了各地区不同的经济增长模式，特别是在考虑环境因素下重新定义的“集约型”与“粗放型”增长模式。

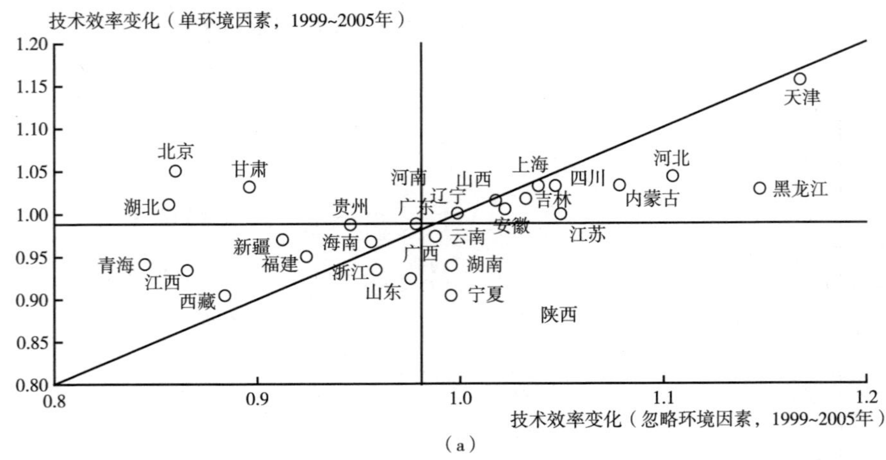

（a）

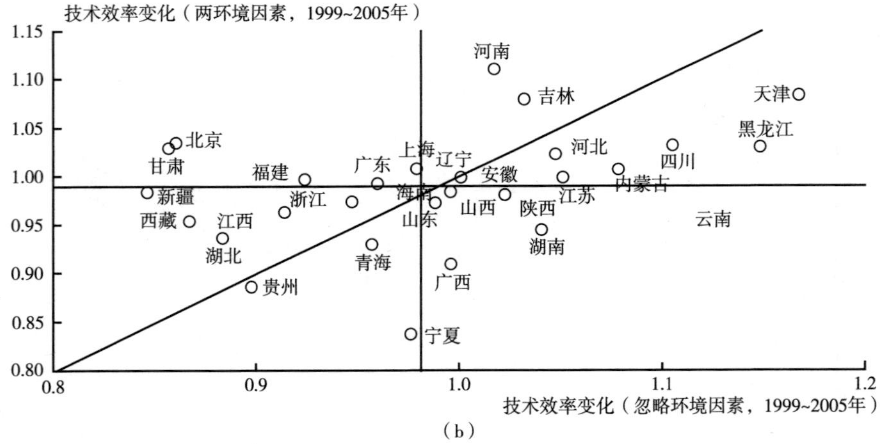

（b）

图7－7 考虑和忽略环境因素的各地区技术效率变化

对各地区TFP增长率的影响同样来自技术进步率。距离45°线最远的一些地区，如四川、江苏、西藏等，累计的技术进步率在考虑环境因素的情况下比不考虑的时候低了40%甚至更多，也就是说环境因素在这里使80%左右的技术进步被环境因素折扣掉（见图7－8）。也就是说，我国大部分地区的TFP增长由于考虑环境因素对技术进步的负面影响而明显低于我们传统的估计。

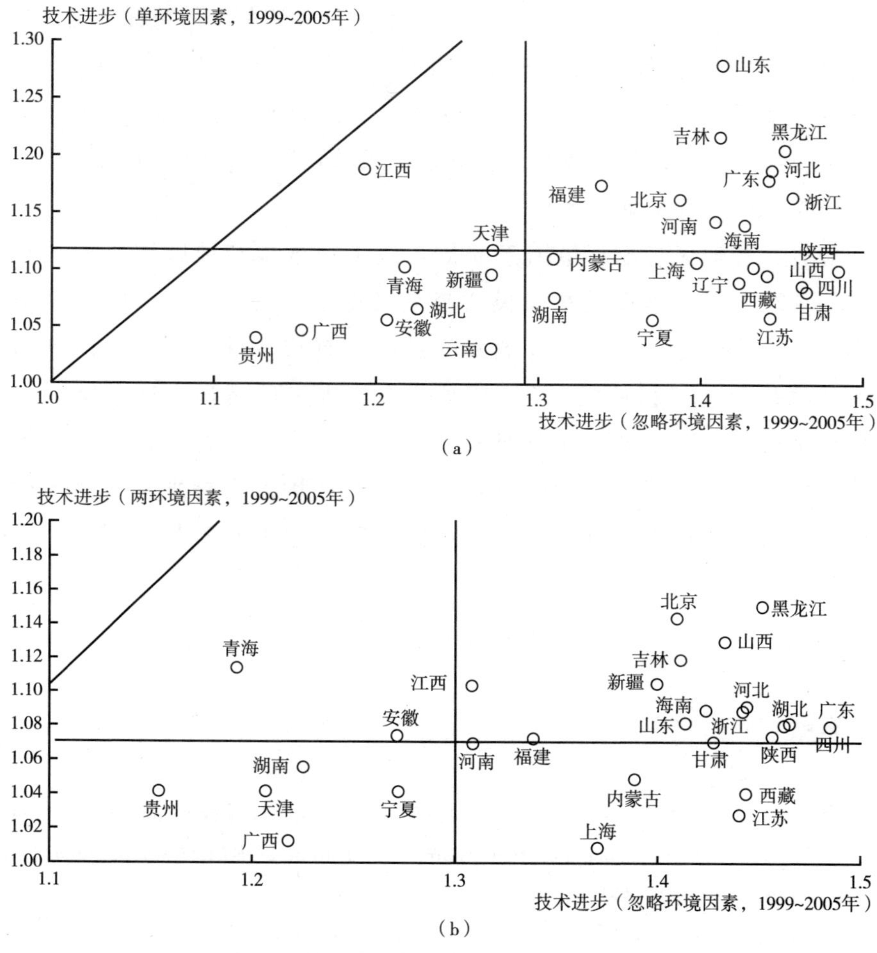

图 7－8　考虑和忽略环境因素的各地区技术进步率

六　结论

本文采用以方向性距离函数为表述的全要素生产率模型，对我国各地区的技术效率指标在考虑了环境因素的情况下进行了分析。

首先，考虑环境因素的 TFP 增长率远低于传统估计且呈下降趋势，并且，在考虑两环境因素的 TFP 增长率中，所有与 CO_2 有关的组合也都远低于其他组合，这说明碳排放是威胁地区 TFP 增长的最主要的环境因素。

其次，从分地区的估算结果来看，西部地区考虑环境因素的技术效率最低，技术效率分布呈现技术效率越高的项目地区差距越小的情况，这说明环境因素对技术效率的影响存在梯度。并且，2003 年之后出现了 TFP 的负增长（两环境因素是2002 年之后），TFP 增长放缓的主要原因是技术进步的放缓，这表明“西部大开发战略”实施后，虽然西部地区经济增长迅速，却是典型的“环境粗放型”增长。

最后，各地区考虑环境因素的技术效率的进步与地区增长模式具有重要的关联。一个地区的增长模式越是接近“集约式”（资本存量增长率小于 GDP 增长率），其技术效率的进步就越快，反之，一个地区的增长模式越是接近“粗放式”，其技术效率的进步就越慢，这一结论对于指导地区经济增长道路的选择具有重要的指导作用。此外，作为持续研究的方向，我们建议找出影响省际 TFP 增长的因素，特别是在新统计的环境因素数据支持下继续研究，这可能会对我国生产率和经济增长产生新的认识。

参考文献

[1] Chung, Y. H., Färe, R. and Grosskopf, S., “Productivity and Undesirable Outputs: A Directional Distance Function Approach,” *Journal of Environmental Management*, 1997, 51: 229 – 240.

[2] Färe, Rolf, Grosskopf, Shawna, Lovell, C. A. , Knox, Yaisawarng, Suthathip, “Derivation of Shadow Prices for Undesirable Outputs: A Distance Function Approach,” *Review of Economics and Statistics*, 1994, 75 (2): 374 – 380.

[3] Fare, Rolf, Grosskopf, Shawna, Lovell, C. A. Knox, Pasurka, Carl, “Multilateral Productivity Comparisons When Some Outputs Are Undesirable: A Nonparametric Approach,” *Review of Economics and Statistics*, 1989, 71 (1): 90 – 98.

[4] Hu, Angang, “China: Green Development and Green GDP (1970 – 2001),” Chinese Science Foundation, No. 2, 2005.

[5] Jeon, Byung, M. and Robin C. Sickles, “The Role of Environmental Factors in Growth Accounting,” *Journal of Applied Econometrics*, 2004, 19: 567-591.

[6] Kaneko, Shinji, Managi, Shunsuke, “Economic Growth and the Environment in China: An Empirical Analysis of Productivity,” *International Journal of Global Environmental Issues*, 2006, 6 (1): 89 – 133.

[7] Kaneko, Shinji, Managi, Shunsuke, “Environmental Productivity in China,” *Economics*

Bulletin, 2004, 17 (2): 1 - 10.

[8] Managi, Shunsuke, Kaneko, Shinji, "Productivity Change, FDI, and Environmental Policies in China 1987 - 2001," Unpublished Manuscript, April 2004.

[9] Mäler, Karl-Göran, "National Accounts and Environmental Resources," *Journal Environmental and Resource Economics*, 1991, 1 (1).

[10] Pittman, Russell, W., "Multilateral Productivity Comparisons with Undesirable Outputs," *Economic Journal*, 1983, 93 (372): 883 - 891.

[11] Reig-Martinez, Ernest, Picazo-Tadeo, Anndres, and Hernandez-Sancho, Francesc, "The Calculation of Shadow Prices for Industrial Wastes Using Distance Functions: An Analysis for Spanish Ceramic Pavements Firms," *International Journal of Production Economics*, 2001, 69: 277 - 285.

[12] Simar, L., Wilson, P., "Sensitivity of Efficiency Scores, How to Bootstrap in Non-parametric Frontier Models," *Management Science*, 1998, 44: 49 - 61.

[13] Simar, L., Wilson, P., "Estimating and Bootstrapping Malmquist Indices," *European Journal of Operational Research*, 1999, 115: 459 - 471.

[14] Simar, L., Wilson, P., "A General Methodology for Bootstrapping in Nonparametric Frontier Models," *Journal of Applied Statistics*, 2000, 27: 779 - 802.

[15] Simar, L., Wilson, P., "Statistical Inference in Nonparametric Frontier Models: The State of the Art," *Journal of Productivity Analysis*, 2000, 13: 49 - 78.

[16] United Nations, Integrated Environmental and Economic Accounting 2003 (SEEA 2003).

[17] Wolf, Charles, Jr., K. C. Yeh, Benjamin Zycher, Nicholas Eberstadt, and Sungho Lee, Fault Lines in China's Economic Terrain. CA: RAND, 2003.

[18] World Bank, Expanding the Measure of Wealth Indicators of Environmentally Sustainable Development. Environment Department Washington, D. C., 1997.

[19] Zheng Jinghai, Wang Zheng and Shi Jinchuan, "Industrial Productivity Performance in Chinese Regions (1987 - 2002)," To be presented at the 18th Chinese Economic Association (UK), Nottingham University, UK, April 16 - 17, 2007.

[20] Zheng Jinghai, Zheng Wang and Shi Jinchuan, "The Performance of Industrial Productivity Across Regions of transitional China: Structural Differences, Institutional Shocks and Dynamic Characteristics," *Economic Research* (Jingji Yanjiu, in Chinese), Nov. 2006.

[21] Zheng Jinghai and Hu Angang, "An Empirical Analysis of Provincial Productivity in China, 1979 - 2001," *Journal of Chinese Economic and Business Studies*, 2006, 4 (3): 221 - 239.

[22] Zheng Jinghai, Liu Xiaoxuan and Arne Bigsten, "Efficiency, Technical Progress and Best Practice in Chinese State Enterprises (1980 - 1994)," *Journal of Comparative Economics*, 2003, 31 (4): 134 - 152.

[23] Zheng Jinghai, Xiaoxuan Liu and Arne Bigsten, "Ownership Structure and Determinants of Technical Efficiency: An Application of Data Envelopment Analysis to Chinese Enterprises (1986 - 1990)," *Journal of Comparative Economics*, 1998, 26 (3): 465 - 484.

附表 7-1　忽略和单一环境因素下地区 TFP 增长率

省份	忽略环境因素			CO_2			COD		
	M-L 指数	效率变化	技术进步	M-L 指数	效率变化	技术进步	M-L 指数	效率变化	技术进步
北　京	1.0451	0.9774	1.0685	1.0211	1.0081	1.0129	1.0624	1.0174	1.0448
天　津	1.0680	1.0262	1.0408	1.0649	1.0377	1.0268	1.0618	1.0221	1.0393
河　北	1.0760	1.0078	1.0676	0.9974	0.9959	1.0015	1.0393	1.0228	1.0174
山　西	1.0695	1.0067	1.0624	1.0016	0.9992	1.0024	1.0273	1.0153	1.0124
内蒙古	1.0881	1.0233	1.0633	0.9993	0.9958	1.0036	1.0244	1.0101	1.0144
辽　宁	1.0393	1.0000	1.0393	1.0076	1.0000	1.0076	1.0226	1.0000	1.0226
吉　林	1.0744	1.0055	1.0685	1.0070	1.0031	1.0039	1.0252	1.0025	1.0229
黑龙江	1.0867	1.0169	1.0687	1.0259	1.0204	1.0055	1.0334	1.0152	1.0183
上　海	1.0530	1.0000	1.0530	1.0094	1.0000	1.0094	1.0113	1.0000	1.0113
江　苏	1.0717	1.0084	1.0628	1.0042	1.0000	1.0042	1.0105	1.0000	1.0105
浙　江	1.0495	0.9869	1.0635	0.9973	0.9892	1.0082	1.0377	1.0159	1.0229
安　徽	1.0360	1.0000	1.0360	1.0067	1.0000	1.0067	1.0131	1.0000	1.0131
福　建	1.0635	0.9931	1.0709	0.9966	0.9959	1.0007	1.0180	0.9965	1.0221
江　西	0.9899	0.9765	1.0139	0.9894	0.9826	1.0068	1.0207	0.9885	1.0329
山　东	1.0593	0.9994	1.0599	0.9880	0.9819	1.0063	1.0488	1.0253	1.0235
河　南	1.0755	1.0033	1.0721	1.0091	1.0051	1.0040	1.0396	1.0244	1.0156
湖　北	0.9823	0.9732	1.0101	1.0019	1.0000	1.0019	1.0336	0.9932	1.0424
湖　南	1.0552	0.9981	1.0573	0.9868	0.9843	1.0026	1.0053	0.9938	1.0119
广　东	1.0609	0.9965	1.0647	1.0095	1.0013	1.0082	1.0364	1.0082	1.0280
广　西	1.0018	0.9928	1.0094	0.9909	0.9884	1.0025	1.0038	0.9953	1.0088

续表

省份	忽略环境因素			CO_2			COD		
	M－L 指数	效率变化	技术进步	M－L 指数	效率变化	技术进步	M－L 指数	效率变化	技术进步
海　南	1.0586	0.9910	1.0683	0.9899	0.9878	1.0021	1.0276	1.0129	1.0158
四　川	1.0794	1.0128	1.0658	1.0192	1.0136	1.0056	1.0196	1.0142	1.0053
贵　州	0.9953	0.9825	1.0136	1.0024	1.0038	0.9985	1.0191	1.0072	1.0124
云　南	1.0129	1.0000	1.0129	0.9988	1.0000	0.9988	1.0376	1.0000	1.0376
西　藏	1.0438	0.9801	1.0650	—	—	—	1.0076	0.9879	1.0237
陕　西	1.0700	1.0039	1.0660	0.9954	0.9920	1.0035	1.0211	1.0121	1.0094
甘　肃	1.0337	0.9748	1.0606	1.0071	1.0019	1.0053	1.0103	0.9947	1.0174
青　海	1.0704	0.9993	1.0712	1.0043	1.0022	1.0021	0.9986	0.9826	1.0168
宁　夏	1.0675	0.9960	1.0718	0.9822	0.9832	0.9990	1.0061	0.9965	1.0094
新　疆	1.0418	0.9851	1.0575	1.0010	0.9965	1.0046	1.0122	0.9977	1.0147

省份	SO_2			固体废弃物			废水		
	M－L 指数	效率变化	技术进步	M－L 指数	效率变化	技术进步	M－L 指数	效率变化	技术进步
北　京	1.0857	1.0109	1.0754	1.0050	1.0004	1.0046	1.0363	1.0061	1.0313
天　津	1.0838	1.0317	1.0503	1.0896	1.0414	1.0505	1.0132	1.0000	1.0132
河　北	1.0482	1.0083	1.0400	1.0460	0.9944	1.0520	1.0295	1.0050	1.0260
山　西	1.0199	1.0015	1.0184	1.0000	0.9998	1.0003	1.0289	1.0109	1.0190
内蒙古	1.0277	0.9951	1.0326	1.0544	1.0102	1.0436	1.0363	1.0119	1.0258
辽　宁	1.0184	1.0000	1.0184	1.0023	1.0000	1.0023	1.0213	1.0000	1.0213
吉　林	1.0487	1.0009	1.0478	1.0460	0.9994	1.0463	1.0328	1.0099	1.0234
黑龙江	1.0584	1.0076	1.0504	1.0741	0.9786	1.1129	1.0428	1.0202	1.0229
上　海	1.0121	1.0000	1.0121	1.0074	1.0000	1.0074	1.0208	1.0000	1.0208

续表

省份	SO_2			固体废弃物			废水		
	M－L 指数	效率变化	技术进步	M－L 指数	效率变化	技术进步	M－L 指数	效率变化	技术进步
江　苏	1.0288	1.0000	1.0288	1.0117	1.0000	1.0117	1.0265	1.0001	1.0263
浙　江	1.0424	0.9897	1.0533	1.0293	0.9749	1.0559	1.0118	0.9877	1.0248
安　徽	1.0048	1.0000	1.0048	1.0021	1.0000	1.0021	1.0171	1.0000	1.0171
福　建	1.0129	0.9954	1.0175	1.0446	0.9832	1.0625	0.9984	0.9718	1.0276
江　西	1.0341	0.9867	1.0474	1.0450	0.9883	1.0577	1.0219	0.9983	1.0240
山　东	1.0510	1.0039	1.0470	1.0814	0.9237	1.1794	1.0252	1.0013	1.0250
河　南	1.0246	0.9924	1.0324	1.0104	0.9823	1.0289	1.0205	1.0060	1.0158
湖　北	1.0059	1.0002	1.0059	1.0109	0.9713	1.0419	1.0270	0.9863	1.0427
湖　南	1.0319	1.0039	1.0283	1.0076	0.9912	1.0166	1.0173	1.0033	1.0144
广　东	1.0371	0.9986	1.0387	1.0586	0.9891	1.0702	1.0376	0.9928	1.0451
广　西	1.0172	0.9997	1.0176	0.9996	0.9971	1.0026	1.0032	0.9920	1.0115
海　南	1.0272	1.0000	1.0272	—	—	—	1.0150	0.9926	1.0229
四　川	1.0327	1.0041	1.0285	1.0003	0.9994	1.0009	1.0137	0.9976	1.0183
贵　州	1.0089	1.0019	1.0070	1.0001	0.9998	1.0004	1.0253	1.0147	1.0118
云　南	1.0279	1.0000	1.0279	1.1187	1.0000	1.1187	1.0102	1.0000	1.0102
西　藏	1.0058	1.0000	1.0058	0.9998	0.9982	1.0016	0.9967	0.9901	1.0039
陕　西	1.0272	0.9986	1.0286	1.0007	0.9989	1.0018	1.0228	1.0041	1.0230
甘　肃	1.0219	0.9932	1.0288	1.0003	0.9984	1.0019	1.0432	1.0267	1.0282
青　海	1.0108	0.9726	1.0379	1.0394	0.9824	1.0547	1.0006	0.9883	1.0129
宁　夏	1.0110	0.9988	1.0122	1.0077	0.9913	1.0166	0.9796	0.9667	1.0141
新　疆	1.0259	0.9895	1.0367	1.0006	0.9991	1.0015	1.0124	0.9928	1.0207

附表 7－2　各时期分地区 TFP 增长及构成（单环境因素）

省份	1999～2000 年			2000～2001 年			2001～2002 年		
	M－L 指数	效率变化	技术进步	M－L 指数	效率变化	技术进步	M－L 指数	效率变化	技术进步
北　京	1.0571	0.9883	1.0703	1.0540	1.0231	1.0302	1.0389	1.0101	1.0291
天　津	1.0871	1.0511	1.0337	1.0597	1.0218	1.0368	1.0909	1.0609	1.0283
河　北	1.0584	1.0147	1.0437	1.0312	1.0055	1.0274	1.0234	0.9751	1.0500
山　西	1.0359	1.0239	1.0121	1.0114	0.9967	1.0153	1.0156	0.9927	1.0232
内蒙古	1.0417	1.0116	1.0300	1.0216	0.9974	1.0249	1.0354	0.9931	1.0428
辽　宁	1.0395	1.0000	1.0395	1.0161	1.0000	1.0161	1.0222	1.0000	1.0222
吉　林	1.0602	1.0071	1.0530	1.0683	1.0321	1.0351	1.0322	0.9891	1.0438
黑龙江	1.0817	1.0139	1.0670	1.0384	0.9795	1.0647	1.0347	0.9780	1.0601
上　海	1.0119	1.0000	1.0119	1.0111	1.0000	1.0111	1.0131	1.0000	1.0131
江　苏	1.0261	1.0000	1.0261	1.0095	0.9954	1.0142	1.0270	1.0047	1.0222
浙　江	1.0331	0.9850	1.0483	1.0282	1.0090	1.0207	1.0136	0.9614	1.0542
安　徽	1.0062	0.9996	1.0066	1.0186	1.0004	1.0182	1.0120	1.0000	1.0120
福　建	1.0228	0.9886	1.0345	1.0222	0.9981	1.0245	1.0369	1.0050	1.0320
江　西	1.0552	0.9949	1.0606	1.0485	1.0102	1.0378	1.0128	0.9828	1.0304
山　东	1.0778	0.9964	1.0890	1.0367	0.9724	1.0720	1.0193	0.9369	1.0942
河　南	1.0477	1.0017	1.0463	1.0246	1.0014	1.0249	1.0216	0.9850	1.0373
湖　北	1.0100	0.9959	1.0142	1.0076	0.9792	1.0305	1.0131	0.9829	1.0314
湖　南	1.0429	1.0065	1.0364	1.0118	0.9934	1.0188	1.0053	0.9795	1.0264
广　东	1.0467	0.9934	1.0535	1.0135	0.9804	1.0340	1.0626	1.0079	1.0544
广　西	1.0120	0.9910	1.0212	1.0202	1.0062	1.0142	1.0035	0.9876	1.0161

续表

省份	1999～2000年			2000～2001年			2001～2002年		
	M－L指数	效率变化	技术进步	M－L指数	效率变化	技术进步	M－L指数	效率变化	技术进步
海　南	1.0370	1.0065	1.0305	1.0396	1.0364	1.0043	1.0128	0.9748	1.0390
四　川	1.0208	1.0135	1.0073	1.0191	0.9945	1.0257	1.0195	0.9944	1.0256
贵　州	1.0225	1.0122	1.0103	1.0129	1.0020	1.0120	1.0121	0.9949	1.0174
云　南	1.0698	1.0000	1.0698	1.0609	1.0000	1.0609	1.0339	1.0000	1.0339
西　藏	0.8713	0.8610	1.0102	1.1788	1.1672	1.0109	1.0466	1.0273	1.0187
陕　西	1.0322	1.0212	1.0113	1.0119	0.9825	1.0319	1.0138	0.9840	1.0309
甘　肃	1.0416	1.0344	1.0085	1.0331	0.9946	1.0409	1.0039	0.9693	1.0375
青　海	1.1434	1.0526	1.0825	0.9711	0.9447	1.0328	1.0204	0.9889	1.0321
宁　夏	0.9893	0.9699	1.0197	0.9982	0.9823	1.0167	1.0096	0.9922	1.0179
新　疆	1.0398	1.0118	1.0280	1.0110	0.9922	1.0193	1.0119	0.9884	1.0240
省份	2002～2003年			2003～2004年			2004～2005年		
	M－L指数	效率变化	技术进步	M－L指数	效率变化	技术进步	M－L指数	效率变化	技术进步
北　京	1.0404	1.0020	1.0390	1.0282	1.0001	1.0283	1.0339	1.0279	1.0060
天　津	1.0405	0.9698	1.0745	1.0589	1.0118	1.0467	1.0388	1.0441	0.9960
河　北	1.0278	1.0045	1.0235	1.0214	1.0084	1.0130	1.0302	1.0237	1.0065
山　西	1.0085	0.9987	1.0100	1.0141	1.0119	1.0027	1.0077	1.0081	0.9997
内蒙古	1.0062	0.9841	1.0224	1.0352	1.0225	1.0126	1.0305	1.0190	1.0113
辽　宁	1.0173	1.0000	1.0173	1.0091	1.0000	1.0091	0.9826	1.0000	0.9826
吉　林	1.0290	1.0100	1.0192	1.0187	0.9966	1.0223	0.9834	0.9841	0.9996
黑龙江	1.0274	1.0153	1.0123	1.0784	1.0787	1.0025	1.0210	0.9850	1.0454
上　海	1.0189	1.0000	1.0189	1.0157	1.0000	1.0157	1.0026	1.0000	1.0026

续表

省份	2002~2003 年			2003~2004 年			2004~2005 年		
	M－L 指数	效率变化	技术进步	M－L 指数	效率变化	技术进步	M－L 指数	效率变化	技术进步
江 苏	1.0137	0.9968	1.0171	1.0141	1.0033	1.0107	1.0076	1.0000	1.0076
浙 江	1.0249	0.9972	1.0280	1.0263	0.9947	1.0321	1.0163	1.0016	1.0148
安 徽	1.0082	1.0000	1.0082	1.0064	1.0000	1.0064	1.0012	1.0000	1.0012
福 建	1.0020	0.9717	1.0316	1.0065	0.9794	1.0280	0.9942	0.9886	1.0059
江 西	0.9979	0.9687	1.0300	1.0048	0.9728	1.0333	1.0142	1.0039	1.0106
山 东	1.0270	0.9999	1.0274	1.0345	1.0118	1.0226	1.0378	1.0058	1.0323
河 南	1.0126	1.0081	1.0046	1.0082	1.0079	1.0008	1.0103	1.0080	1.0024
湖 北	1.0234	0.9820	1.0434	1.0236	0.9801	1.0447	1.0174	1.0212	0.9973
湖 南	0.9990	1.0000	0.9995	0.9998	0.9937	1.0061	1.0000	0.9986	1.0014
广 东	1.0380	1.0030	1.0353	1.0452	1.0126	1.0324	1.0090	0.9907	1.0188
广 西	0.9892	0.9917	0.9977	0.9972	0.9940	1.0032	0.9956	0.9965	0.9992
海 南	1.0061	0.9858	1.0206	0.9822	0.9757	1.0066	1.0118	1.0107	1.0011
四 川	1.0021	0.9927	1.0093	1.0148	1.0169	0.9990	1.0262	1.0227	1.0035
贵 州	0.9962	0.9936	1.0028	1.0093	1.0156	0.9943	1.0140	1.0146	0.9994
云 南	1.0501	1.0000	1.0501	1.0174	1.0000	1.0174	0.9997	1.0000	0.9997
西 藏	1.0022	0.9940	1.0084	0.9049	0.9005	1.0069	1.0111	1.0143	0.9975
陕 西	1.0087	1.0005	1.0082	1.0078	1.0136	0.9959	1.0063	1.0051	1.0013
甘 肃	0.9905	0.9717	1.0200	1.0200	1.0378	0.9904	1.0102	1.0101	1.0007
青 海	0.9972	0.9934	1.0034	0.9766	0.9778	0.9990	0.9557	0.9562	0.9995
宁 夏	0.9985	0.9943	1.0043	1.0268	1.0236	1.0032	0.9617	0.9616	1.0001
新 疆	0.9998	0.9861	1.0142	0.9941	0.9868	1.0078	1.0060	1.0055	1.0006

附表 7－3　忽略和两环境因素下地区 TFP 增长率

省份	忽略环境因素			CO_2 和 COD			CO_2 和 SO_2		
	M－L 指数	效率变化	技术进步	M－L 指数	效率变化	技术进步	M－L 指数	效率变化	技术进步
北　京	1.0451	0.9774	1.0685	0.9050	0.8856	0.8939	0.9374	0.8750	0.9374
天　津	1.0680	1.0262	1.0408	0.9656	0.9363	0.9045	0.9306	0.9249	0.8815
河　北	1.0760	1.0078	1.0676	0.8666	0.8640	0.8777	0.8879	0.8698	0.8935
山　西	1.0695	1.0067	1.0624	0.8036	0.7774	0.9448	0.8739	0.8691	0.8802
内蒙古	1.0881	1.0233	1.0633	0.8781	0.8693	0.8841	0.8984	0.8931	0.9154
辽　宁	1.0393	1.0000	1.0393	0.8658	0.8750	0.8658	0.8809	0.8750	0.8809
吉　林	1.0744	1.0055	1.0685	0.9195	0.8788	0.9153	0.9164	0.8778	0.9139
黑龙江	1.0867	1.0169	1.0687	0.9318	0.8750	0.9318	0.9408	0.8750	0.9408
上　海	1.0530	1.0000	1.0530	0.8866	0.8750	0.8866	0.8788	0.8750	0.8788
江　苏	1.0717	1.0084	1.0628	0.8783	0.8750	0.8783	0.8753	0.8750	0.8753
浙　江	1.0495	0.9869	1.0635	0.8751	0.8596	0.8914	0.8852	0.8614	0.8997
安　徽	1.0360	1.0000	1.0360	0.8780	0.8750	0.8780	0.8827	0.8750	0.8827
福　建	1.0635	0.9931	1.0709	0.8709	0.8689	0.8770	0.8715	0.8696	0.8769
江　西	0.9899	0.9765	1.0139	0.8599	0.8524	0.8829	0.8699	0.8503	0.8964
山　东	1.0593	0.9994	1.0599	0.8656	0.8221	0.9258	0.8369	0.8352	0.8816
河　南	1.0755	1.0033	1.0721	0.8893	0.8810	0.8832	0.8748	0.8707	0.8793
湖　北	0.9823	0.9732	1.0101	0.8818	0.8750	0.8818	0.8760	0.8750	0.8760
湖　南	1.0552	0.9981	1.0573	0.8446	0.8511	0.8691	0.8333	0.8376	0.8729
广　东	1.0609	0.9965	1.0647	0.8827	0.8750	0.8826	0.8813	0.8769	0.8795
广　西	1.0018	0.9928	1.0094	0.8488	0.8578	0.8735	0.8254	0.8198	0.8883

续表

省份	忽略环境因素			CO_2 和 COD			CO_2 和 SO_2		
	M－L 指数	效率变化	技术进步	M－L 指数	效率变化	技术进步	M－L 指数	效率变化	技术进步
海　南	1.0586	0.9910	1.0683	0.0000	0.0000	0.0000	0.8776	0.8750	0.8776
四　川	1.0794	1.0128	1.0658	0.8770	0.8747	0.8776	0.8679	0.8828	0.8634
贵　州	0.9953	0.9825	1.0136	0.8246	0.8725	0.8470	0.8009	0.7816	0.9189
云　南	1.0129	1.0000	1.0129	0.8617	0.8750	0.8617	0.8737	0.8750	0.8737
西　藏	1.0438	0.9801	1.0650	—	—	—	—	—	—
陕　西	1.0700	1.0039	1.0660	0.8488	0.8504	0.8738	0.8388	0.8475	0.8676
甘　肃	1.0337	0.9748	1.0606	0.8794	0.8751	0.8801	0.8695	0.8741	0.8705
青　海	1.0704	0.9993	1.0712	0.9032	0.8763	0.9004	0.8849	0.8457	0.9178
宁　夏	1.0675	0.9960	1.0718	0.8488	0.8498	0.8741	0.8154	0.8095	0.8843
新　疆	1.0418	0.9851	1.0575	0.8747	0.8672	0.8834	0.9011	0.8698	0.9065

省份	CO_2 和固体废弃物			CO_2 和废水			COD 和 SO_2		
	M－L 指数	效率变化	技术进步	M－L 指数	效率变化	技术进步	M－L 指数	效率变化	技术进步
北　京	0.9057	0.8921	0.9007	0.9188	0.8786	0.9150	0.9483	0.8979	0.9232
天　津	0.8824	0.8490	0.8367	0.8731	0.8750	0.8731	0.9292	0.8934	0.9112
河　北	0.8665	0.8643	0.8773	0.8983	0.8729	0.9010	0.9432	0.9150	0.9020
山　西	0.7872	0.7782	0.9267	0.9090	0.8905	0.9034	0.9208	0.8974	0.8996
内蒙古	0.8793	0.8715	0.8830	0.8661	0.8750	0.8661	0.9491	0.9061	0.9252
辽　宁	0.8593	0.8750	0.8593	0.8869	0.8750	0.8869	0.8847	0.8750	0.8847
吉　林	0.9346	0.9376	0.8776	0.9159	0.8883	0.9023	0.9487	0.8763	0.9488
黑龙江	0.8873	0.8333	0.8873	0.9264	0.8872	0.9138	0.9465	0.8691	0.9540
上　海	0.8438	0.8333	0.8438	0.8813	0.8750	0.8813	0.8821	0.8750	0.8821

续表

省份	CO_2 和固体废弃物			CO_2 和废水			COD 和 SO_2		
	M－L 指数	效率变化	技术进步	M－L 指数	效率变化	技术进步	M－L 指数	效率变化	技术进步
江　苏	0.8357	0.8333	0.8357	0.8782	0.8750	0.8782	0.8810	0.8750	0.8810
浙　江	0.8800	0.8857	0.8710	0.8843	0.8647	0.8952	0.9235	0.8745	0.9242
安　徽	0.8362	0.8333	0.8362	0.8835	0.8750	0.8835	0.8961	0.8750	0.8961
福　建	0.8740	0.8750	0.8740	0.8738	0.8738	0.8750	0.8911	0.8689	0.8975
江　西	0.8626	0.8653	0.8724	0.8633	0.8563	0.8824	0.9020	0.8610	0.9231
山　东	0.8734	0.8925	0.8685	0.8957	0.8725	0.8991	0.9530	0.9176	0.9081
河　南	0.8927	0.8894	0.8783	0.8895	0.8814	0.8829	0.9439	0.9045	0.9125
湖　北	0.8755	0.8750	0.8755	0.8830	0.8750	0.8830	0.8958	0.8750	0.8958
湖　南	0.8446	0.8511	0.8691	0.8613	0.8566	0.8801	0.9004	0.8719	0.9040
广　东	0.8826	0.8750	0.8826	0.8765	0.8750	0.8765	0.8946	0.8723	0.8975
广　西	0.8488	0.8578	0.8735	0.8283	0.8279	0.8804	0.8930	0.8722	0.8962
海　南	—	—	—	0.8629	0.8575	0.8810	0.9178	0.8750	0.9178
四　川	0.8770	0.8747	0.8776	0.8937	0.8750	0.8937	0.9077	0.8897	0.8924
贵　州	0.8246	0.8725	0.8470	0.9308	0.8920	0.9196	0.8713	0.8159	0.9404
云　南	0.8615	0.8750	0.8615	0.8776	0.8750	0.8776	0.9102	0.8750	0.9102
西　藏	—	—	—	—	—	—	0.8876	0.8750	0.8876
陕　西	0.8488	0.8504	0.8738	0.8995	0.8675	0.9079	0.9063	0.8920	0.8891
甘　肃	0.8768	0.8751	0.8769	0.9355	0.9046	0.9068	0.8731	0.8522	0.8999
青　海	0.9022	0.8762	0.8996	0.8809	0.8506	0.9072	0.8779	0.8378	0.9177
宁　夏	0.8487	0.8504	0.8733	0.8492	0.8185	0.9103	0.9130	0.8943	0.9070
新　疆	0.8745	0.8673	0.8832	0.8899	0.8589	0.9078	0.9000	0.8699	0.9054

续表

省份	CO_2 和固体废弃物			CO_2 和废水			SO_2 和固体废弃物		
	M－L 指数	效率变化	技术进步	M－L 指数	效率变化	技术进步	M－L 指数	效率变化	技术进步
北　京	0.9424	0.8916	0.9262	0.9359	0.8846	0.9258	0.9464	0.8852	0.9358
天　津	0.8296	0.8301	0.8078	0.8765	0.8750	0.8765	0.8855	0.8000	0.8855
河　北	0.9339	0.9139	0.8943	0.8966	0.8729	0.8996	0.9493	0.8845	0.9389
山　西	0.8930	0.8750	0.8930	0.9200	0.8905	0.9048	0.9477	0.9256	0.9256
内蒙古	0.9173	0.8949	0.8963	0.9208	0.8939	0.9012	0.9244	0.8781	0.9209
辽　宁	0.8986	0.8750	0.8986	0.8909	0.8750	0.8909	0.8880	0.8750	0.8880
吉　林	0.9249	0.8838	0.9238	0.9124	0.8799	0.9076	0.9678	0.9326	0.9103
黑龙江	0.8759	0.8333	0.8759	0.9151	0.8904	0.9000	0.8769	0.8341	0.8761
上　海	0.8429	0.8333	0.8429	0.8833	0.8750	0.8833	0.8424	0.8333	0.8424
江　苏	0.8376	0.8333	0.8376	0.8842	0.8750	0.8842	0.8626	0.8333	0.8626
浙　江	0.9301	0.9190	0.8870	0.8955	0.8661	0.9053	0.9232	0.8769	0.9247
安　徽	0.8359	0.8333	0.8359	0.8987	0.8750	0.8987	0.8575	0.8333	0.8575
福　建	0.8994	0.8797	0.8954	0.8890	0.8751	0.8888	0.8982	0.8750	0.8982
江　西	0.9093	0.8677	0.9183	0.9053	0.8753	0.9052	0.9178	0.8685	0.9250
山　东	0.9258	0.8950	0.9168	0.8996	0.8730	0.9027	0.9216	0.8906	0.9362
河　南	0.9669	0.9770	0.8689	0.9100	0.8789	0.9064	0.9743	0.9547	0.9102
湖　北	0.9036	0.8677	0.9130	0.8987	0.8661	0.9105	0.8991	0.8752	0.8991
湖　南	0.8823	0.8724	0.8853	0.9025	0.8813	0.8964	0.9272	0.9010	0.9007
广　东	0.9274	0.8988	0.9046	0.9178	0.8763	0.9179	0.9223	0.8751	0.9224
广　西	0.8805	0.8722	0.8835	0.8785	0.8882	0.8925	0.9057	0.8904	0.8902
海　南	—	—	—	0.8949	0.8616	0.9095	—	—	—

续表

省份	CO_2 和固体废弃物			CO_2 和废水			SO_2 和固体废弃物		
	M－L 指数	效率变化	技术进步	M－L 指数	效率变化	技术进步	M－L 指数	效率变化	技术进步
四　川	0.8980	0.8864	0.8862	0.8894	0.8673	0.8998	0.9289	0.8980	0.9081
贵　州	0.8261	0.8113	0.8999	0.9196	0.8974	0.8975	0.8889	0.8849	0.8792
云　南	0.8884	0.8750	0.8884	0.9037	0.8750	0.9037	0.8690	0.8750	0.8690
西　藏	0.8243	0.7948	0.8361	0.8681	0.8535	0.8903	0.7253	0.8000	0.7253
陕　西	0.9018	0.8871	0.8899	0.9049	0.8780	0.9055	0.9130	0.8806	0.9081
甘　肃	0.8889	0.8612	0.9088	0.9386	0.9126	0.9052	0.9064	0.8673	0.9158
青　海	0.8911	0.8552	0.9096	0.8821	0.8593	0.8988	0.8653	0.8191	0.9294
宁　夏	0.8805	0.8718	0.8834	0.8055	0.7867	0.9037	0.8936	0.8713	0.8977
新　疆	0.8943	0.8687	0.9014	0.8953	0.8663	0.9079	0.9207	0.8677	0.9335

省份	SO_2 和废水			固体废弃物和废水		
	M－L 指数	效率变化	技术进步	M－L 指数	效率变化	技术进步
北　京	0.9378	0.8751	0.9381	0.9259	0.8861	0.9177
天　津	0.9105	0.8750	0.9105	0.8042	0.8000	0.8042
河　北	0.9038	0.8696	0.9100	0.9059	0.8854	0.8955
山　西	0.9377	0.8786	0.9352	0.9167	0.8750	0.9167
内蒙古	0.8852	0.8750	0.8852	0.9221	0.9002	0.8968
辽　宁	0.9022	0.8750	0.9022	0.8925	0.8750	0.8925
吉　林	0.9254	0.8895	0.9100	0.9309	0.9184	0.8873
黑龙江	0.9346	0.9051	0.9032	0.8766	0.8342	0.8765
上　海	0.8909	0.8750	0.8909	0.8422	0.8333	0.8422
江　苏	0.8982	0.8750	0.8982	0.8453	0.8333	0.8453

续表

省份	SO_2和废水			固体废弃物和废水		
	M－L指数	效率变化	技术进步	M－L指数	效率变化	技术进步
浙　江	0.8940	0.8658	0.9041	0.8903	0.8728	0.8934
安　徽	0.8937	0.8750	0.8937	0.8490	0.8333	0.8490
福　建	0.8836	0.8750	0.8836	0.8850	0.8772	0.8859
江　西	0.9112	0.8728	0.9136	0.9097	0.8746	0.9105
山　东	0.8959	0.8693	0.9026	0.8911	0.8754	0.8915
河　南	0.9101	0.8812	0.9051	0.9244	0.9109	0.8880
湖　北	0.8920	0.8750	0.8920	0.8919	0.8549	0.9130
湖　南	0.9038	0.8789	0.9000	0.9033	0.8835	0.8946
广　东	0.9126	0.8750	0.9126	0.9179	0.8767	0.9186
广　西	0.8765	0.8598	0.8924	0.8789	0.8650	0.8896
海　南	0.9003	0.8750	0.9003	—	—	—
四　川	0.8917	0.8649	0.9041	0.8871	0.8693	0.8939
贵　州	0.9136	0.8445	0.9474	0.8801	0.8395	0.9240
云　南	0.9030	0.8750	0.9030	0.9238	0.8750	0.9238
西　藏	0.8750	0.8750	0.8750	0.8296	0.7946	0.8344
陕　西	0.8968	0.8702	0.9040	0.9055	0.8843	0.8976
甘　肃	0.9373	0.9074	0.9127	0.9332	0.9143	0.8966
青　海	0.8842	0.8572	0.9037	0.8904	0.8574	0.9087
宁　夏	0.8311	0.7823	0.9335	0.8471	0.8282	0.8961
新　疆	0.8928	0.8624	0.9071	0.8911	0.8705	0.8973

表 A4　各时期分地区 TFP 增长及构成（两环境因素）

省份	1999～2000 年			2000～2001 年			2001～2002 年		
	M－L 指数	效率变化	技术进步	M－L 指数	效率变化	技术进步	M－L 指数	效率变化	技术进步
北　京	1. 0516	1. 0456	1. 0114	1. 0450	0. 9584	1. 0950	1. 0547	1. 0244	1. 0301
天　津	1. 0915	1. 1040	0. 9951	1. 0428	0. 9823	1. 0613	1. 0303	1. 0061	1. 0241
河　北	1. 0390	1. 0047	1. 0345	1. 0117	1. 0077	1. 0056	1. 0189	0. 9846	1. 0352
山　西	1. 0852	1. 0879	1. 0069	1. 0046	1. 0279	0. 9805	1. 0079	0. 9922	1. 0165
内蒙古	1. 0517	1. 0171	1. 0345	1. 0048	0. 9962	1. 0088	1. 0507	1. 0232	1. 0261
辽　宁	1. 0290	1. 0000	1. 0290	1. 0212	1. 0000	1. 0212	1. 0282	1. 0000	1. 0282
吉　林	1. 0618	1. 0146	1. 0466	1. 0452	1. 0078	1. 0409	1. 0588	0. 9993	1. 0600
黑龙江	1. 0832	1. 0012	1. 0820	1. 0268	1. 0066	1. 0207	1. 0659	1. 0059	1. 0607
上　海	1. 0154	1. 0000	1. 0154	1. 0089	1. 0000	1. 0089	1. 0096	1. 0000	1. 0096
江　苏	1. 0233	1. 0000	1. 0233	1. 0016	1. 0000	1. 0016	1. 0150	1. 0000	1. 0150
浙　江	1. 0229	0. 9887	1. 0344	1. 0245	1. 0108	1. 0143	1. 0094	0. 9615	1. 0498
安　徽	1. 0201	1. 0000	1. 0201	1. 0208	1. 0000	1. 0208	1. 0146	1. 0000	1. 0146
福　建	1. 0095	0. 9944	1. 0152	1. 0111	1. 0061	1. 0050	1. 0143	1. 0013	1. 0130
江　西	1. 0360	1. 0045	1. 0315	1. 0414	1. 0154	1. 0276	0. 9992	0. 9901	1. 0091
山　东	1. 0636	1. 0292	1. 0351	1. 0052	0. 9211	1. 1044	0. 9950	0. 9634	1. 0319
河　南	1. 0397	1. 0166	1. 0235	1. 0326	1. 0060	1. 0277	1. 0253	0. 9918	1. 0339
湖　北	1. 0322	1. 0000	1. 0322	1. 0242	1. 0000	1. 0242	1. 0178	1. 0000	1. 0178
湖　南	1. 0396	1. 0302	1. 0098	0. 9932	0. 9772	1. 0164	1. 0148	1. 0024	1. 0131
广　东	1. 0389	1. 0079	1. 0309	1. 0076	0. 9628	1. 0484	1. 0369	1. 0098	1. 0267
广　西	1. 0073	1. 0037	1. 0040	1. 0146	1. 0064	1. 0090	0. 9857	1. 0018	0. 9842

续表

省份	1999～2000年			2000～2001年			2001～2002年		
	M－L指数	效率变化	技术进步	M－L指数	效率变化	技术进步	M－L指数	效率变化	技术进步
海　南	1.0332	1.0023	1.0309	1.0250	1.0049	1.0200	1.0067	0.9829	1.0245
四　川	1.0097	1.0339	0.9781	1.0160	0.9881	1.0296	1.0078	1.0063	1.0028
贵　州	1.0351	0.9937	1.0471	1.0232	1.0235	1.0065	0.9884	0.9835	1.0072
云　南	1.0461	1.0000	1.0461	1.0563	1.0000	1.0563	1.0198	1.0000	1.0198
西　藏	0.8393	0.9024	0.9373	1.1842	1.1398	1.0437	1.0275	1.0000	1.0275
陕　西	1.0080	1.0233	0.9853	1.0046	0.9718	1.0344	1.0123	0.9980	1.0160
甘　肃	1.0152	1.0589	0.9600	1.0594	1.0105	1.0502	1.0252	1.0022	1.0275
青　海	1.1633	1.0678	1.0884	0.9862	0.9433	1.0472	1.0220	1.0011	1.0216
宁　夏	0.9705	0.9503	1.0235	0.9666	0.9603	1.0076	1.0197	0.9983	1.0217
新　疆	1.0548	1.0260	1.0278	1.0033	0.9749	1.0301	1.0256	1.0226	1.0040

省份	2002～2003年			2003～2004年			2004～2005年		
	M－L指数	效率变化	技术进步	M－L指数	效率变化	技术进步	M－L指数	效率变化	技术进步
北　京	1.0407	1.0018	1.0392	1.0300	1.0026	1.0283	1.0358	1.0121	1.0236
天　津	1.0333	0.9934	1.0400	1.0209	1.0095	1.0126	1.0027	1.0021	1.0006
河　北	1.0170	0.9946	1.0227	1.0042	0.9990	1.0056	1.0346	1.0345	1.0001
山　西	0.9857	0.9797	1.0106	1.0136	1.0115	1.0029	0.9828	0.8807	1.1575
内蒙古	1.0209	1.0668	0.9667	1.0240	1.0097	1.0142	0.9762	0.9414	1.0585
辽　宁	1.0172	1.0000	1.0172	1.0106	1.0000	1.0106	0.9761	1.0000	0.9761
吉　林	1.0666	1.0376	1.0285	1.0120	0.9711	1.0425	0.9876	1.0590	0.9398
黑龙江	1.0260	0.9841	1.0426	1.0679	1.0287	1.0386	1.0088	0.9936	1.0158
上　海	1.0152	1.0000	1.0152	1.0151	1.0000	1.0151	1.0014	1.0000	1.0014

续表

省份	2002～2003 年			2003～2004 年			2004～2005 年		
	M－L 指数	效率变化	技术进步	M－L 指数	效率变化	技术进步	M－L 指数	效率变化	技术进步
江　苏	1.0062	1.0000	1.0062	1.0016	1.0000	1.0016	1.0008	1.0000	1.0008
浙　江	1.0190	0.9939	1.0257	1.0213	1.0057	1.0160	1.0010	1.0392	0.9657
安　徽	1.0016	1.0000	1.0016	1.0022	1.0000	1.0022	1.0019	1.0000	1.0019
福　建	0.9922	0.9829	1.0101	1.0108	0.9964	1.0146	0.9887	1.0155	0.9753
江　西	0.9685	0.9501	1.0211	1.0100	0.9936	1.0168	1.0095	1.0068	1.0045
山　东	1.0140	0.9816	1.0338	1.0181	1.0052	1.0138	1.0098	1.1086	0.9263
河　南	1.0139	1.0025	1.0114	1.0095	0.9992	1.0123	1.0275	1.0972	0.9503
湖　北	1.0328	1.0000	1.0328	1.0087	0.9750	1.0366	1.0057	1.0115	0.9958
湖　南	0.9801	0.9983	0.9829	0.9808	0.9828	0.9980	0.9866	0.9841	1.0035
广　东	1.0186	1.0083	1.0107	1.0236	1.0068	1.0166	1.0049	1.0164	0.9894
广　西	0.9842	1.0111	0.9751	1.0091	1.0614	0.9597	0.9596	0.8741	1.1149
海　南	1.0060	0.9920	1.0141	0.9953	0.9978	0.9978	1.0069	0.9955	1.0115
四　川	0.9695	0.9690	1.0006	1.0025	1.0040	1.0021	1.0386	1.0170	1.0227
贵　州	1.0360	1.1141	0.9437	0.9574	0.9515	1.0084	0.9770	0.8567	1.1628
云　南	1.0038	1.0000	1.0038	0.9798	1.0000	0.9798	0.9968	1.0000	0.9968
西　藏	1.0000	1.0000	1.0000	0.9374	0.9448	0.9918	1.0130	1.0109	1.0027
陕　西	1.0022	0.9933	1.0097	0.9968	1.0070	0.9928	1.0062	0.9911	1.0161
甘　肃	0.9695	0.9485	1.0268	1.0117	1.0200	1.0000	1.0287	1.0046	1.0253
青　海	1.0197	1.0150	1.0045	0.9561	0.9482	1.0093	0.9423	0.9427	0.9996
宁　夏	0.9871	0.9631	1.0296	1.0596	1.0671	0.9949	0.9282	0.9126	1.0239
新　疆	0.9974	0.9773	1.0255	0.9939	0.9835	1.0124	1.0083	0.9869	1.0227

第三部分

环境保护与碳排放的政策思路

第八章

中国的绿色 GDP 与绿色生产率：政策思路研究*

高宇宁　郑京海　胡鞍钢

一　引言

在过去的 30 多年，中国是世界上经济增长最快的国家之一，也是世界上国内储蓄率（指国内储蓄额占 GDP 比重）和国内投资率（指国内投资额占 GDP 比重）水平最高的国家之一。据世界银行统计，中国 20 世纪 80 年代和 90 年代年均 GDP 增长率为 10.1% 和 10.7%，在世界上 206 个国家和地区中分别居第 2 位（仅次于中非资源国博茨瓦纳）和第 1 位；2004 年中国国内储蓄率和国内投资率分别为 41.2% 和 38.7%，居世界前列，比世界同期水平高出近 20 个百分点。但与此同时，中国自然资产损失和环境污染也是十分惊人的，在很大程度上抵消了名义国内储蓄率和国内投资率。

如何估算各种自然资源耗竭和污染损失，这是一个在学术上争论较大的问题。令人惊喜的是，国内外学者用不同的方法计算了中国的环境经济损失，如过孝民与张慧勤（1990）、夏光与赵毅红（1995）、郑易生等（1995，1999）、徐嵩龄（1998）。这些估计对我们分析各类污染造成的经济损失提供了极其重要的参考价值。但是，由于不同的学者采用的估算方法不同，计

---

* 本文部分内容以《中国绿色 GDP 与绿色生产率（1978 ~ 2005 年）》为题刊载于《国情报告》2008 年卷。

算结果的差异较大，计算所包含损失项目不同也会造成不同的估算结果。另外，这些研究还不能进行历史纵向比较，也不能进行横向国际比较。过孝民与张慧勤（1990）首先对20世纪80年代中期环境污染和生态破坏的经济损失做了初步估算，中国社会科学院环境与发展研究中心在1995年对1993年中国环境污染损失所做的估算为占GNP的3%以上，而后又以1995年价格为基准进行估计，环境污染损失为1875亿元，占GNP的3.27%。2006年国家环保总局和国家统计局联合公布了《中国绿色国民经济核算研究报告》(2004)。该报告指出，2004年全国由环境污染造成的经济损失为5118亿元，占当年GDP的3.05%。研究显示，2004年全国水污染造成的经济损失为2862.8亿元，占总损失的55.9%；大气污染造成的损失为2198.0亿元，占总损失的42.9%；固体废物和污染事故造成的经济损失为57.4亿元，占总损失的1.2%。

为此，本文对传统的绿色GDP进行扩展，考虑自然资产损失、教育支出和卫生支出等各项因素，核算了1978～2005年不同口径下的绿色GDP。同时，考虑各项因素对物质资本存量的影响，核算了1978～2005年不同口径下的绿色资本存量，从而对传统绿色GDP和本文定义的绿色GDP进行增长来源分解，并着重对各种不同口径下的绿色TFP进行对比和分析。最后，提出政策思路：要注重长期选择，寻求绿色发展之路；重视内外兼顾，合理利用全球资源；创新驱动发展，提高技术效率和扩大技术进步空间，以促进中国经济持续健康增长。

二　真实（绿色）国内储蓄率

现行的基于名义GDP的国民经济核算体系存在严重缺陷，不仅没有扣除自然资产损失，而且将其中过度开采资源和能源特别是不可再生资源所获得的收益按照附加值统计法计算在GDP总量之中。这就人为地夸大了经济收益，它是以资源的急剧消耗和环境的严重退化为代价的，必将导致真实的国民福利大为减少，因而必须对现有的国民核算体系进行校正。1995年以来，世界银行组织有关专家开始重新定义和衡量世界及各国的财富，提出了绿色国民经济核算（Green National Accounts）的概念来衡量国民财富。

世界银行1997年首次提出真实国内储蓄（Genuine Domestic Savings）的概念与计算方法，它是指在扣除了自然资源特别是不可再生资源的枯竭以及环境污染损失之后一个国家的真实储蓄率。

世界银行对自然资源枯竭是按开采和获得自然资源的租金来度量的，该租金是以世界价格计算的生产价格同总生产成本之间的差值，该成本包括固定资产的折旧和资本的回报。需要指出的是，合理地开发资源对于促进经济发展是必要的，但是资源租金过低会导致对资源的过度开采。如果资源租金不能用于再投资（如人力资本投资）而是用于消费，也被视为不合理。其中，污染损失主要针对 CO_2 并按每排放 1 吨二氧化碳造成的全球边际损失计算，Fankhauser 建议按 20 美元计算。

世界银行 2006 年估算了中国 1970 年以来的各种自然资产损失，从估算结果中可以发现：中国自然资产损失占 GDP 的比重十分惊人，经历了一个先上升后下降的过程（见图 8－1）。70 年代初期这一损失占 GDP 的比重为3%～8%；70 年代末期到 80 年代初期这一经济损失达到最高峰，接近 GDP 的 30%；而后逐渐下降，在 80 年代后半期，这一比重约为15%①；90 年代开始下降，到 1995 年下降了约一半，为 7.64%；90 年代下半期明显下降，到 2000 年已降至 4.40%。值得关注的是，进入“十五”时期，自然资产损失占 GDP 的比重又呈现上升，这主要是因为能源耗竭和资源矿产消耗上升所致，这说明经济增长的质量有所下降，经济增长模式的逆转现象值得我们警惕。中国的各类自然资产损失占 GDP 的变化趋势反映了真实国内储蓄率呈先大幅度下降而后逐渐上升的趋势，即由于净国内储蓄率在扣除了各种自然资本损失之后的国民财富在 20 世纪 90 年代以后呈现上升趋势，出现了二者趋同的趋势。1970～2005 年自然资产损失和真实国内储蓄率见表 8－1。

Roumasset、Burnett 和 Wang（2008）给出了一个调整后的真实资本积累（Genuine Capital Accumulation，GCA）定义，是从净国民储蓄（文中称为“生产资本积累”）中扣除能源、矿产和森林这三类资源耗竭，从纯粹的资

① 正如作者胡鞍钢在《生存与发展》一书所指出的，改革初期的经济发展是以自然资源和生态环境“透支”为代价的，现在看来这一代价远比我们当时估计的高得多。

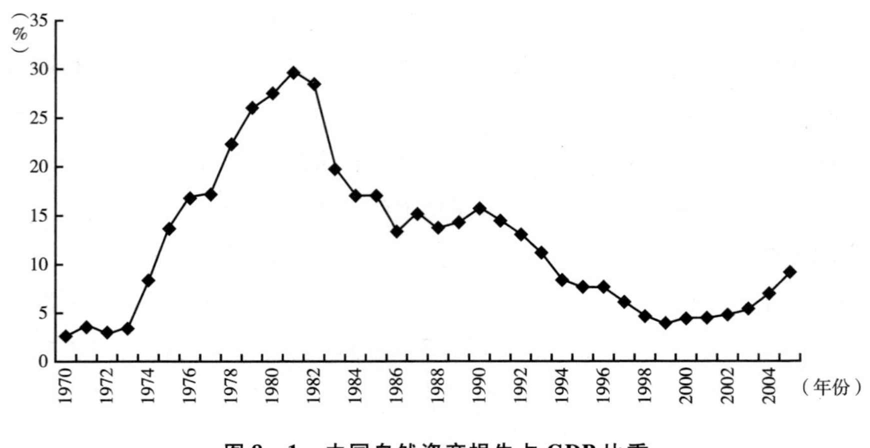

图 8-1 中国自然资产损失占 GDP 比重

表 8-1 自然资产损失和真实国内储蓄率

单位：%

项目 \ 年份	1970	1975	1980	1985	1990	1995	2000	2005
国民储蓄率	27.36	30.95	33.37	34.79	40.25	42.69	36.83	50.65
净国民储蓄率	22.30	21.89	16.46	25.43	29.52	34.86	27.35	40.37
自然资产损失比率	-2.56	-13.76	-27.43	-17.08	-15.78	-7.64	-4.40	-9.00
能源耗竭比率	-0.76	-11.59	-23.78	-13.82	-11.53	-4.68	-2.56	-6.81
矿物耗竭比率	-0.44	-0.54	-0.93	-0.45	-0.80	-0.40	-0.44	-0.82
森林耗竭比率	-0.00	-0.05	-0.20	-0.17	-0.18	-0.16	-0.04	-0.00
二氧化碳损失比率	-1.37	-1.59	-2.51	-2.64	-3.27	-2.40	-1.37	-1.38
教育支出比率	1.61	1.61	2.08	2.05	1.79	1.97	1.95	1.98
真实国民储蓄率	21.35	9.73	-8.89	10.41	15.53	29.19	24.92	33.35

资料来源：World Bank, *World Development Indicator 2007*, CD-ROM。

源耗竭角度来反映储蓄率的变化。从实际的核算结果来看，GCA 和真实国民储蓄基本是一致的，这也说明资源耗竭在自然资产损失中占据了绝大部分比重（见图 8-2）。

需要特别说明的是，由于数据的可获得性和方法的局限性，世界银行的这一计算并没有包括所有的自然资产损失，不但水污染、SO_2 污染和其他有害、有毒物质的污染损失没有计入，而且也没有考虑生态破坏的损失。另外，世界银行对自然资产损失的计算没有考虑初级产品净进口对自然资产的贡献，同时对人力资本的计算也没有包括卫生支出。

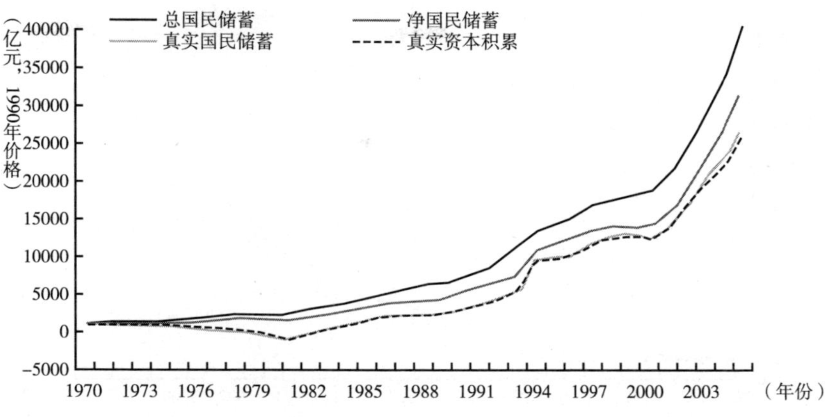

图 8－2　各口径下储蓄额（1970～2005 年）

资料来源：World Bank，*World Development Indicator 2007*，CD－ROM。

三　绿色 GDP

实际上，根据世界银行对储蓄率的调整，我们可以从支出法 GDP 的角度得到相应的真实国内生产总值（Genuine Gross Domestic Product，GGDP，亦可称为 Green GDP），即从 GDP 中扣除二氧化碳排放及能源、矿产和森林资源的耗竭，再加上人力资本投入。这里之所以不再减去固定资产消费，一方面是因为固定资产消费（CFC）在国民账户统计中是作为增加值的一部分包括在 GDP 中的，符合我们对总产出的衡量，另一方面是因为统计口径的调整，使其占国民总收入（GNI）的比重从 1993 年的 14.35% 下降到 1994 年的 6.66%，前后数据缺乏可比性。

Roumasset、Burnett 和 Wang 基于世界银行的框架提出了绿色国民生产净值（Green Net National Product，GNNP）的概念，其计算方法是在国民生产净值（NNP），即 GDP 减去固定资产消费中扣除能源、矿产和森林这三类资源耗竭。Roumasset 等人提出由于自然资源耗竭存在“库兹涅茨倒 U 型曲线”，因此 GNNP 的增长速度会先低于 NNP 的增长速度，到达转折点之后又会高于 NNP 的增长速度。那么同理，GGDP 的增长速度相对于 GDP 也是呈现先慢后快的变化趋势（见图8－3）。

他们的理论认为如果能够将可再生资源、不可再生资源以及所有污染对

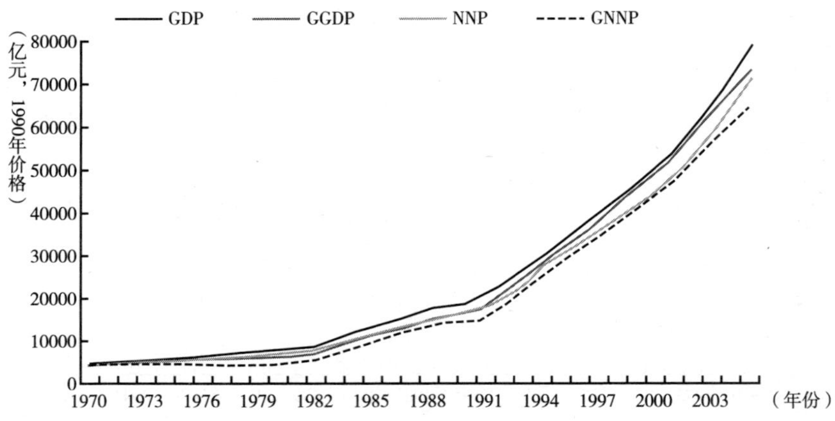

图 8－3　各口径下产出额（1970～2005 年）

注：世界银行定义绿色 GDP 为实际 GDP、自然资产损失和教育经费支出三项之和，作者定义绿色 GDP 为实际 GDP、自然资产损失、教育总经费、卫生总经费和初级产品净进口五项之和。

资料来源：World Bank，*World Development Indicator 2007*，CD－ROM；国家统计局《新中国五十五年统计资料汇编》，中国统计出版社，2006。

NNP 的影响都包括进来，那么这一转折点将由于额外的价格效应而出现得更晚。但是因为 GGDP 中所增加的二氧化碳耗竭相对于高峰时期的能源耗竭来说具有数量级的差别，因此对于转折点的出现没有影响，同 GNNP 一样都是 1982 年。

本文对世界银行提出的绿色 GDP 做了扩展，不仅考虑了自然资产损失（真实 GDP 减项）、教育经费支出（真实 GDP 加项）①，而且还考虑了初级产品净进口（真实 GDP 加项）、卫生经费支出（真实 GDP 加项），并计算了 1978～2004 年各种 GDP：实际 GDP、世界银行定义的绿色 GDP、笔者定义的绿色 GDP（见表 8－2）。结果表明，世界银行定义的绿色 GDP 和笔者定义的绿色 GDP 占实际 GDP 的比重都经历了先下降后上升的过程，在 1981 年达到最低点，分别为 72.38% 和 75.41%。之后世界银行定义的绿色 GDP 在 20 世纪 80 年代初期迅速上升到 1986 年的 88.81%，进入 90 年代以后逐渐上升，到 90 年代后期稳定在占实际 GDP 的 97% 左右的水平。作者定义的绿色 GDP 始终高于世界银行定义的绿色 GDP，在 1995 年中国从初级产品净

---

① 使用国家统计局提出的教育总经费代替世界银行的教育经费支出代表教育对人力资本的贡献。

出口国转为初级产品净进口国之后，笔者定义的中国绿色GDP开始超过世界银行定义的GDP，到2005年已经超出11.77%。

表8-2　不同口径的绿色GDP

单位：%

年份	实际GDP	自然资产损失	教育经费支出	世行定义绿色GDP	教育总经费	卫生总经费	初级产品净进口	笔者定义绿色GDP
1978	100	-22.34	1.85	79.51	2.10	3.10	-0.73	82.13
1979	100	-25.92	1.84	75.92	2.31	3.20	-0.77	78.82
1980	100	-27.43	2.08	74.66	2.51	3.30	-0.71	77.67
1981	100	-29.73	2.11	72.38	2.51	3.40	-0.77	75.41
1982	100	-28.35	2.19	73.83	2.59	3.50	-0.86	76.88
1983	100	-19.81	2.16	82.35	2.61	3.60	-1.27	85.13
1984	100	-17.23	2.07	84.84	2.51	3.30	-2.18	86.40
1985	100	-17.08	2.05	84.97	2.51	3.00	-2.80	85.63
1986	100	-13.29	2.10	88.81	2.62	3.10	-1.90	90.53
1987	100	-15.03	1.90	86.87	2.31	3.20	-1.97	88.51
1988	100	-13.73	1.87	88.14	2.22	3.30	-1.08	90.71
1989	100	-14.25	1.87	87.62	3.07	3.40	-0.74	91.48
1990	100	-15.78	1.79	86.01	3.56	4.03	-1.56	90.25
1991	100	-14.54	1.79	87.25	3.38	4.11	-1.31	91.64
1992	100	-12.94	1.70	88.76	3.25	4.09	-0.78	93.62
1993	100	-11.24	1.71	90.47	3.00	3.96	-0.40	95.32
1994	100	-8.36	2.14	93.78	3.09	3.78	-0.58	97.93
1995	100	-7.64	1.97	94.33	3.09	3.86	0.40	99.71
1996	100	-7.42	2.01	94.59	3.18	4.21	0.41	100.38
1997	100	-6.02	2.01	95.99	3.21	4.29	0.49	101.97
1998	100	-4.50	1.97	97.47	3.49	4.47	0.24	103.70
1999	100	-3.83	1.94	98.11	3.73	4.66	0.64	105.20
2000	100	-4.40	1.95	97.54	3.88	4.62	1.78	105.88
2001	100	-4.34	1.94	97.60	4.23	4.58	1.46	105.93
2002	100	-4.80	1.95	97.15	4.55	4.81	1.43	105.99
2003	100	-5.18	1.96	96.78	4.57	4.85	2.31	106.55
2004	100	-6.87	1.97	95.09	4.53	4.75	3.97	106.38
2005	100	-9.00	1.98	92.98	4.60	4.73	4.42	104.75

注：世界银行定义绿色GDP为实际GDP、自然资产损失和教育经费支出三项之和，笔者定义绿色GDP为实际GDP、自然资产损失、教育总经费、卫生总经费和初级产品净进口五项之和。

资料来源：World Bank，*World Development Indicator 2007*，CD-ROM；国家统计局《新中国五十五年统计资料汇编》，中国统计出版社，2006。

改革开放以来，中国在自然资产损失减少的同时，对人力资本的投入迅速提高，同时利用全球资源的能力也迅速增强，因而 1978 ~ 2004 年世界银行定义的绿色 GDP 年均增长率高于实际 GDP 增长率 0.64 个百分点，而作者定义的绿色 GDP 更是高出 1.0 个百分点。可以说，本国自然资产损失越大，绿色 GDP 占实际 GDP 的比重就越小，反之亦然；人力资本投资越大，绿色 GDP 所占比重就越大；利用全球资源的能力越强，本国的自然资本就越大，绿色 GDP 所占比重就越大。自然资产损失下降、人力资本投资增长、利用世界资源的能力提高都会提高绿色 GDP 的增长率。

四　绿色资本存量

在增长来源核算中，储蓄率的变化对永续盘存法计算的资本存量具有明显的影响。参照 Hamilton（2005）的方法可以定义世界银行口径下绿色资本存量 K'_{it}为：

$$K'_{it} = K'_{it-1}(1 - \delta_{it}) + I'_{it} \tag{1}$$

其中 δ_{it}为当年资本折旧率，I'_{it}为当年真实投资，参照式（1）这里我们定义为：

$$I'_{it} = I_{it} - n_{it}(R_{it} - g_{it}) - \sigma_{it}(e_{it} - d_{it}) + m_{it} \tag{2}$$

其中 I_{it}为传统意义下的当年投资，〔$-n_{it}$（$R_{it} - g_{it}$）$-\sigma_{it}$（$e_{it} - d_{it}$）〕这一部分为当年自然资产损失，m_{it}为当年教育支出（世界银行口径）。

结合笔者定义的绿色 GDP，也可以给出相应的绿色资本存量，与世界银行口径下的绿色资本存量相比，区别主要在于当年真实投资的加项：

$$I''_{it} = I_{it} - n_{it}(R_{it} - g_{it}) - \sigma_{it}(e_{it} - d_{it}) + m_{it} + n_{it} + r_{it} \tag{3}$$

其中，m_{it} 为当年教育总经费（统计年鉴口径），n_{it} 为当年卫生总经费，r_{it} 为当年初级产品净进口。

当年投资的基本数据来自国家统计局公布的《中国国内生产总值核算历史资料（1952 ~ 2004）》，根据其中的固定资本形成总额及其按不变价格计算的发展速度数据，计算出不变价格下 1952 ~ 2004 年的历年固定资本形成总额。可以看到，世行定义和笔者定义的真实当年投资占 GDP 比重都是在 1982 年出现了转折，两者的差距在进入 90 年代特别是 1998 年以后开始迅速拉大，到 2005 年已经超过世界银行定义的 GDP 的 11.77%（见图 8－4）。

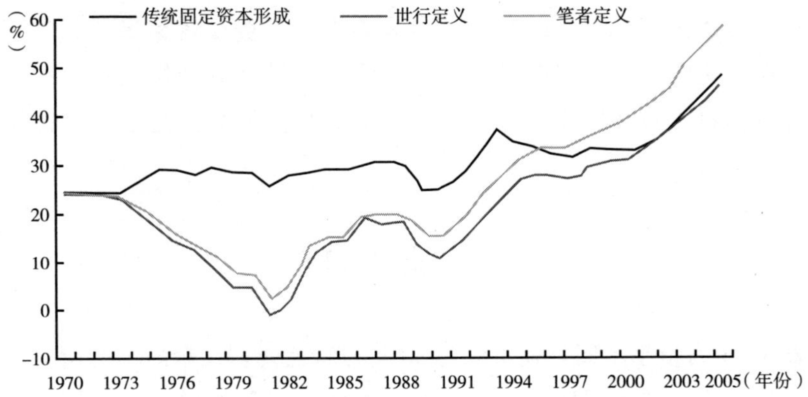

图 8－4　各口径下固定资本形成占 GDP 比重

本文初始资本存量取 320 亿元，采用线性加速折旧法，认为折旧率从 1952 年的 4% 递增到 2001 年的 6%（胡鞍钢、刘涛雄，2003）。图 8－5 显

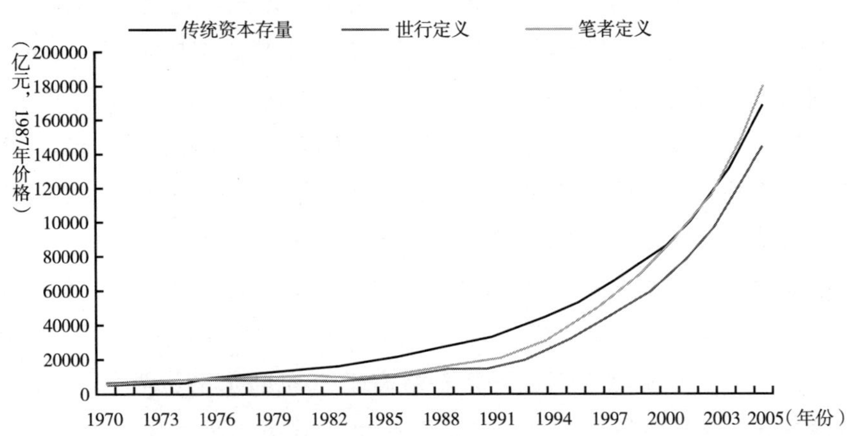

图 8－5　三种口径下资本存量对比（1970～2005 年）

资料来源：《中国国内生产总值核算历史资料（1952～2004）》，中国统计出版社，2007；World Bank，*World Development Indicator 2006*，CD－ROM。

示出三种口径下资本存量的变化趋势，可以看出两种口径的绿色资本存量相对于传统资本存量的增长呈现先慢后快的趋势，在20世纪80年代末之前增长相对缓慢，之后加速增长。世行定义的资本存量增长在1984年之后开始高于传统资本存量，而笔者定义的绿色资本存量增长率在1986年开始高于传统资本存量，而它在总量上更是在2000年之后超过了传统资本存量。这实际上说明，自然资产损失越大，资本存量积累就越慢，反之越能集约利用资源，资本存量积累就越快。如果开放利用全球资源，不仅能弥补本国自然资产的损失，更有可能使资本存量赶上甚至超过传统情况下的积累总量。

五　绿色TFP

表8-3列出了不同口径下绿色GDP与绿色资本存量的组合所对应的绿色TFP增长率。基于同样的劳动力和人力资本存量的增长率，相比于传统GDP，两种不同口径下绿色GDP所对应的绿色TFP增长率都更高，在1978~2004年总体上要高出0.5~0.6个百分点。在传统资本存量下，两个时期的TFP增长率差别不大，而且是第一个时期略低于第二个。

比较明显的差异来自绿色资本存量引起的TFP增长率的不同，无论在何种口径下，第一时期（1978~1992年）的TFP增长率远远高于第二个时期（1993~2004年），其中世行定义下的绿色TFP增长率在第一时期高于第二时期2.11个百分点，而笔者定义下的绿色TFP增长率更是高出3.12个百分点。1978~1992年，尽管自然资产损失占GDP比重平均高达19%，使得绿色资本存量增长率低于传统资本存量2个百分点，然而60%以上的TFP增长贡献率仍然使绿色GDP保持着相当高的增长率。1992~2004年，自然资产损失水平的迅速下降（占GDP比重平均为5.7%）和生产资本积累的高速上升，使得绿色资本存量的增长率高出第一个时期10%左右，然而相应的绿色TFP增长贡献率明显下降至略高于30%的水平。两个时期相比，增长模式的变化显而易见，而且在绿色GDP核算下，两个时期的差异远大于在传统GDP核算下的估算结果。

考察历年的TFP增长率，我们可以看到，1992年以前两种计算方法下历年的绿色TFP增长率基本是一致的，而且都是高于传统TFP增长率的，

表 8－3　GDP 与绿色 GDP 及其要素年均增长率（1978～2004 年）

单位：%

	1978～1992 年	1993～2004 年	1978～2004 年
GDP	9.02(100.0)	10.12(100.0)	9.61(100.0)
K	7.74(34.3)	11.27(44.5)	9.56(39.8)
L	2.96(9.8)	1.07(3.2)	2.44(7.6)
H	2.25(7.5)	1.90(5.6)	2.02(6.3)
TFP1	4.36(48.3)	4.72(46.6)	4.45(46.3)
GGDP1	9.87(100.0)	11.06(100.0)	10.51(100.0)
K′	5.95(24.1)	15.88(57.4)	10.42(39.7)
L	2.96(9.0)	1.07(2.9)	2.44(7.0)
H	2.25(6.8)	1.90(5.2)	2.02(5.8)
TFP2′	5.93(60.1)	3.82(34.5)	5.00(47.6)
GGDP2	10.47(100.0)	10.75(100.0)	10.6(100.0)
K″	5.80(22.2)	15.97(59.4)	10.37(39.1)
L	2.96(8.5)	1.07(3.0)	2.44(6.9)
H	2.25(6.4)	1.90(5.3)	2.02(5.7)
TFP3″	6.59(62.9)	3.47(32.3)	5.11(48.2)

注：①GDP 为 1978 年价格实际 GDP；GGDP1 为世界银行定义的绿色 GDP；GGDP2 为笔者定义的绿色 GDP。资本、劳动、人力资本的系数分别取 0.4、0.3、0.3。②括号中的数字为增长贡献率。

特别是在转折点之后的 1983 年更是高出近 13 个百分点；而 1992 年以后绿色 TFP 增长率则始终保持在低于传统 TFP 增长率 1～2 个百分点的水平，到 2005 年更是降到了－4%。也就是说，20 世纪 80 年代是一个用高 TFP 增长弥补高自然资产损失而获得高增长的时期，或者说是用集约式增长应对粗放式的资源利用。而进入 90 年代，物质资本积累高速增长，自然资产损失相对减小，资源利用相对集约，而增长方式日益粗放，经济增长越来越依赖资本存量的增长。其中比较值得警惕的是 2003 年之后的情况和 1988～1990 年非常相似，即资源利用和经济增长“双粗放”的情况，一方面自然资产损失占 GDP 比重止降转升，另一方面 TFP 出现负增长，这应当是我们要着力避免的情况。1979～2005 年各口径下 TFP 增长率见图 8－6。

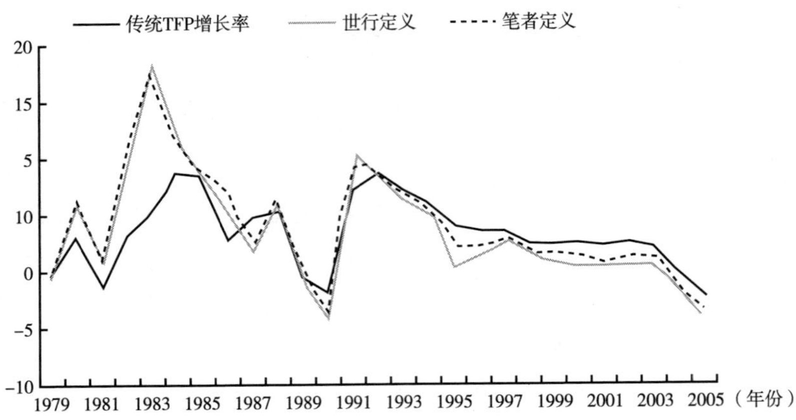

图 8－6　各口径下 TFP 增长率（1979～2005 年）

注：本核算不包括人力资本，资本系数和劳动力系数来自 Bai、Hsieh 和 Qian 等基于收入法国内生产总值的计算。

六　政策思路

研究表明，人口与资源、经济发展与生态环境之间的矛盾日益突出，成为中国未来发展最严重的瓶颈因素。中国各类人均资源占有量不同程度地低于世界人均水平，但我国是世界上自然资产损失最大的国家之一，是世界耗水量第一大国（占世界用水总量的 15.4%），污水排放量居世界第一位（相当于美国的 3 倍），能源消耗和 CO_2 排放量居世界第二位，到 2020 年有可能超过美国，居世界第一位。由于中国已经成为世界上最大的实物经济体和制造业国家，随着工业化的加速，中国自然资源和原材料的需求大幅度上升，资源供需矛盾，尤其是对土地、水资源、优质能源和大宗矿产品的需求压力尤为突出。

（一）注重长期选择，寻求绿色发展之路

中国正以历史上最脆弱的生态环境承载着历史上最多的人口，担负着历史上最空前的资源消耗和经济活动，面临着历史上最为突出的生态环境挑战。这迫使中国摆脱和抛弃黑色发展之路，综观已经或者大体工业化的国家的传统现代化道路，无论是欧美还是日本，都是以资源特别是不可再生资源

的高消耗和生活资料的高消费来支撑和刺激其经济高增长的。面对中国发展的挑战，我们提出不同于西方国家的非传统模式的现代化发展模式。其核心思想就是实行低度消耗资源的生产体系和适度消费的生活体系；实行使经济持续稳定增长、经济效益不断提高的经济体系；实行保证社会效益与社会公平的社会体系；实行不断创新，充分吸收新技术、新工艺、新方法的技术体系；实行促进与世界市场紧密联系的，更加开放的贸易与非贸易的国际经济体系，合理开发利用资源，防止污染，保护生态平衡。该发展模式的资源消耗和生活消费特点是，在 21 世纪上半叶，中国各类主要资源人均消费水平大体保持目前的水平或略有提高，并在上述消费数量的约束下调整结构，提高质量。在积累与消费水平的长期选择上，应保持较高的积累和适度的消费，寻求绿色发展之路。

（二）重视内外兼顾，合理利用全球资源

中国需要大幅减少不可再生能源、矿产资源和森林资源的耗竭，从主要利用本国紧缺资源、高度“自给自足”的传统资源安全战略转向新型全球资源安全战略，即充分利用两种资源，特别是利用全球性战略资源，如石油、天然气和木材及加工品，通过促进出口增长，特别是劳动密集型制造品和技术密集型产品出口增长，提高国际资源进口能力和购买能力，开放能源、木材进口市场，实行零关税，消除非关税壁垒，消除国内能源价格体系与市场体系的扭曲，同时建立国家和企业能源储备体系，大幅度减少煤炭的消费，取消对煤炭生产、运输的补贴，鼓励使用清洁能源和可再生能源，治理各种环境污染，实行环保友好型的产业战略和经济发展战略，大幅度提高国家对人力资本的投资，包括对教育、卫生健康、计划生育与生殖健康、研发等的投入。

（三）创新驱动发展，提高技术效率和扩大技术进步空间

中国是一个处在转型时期的发展中国家，如何通过改革开放来提高技术效率和促进技术进步在相当长的一个时期内会是经济成长中迫切需要解决的问题，对于经济的绿色健康发展也十分必要。根据已有研究结果来判断，将省际 TFP 拆分为技术进步和技术效率变化是具有十分重要的政策含义的。我们发现，省际生产率的增长主要是技术进步带来的，而效率改善的速度明显落后于

技术进步的速度。另外，与20世纪80年代相比，进入90年代以来，西部省份与东部省份以资本劳动比来衡量的技术差距似乎在缩小，与此同时，尽管许多省份在90年代上半期技术效率有所提高，但潜力仍然很大，而且西部省份的技术效率变化不大，甚至有下降的趋势。而在90年代后半期，多数省份的技术进步速度放缓，技术效率没有提高，导致全要素生产率的增长率只有0.6%。另外，中国经济增长中的技术进步因素主要是引进技术带来的，自主技术创新的成分很少。过去30多年，中国利用了别人的技术，拥有后发优势，但从90年代生产前沿的变动情况来看，技术进步的速度在减慢。这是不是说中国目前所能够利用的后发优势也在减弱？要维持经济持续增长，今后除了进一步提高技术效率外，长远来看还应该更多地依靠创新驱动发展，研究开发具有自主知识产权的新产品和新技术，促进科技进步。

参考文献

[1] Arundhati Kunte, Kirk Hamilton, John Dixon and Michael Clemens, "Estimating National Wealth: Methodology and Results," The Environment Department, The World Bank, January, 1998.

[2] Bai, Chongen, Changtai Hsieh and Yingyi Qian, "The Return to Capital in China," NBER Working Paper Series 10269.

[3] Chow, G., "Capital Formation and Economic Growth in China", *Quarterly Journal of Economics*, CVIII, 1993, 809 - 842.

[4] Dasgsupta, P. and Heal, G., "The Optional Depletion of Exhaustible Resources," *The Review of Economic Studies* (Symposium on the Economics of Exhaustible Resources), 1974.

[5] Dasgupta, P. and Heal, G., *Economic Theory and Exhaustible Resources*, Cambridge University Press, 1981.

[6] Dasgupta, P., *Control of Resources*, Basil Blackwell, Oxford, 1982.

[7] Dasgupta, Partha and Mäler, K., *The Environment and Emerging Development Issues*, Oxford University Press, 2000: 101 - 131.

[8] Hamilton, Kirk, Giovanni Ruta and Liaila Tajibaeva, "Capital Accumulation and Resource Depletion: A Hartwick Rule Counterfactual," World Bank Policy

Research Working Paper 3480, January, 2005.

[9] Hamilton, Kirk and Michael Clemens, "Genuine Savings Rates in Developing Countries," The Environment Department, The World Bank, August, 1998.

[10] Maler, K. G., "National Accounts and Environmental Resources," *Environmental and Resource Economics*, 1991, 1: 1 - 15.

[11] Roumasset, James, Kimberly Burnett and Hua Wang, "Environment Resource and Economic Growth," in Brandt, Loren and Thomas G. Rawski ed., *China's Great Economic Transformation*, New York: Cambridge University Press, 2008.

[12] World Bank, "Expanding the Measure of Wealth: Indicators of Environmentally Sustainable Development," The Environment Department of World Bank, 1997.

[13] Vaclav Smail, "Environmental Problems in China: Estimates of Economic Costs," East - West Center Special Report No. 5, East - West Center, Honolulu, Hawaii. 1996.

[14] 过孝民、张慧勤主编《公元2000年中国环境预测与对策研究》，清华大学出版社，1990。

[15] 胡鞍钢、刘涛雄：《国防建设大大滞后于经济建设：从国防资本存量占全国总量比重看国防能力变化》(1952~2001)，《中国国防经济》2003年第2期。

[16] 夏光、赵毅红：《中国环境污染损失的经济计量与研究》，《管理世界》1995年第6期。

[17] 徐嵩龄：《中国环境破坏的经济损失计算》，中国环境科学出版社，1998。

[18] 郑易生、李玉浸、钱薏红等：《中国环境污染经济损失估算》，《生态经济》1997年第6期。

[19] 郑易生、阎林、钱薏红：《90年代中期中国环境污染经济损失估算》，《管理世界》1999年第2期。

第九章

碳税与能源税的环境经济效果：动态可计算一般均衡分析*

邹乐乐　薛进军　Alan Fox　孟渤

一　引言

中国政府在2009年联合国气候变化大会第19次缔约方大会上承诺将在2020年将二氧化碳的排放量在2005年的基础上降低40%～45%。中国政府已将该计划纳入国家“十二五”规划之中。国务院2011年发布了两个减排计划，即到2015年将二氧化碳的排放量降低16%，能源使用量降低17%。虽然如此，中国二氧化碳的排放总量仍在迅速增加。为了实现上述国际承诺，中国领导人习近平在2014年会见美国总统奥巴马时宣布，中国二氧化碳排放量有望在2030年前达到峰值。这是一个重要的信号，预示着中国将采取更为强硬的措施来控制二氧化碳排放总量。

然而，中国正面临经济增长缓慢和能源使用率低的双重挑战。为制定一项具体的计划和出台有效的政策，需要开展多项研究，研究涉及如何实现目

* 本文修改稿以“The Emissions Reduction Effect and Economic Impact of an Energy Tax VS. A Carbon Tax in China：A Dynamic Cge Model Analysis”为题在*Singapore Economic Review*（《新加坡经济评论》）2017年第3卷发表。本研究得到清华大学公共管理学院产业发展与环境治理研究中心、日本发展中国家研究院、日本贸易振兴机构、美国国际贸易委员会、日本名古屋大学全球低碳经济学院共同资助。中国国家科学基金编号为71173206，中国国家支持基金编号为2012BAC20B12。日本名古屋大学经济研究所经济研究中心在2014年4月1日到10月2日期间为我们提供了联合研究的机会，对此我们深表感谢。此外，我们还要感谢Masami博士（日本贸易振兴机构发展研究中心主任）将有价值的评论记录了下来。

标，什么样的政策才是最有效的政策，以及应采取何种技术。

中国政府已实施多种政策手段，然而很多政策手段的实施效果欠佳。为培养新的政策思路，近年来各地广泛讨论各种不同的经济政策工具。相关例子有碳税和能源税以及总量控制与交易制度。本项研究使用可计算一般均衡模型，分析环境和碳税政策在保持中国经济增长及维持就业稳定的同时减少二氧化碳排放方面的有效性。

本研究结构如下：第二部分为研究综述部分；第三部分讲述了环境和碳税的具体细节；第四部分对比了两项税收对中国经济的不同影响；第五部分为本研究的结论。

二 研究综述

中国没有将能源税按照特定的类别分开，而是为能源销售设置增值税，为能源使用设置消费税，为能源开发设置资源税。本项研究中，“能源税”这一术语指的就是将能源作为一种商品进行征税，因此接近现在的“资源税”。

资源税的首次实施是在 1994 年，针对七大类对象：原油、天然气、原煤、黑金属矿石、有色金属矿石、非金属矿石、盐。此类税是依据销售数量收取的。例如，原油税为 14 ~ 30 元/吨，原煤税为 0.3 ~ 2.4 元/吨，天然气税为 7 ~ 15 元/千立方米。由于规定税率较低且从量征收，税收总额仅占国家税收总额的 0.61%，因此资源税无法反映环境成本和价格波动。2009 年，国家推出燃油税，希望其能有效调整资源的使用。自 2010 年以来，资源税逐渐改为从价税，首先在中国西部地区实施，东部地区紧随其后。原油和天然气的税率被定为销售价格的 5%。然而，由于煤炭在能源结构上占据很大比例——约占能源使用总量的 70% 和发电量的 80%，因此不征收煤炭税。许多其他国家的能源税已实施数十年，多数情况下这些国家将能源税称为燃料税。从价税和从量税是此类税收的基本分类。因为不同的燃料会有不同的效益和成本，所以燃料税在实际实施中划分得越来越详细。2014 年，欧盟（EU）探讨为柴油中的碳排放设置一个下限税率，以减少柴油中的碳排放而目前的税率主要是根据燃料消耗量制定的。

研究者们已经就燃料税的相关问题从多个角度进行了大量研究。例如，关于经济和政策机制的研究（Hammar、Löfgren 等，2004；Sterner，2007）；关于与其他税收或费用的关系的研究（Parry 和 Small，2005；Zhou、Levine 等，2010）；关于税收在节能减排中有效性的研究（Bartocci 和 Pisani，2013；Mazumder，2014）；关于税收对国家和居民层面经济体影响的研究（Sterner，2012；Haufler 和 Mardan，2014；Jiang 和 Shao，2014）等。

节约化石能源不是中国担忧的唯一问题。控制温室气体排放是另一项重大而迫切的挑战。中国已考虑征收碳税多年。一些人认为碳税比能源税更能有效减少二氧化碳排放及降低能耗。例如，Li（2003）通过一个计量经济模型（每 1 吨二氧化碳征收 36.70 元碳税）来分析中国能源使用情况，得出的结论是，2030 年，碳税将能减少中国 9.3% 的二氧化碳排放量，而且与 2010 年相比，能减少 7.3% 的一次能源消费。Jiang 等（2009）进行了类似的分析，但将年限延伸至 2050 年。一些研究人员更愿意把碳税称为资源税，因为碳税与排放密切相关；而另外一些人认为应该将其归为特制税，因为它是基于燃料所包含的碳量的。

当前已有许多研究集中在碳税上。有些学者对二氧化碳排放控制的有效性进行了对比（Lin 和 Li，2011；Cosmo 和 Hyland，2013）；有些研究者将碳税与其他政策手段及其对宏观和微观经济的影响做了对比（Conefrey、Gerald 等，2012）。由于都关注于对碳排放的限制，在许多研究中，碳税被拿来和碳交易制度一起进行分析（Johnson，2007；Fischer 和 Springborn，2011；MacKenzie 和 Ohndorf，2012；Jenkins，2014）。出于对碳排放的关注，大部分研究主要侧重于能源或排放密集型行业或企业，特别是对中国的关注最为明显（Liang、Fan 等，2007；Xin Wang，2011；Fang、Tian 等，2013；Martin、Preux 等，2014）。

总体而言，这两种税收在不同程度都能有效地节能减排。Cosmo 和 Hyland（2013）在其研究中指出，要实施碳税，应认真考虑其与现有能源税的相互作用，反之亦然。瑞典作为一个实例，将燃料税应用于石油、煤炭和天然气领域。当 1991 年出台碳税时，总能源税收负担随着二氧化碳税的推出得到减轻。

这两大税种的机制是不同的：碳税是通过碳定价决定燃料选用来减少二氧化碳排放，并直接作用于排放，而能源税通过广泛影响燃料价格、鼓励节约而产生效力，但与对能源使用总量的影响相比，其对刺激燃料转换的影响较小。事实上，碳税等同于燃料中的二氧化碳减排的边际成本，因此满足了实现全球二氧化碳减排成本最小化的条件（Zhang 和 Baranzini，2004）。基于化石燃料的碳含量征收的碳税，则是对碳成本给出了明确的价格信号，并涵盖了大部分的二氧化碳排放源（Baumol 和 Oates，1998）。

由于能源税和碳税的关系和区别，这两种税所产生的中长期的效果也不同。然而，目前还没有明确的分析指出它们是如何不同或对各种经济部门有何不同影响。鉴于中国是一个发展中国家且中国的政策倾向于经济发展，任何在政治上可行的碳税或能源税必须平衡经济发展及其减排效果。在本研究中，我们的目标是对比分析两种经济手段即碳税和能源税的影响，特别是对作为中国经济支柱的重工业的影响。

三　分析方法

（一）假设

有几种途径可以征收能源税和碳税。在不同国家，碳税和燃料税的协调方式各不相同。例如，荷兰在不改变原有税收结构的基础上推出了碳税。然而，芬兰、瑞典和丹麦等国在实施碳税的同时减少了现有的能源税。相反，挪威在实施碳税的同时增加了能源税。中国现有的资源税及其他税种结构显示出中国的能源税和碳税体制与挪威所采用的最为相似。

本项研究中，我们假设碳税的征收是根据二氧化碳排放量①确定的。鉴于目前中国对燃料价格的控制，同时为了简化分析，我们假设碳税将提高所有化石燃料的市场价格，由此增加的成本将完全传导给下游产业。这种假设是合理的，因为受管控的价格不是完全刚性的，而是由政府根据特定的规则进行调整（见表 9 - 1）。能源税的实施模式遵循同样的假设。

① 考虑到此处计算二氧化碳排放量的方法是将投入产出表和能源平衡表的数值相加，这里的排放并不专指燃烧或工业生产方面，而是全部。

表 9-1　中国能源定价系统描述

能源类型	定价	调整基础
精炼石油产品	政府指导价	如果国际原油市场连续 22 个工作日的移动平均价格的变动幅度超过 4%，那么国内价格将根据加工利润和国际原油价格进行调整
天然气	政府指导价	根据原油（5 年平均价格）、LPG 5 年平均价格和煤的 5 年平均价格，权重分别占 40%、20% 和 40%。相邻两年的变动幅度不得超过 8%
电力	政府指导价	定期定价：每年检查一次销售价格；如果每年的成本变动不大，则售价保持不变。联动定价：关联上网价格，仅用于工商业。调整间隔时间需在一个月以上
原油	市场定价	根据供应和需求变化
煤	市场定价	根据供应和需求变化

资料来源：根据国家发改委第 40 号文件收集和整理。

征收碳税和能源税的初级目标是促进能源结构调整和节约，因此能源的替代和需求的弹性是很重要的。各国在燃油税方面存在的本质区别，会在其最终消费价格中形成巨大差异（Sterner，2012）。因为中国控制能源价格，所以其需求价格弹性不能很好地契合短期的供求关系。然而，由于政府实行价格管制制度，可合理假设在长期内该弹性能够反映于能源市场。因此，遵循以下文献（Johansson 和 Schipper，1997；Ngan，2010；Xin Wang，2011；Sterner，2012），将总体燃料价格弹性设置为 0.7。由于超过 90% 的电力是由化石燃料产生（2012 年，化石燃料发电所占比例是 90.2%），同化石燃料之间的替代弹性相比，电力和化石燃料之间的替代弹性更高。

为了使分析简单直接，我们假设所有情景下的能源利用和二氧化碳减排技术无明显的技术进步。此外，能源结构与“十二五”目标一致，没有显著的变化。

（二）模型

中国能源数据的采集存在重大挑战。例如，各行业的化石燃料消费量在《中国统计年鉴》中没有统计。此外，年度能源平衡表中的 30 种能源，只有7个行业类别关注“投入和产出转化”，7个行业有“最终消费量”。虽然投入产出表有42个行业类别，但是只有少数几个主要的能源类型。因此，为了获得排放数据，我们必须结合这两张表，计算每一个行业的能源消费量和二氧化碳排放量。

我们用来计算能源使用量和二氧化碳排放量的方法如下：

能源消耗总量 = 最终消费总量 + 发电和供热转换量

某类型能源二氧化碳排放总量 = 该类型能源二氧化碳排放系数① × 能源使用量。

某类型能源二氧化碳排放系数 = 二氧化碳排放总量 ÷ （中间使用总量 + 最终使用量 + 能源行业的对角线值）

某部门某类型能源的二氧化碳排放量 = 该能源二氧化碳排放系数 × 总的中间投入量 − 能源行业中间使用总量的对角线值

通过上述方法，我们计算出每个行业2007年的能源使用量，如果能源结构和能源技术没有显著变化，就可以推断在接下来的几年里，每个行业的能源组合将大致相同。本项研究中，14个能源类型都包含在分析中。

通过上述假设和数据处理，基于2007年中国投入产出表中的58个行业并结合经济地理学，我们完成了跨地区一般均衡模型，用以捕捉中国大陆31个省份之间的交易情况。这个模型的最初版本一直为美国政府机构服务，用来评估各种政策的影响（Miller、Wei等，2010）。在这个模型中，生产模块详细说明了每个行业的生产活动。根据柯布－道格拉斯生产函数，每个行业的投入品包括劳动力、资本、能源和其他中间投入品，遵循五级嵌套的不变替代弹性（缩写CES）函数（见图9－1）。在中国，能源消耗在某种意义上对资本投资是敏感的，降低能源消耗与资本投资类型紧密相关。因此，在这个模型中，能源投入和资本投入品一同变化以替代劳动力投入。

① 二氧化碳排放系数来自政府间气候变化专门委员会编制的《2006年IPCC国家温室气体清单指南》，http://www.ipcc-nggip.iges.or.jp/public/2006gl/pdf/2_Volume2/V2_x_An1_Worksheets.pdf。

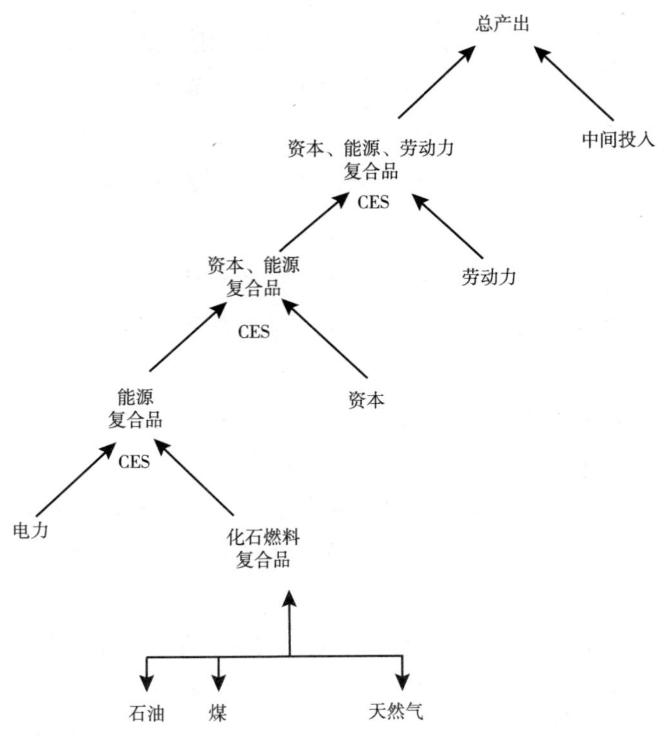

图 9 - 1　嵌套的生产函数

进口商品的到岸价（简称 CIF）是以该商品的国际市场价格加上关税和运输成本为基础的。本地和进口商品采用 CES 函数进行复合。因此，某一地区对国内进口商品的需求将使用最小化成本的 CES 函数进行计算。组合商品与其他地区的流入商品一起被用作中间投入或作为最终用途进行使用。

出口总额在离岸价（简称 FOB）和不完全替代的基础上采用 CES 函数进行计算。对中国出口商品的国际需求是一个相对价格的指数函数。这个函数有一个正弹性参数，这意味着当一种出口商品的国内价格上涨，对此商品的国际需求将下降。进出口结构模型如图 9 - 2 所示。

本项研究中，税收造成的边际成本上升直接体现在要素价格的增长上，从而在模型中引入了税率变量。此外，对于给定产出的完全市场，以最小化成本为基础，生产者决定投入品组合。生产活动如下所示：

$$\text{Min} \sum_{i=1}^{m} P_i(1+t)X_{ij} \tag{1}$$

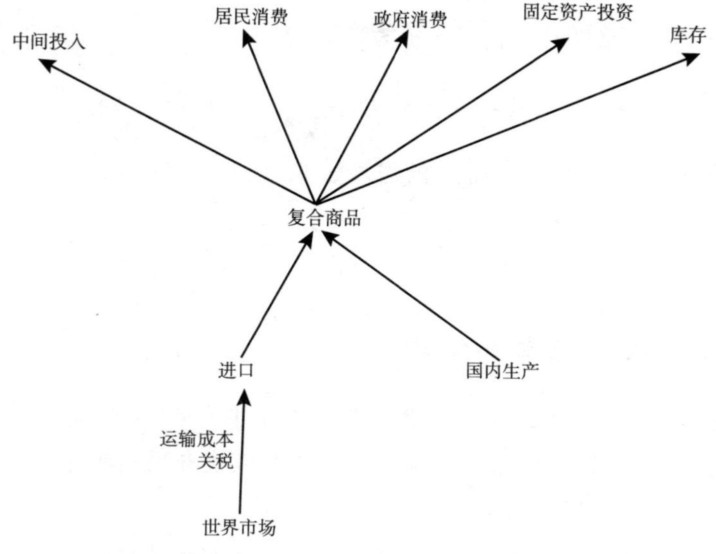

图 9-2　进出口结构

$$s.t.\ X_j = A_j \sum_{i=1}^{m} X_{ij}^{\alpha_{ij}}，其中 \sum \alpha_{ij} = 1 \tag{2}$$

然后推导出拉格朗日方程式（3）：

$$L = \sum P_i(1+t)X_{ij} + \lambda(X_j - A_j \sum P_i X_{ij}^{\alpha^{ij}}) \tag{3}$$

行业 j 的劳动力、资本和能源的需求被确定。在方程式（1）中，P_i（1 + t）可以作为一个综合变量。

$$X_{ij} = [\alpha_{ij}\Pi(\frac{\alpha_{ij}}{A_j})X_j\Pi P_i^{\alpha_{ij}}\frac{1+t}{P_i(1+t)}] \tag{4}$$

其中，X_{ij}是 j 行业对要素 i 的需求；P_i 是要素 i 的价格；$\sum_{i=1}^{m} P_i$（$1+t$）X_{ij}是 j 行业的总成本；α_{ij}是直接消耗系数；X_j 是 j 行业的总产出；t 是税率。

同样，通过预算约束下的组合商品，消费函数实现效用最大化，见方程式（5）和式（6）：

$$\max \Pi_{i=1}^{n} X_{ic}^{\alpha_{jc}} \tag{5}$$

$$s.t.\ M = \sum_{i=1}^{n} P_i(1+t)X_{ic} \tag{6}$$

其中，X_{ic}是消费者对商品 i 的需求；α_{ic}是斜率系数；M 是消费者的总预算。进一步，拉格朗日方程式表示为式（7）：

$$L = \Pi_{i=1}^{n} X_{ic}^{\alpha_{jc}} + \lambda [M - \sum_{i=1}^{n} P_i (1 + t) X_{ic}] \tag{7}$$

推导得到，消费者对商品 i 的需求如下：

$$X_{ic} = \alpha_i \frac{M}{P_i (1 + t)} \tag{8}$$

（三）数据来源和处理

在标准中国投入产出表中，各种工业类别中有 42 个行业。为更好地分析燃料与不同能源税和碳税的影响，通过拆分煤炭开采和洗选业等能源生产行业，将部门扩展到 58 个行业。①

由于中国投入产出表是基于竞争性进口商品的假设而设定的，假设进口商品和国内商品种类相同，因此有必要将进口商品和出口商品的具体排放量分开。一些研究正致力于使用不同的方法分析国际贸易隐含的排放量，较全面的是由 Koopman 等人 2014 年进行的研究。在该研究中，作者采用了一种通过区分加工贸易和一般贸易从中国输出的商品中提取附加值的方法。然而，由于 Koopman 等人的方法比较复杂，本研究将世界其他地区作为一个区域对待，而且输入商品和输出商品被视作具有同等的质量。

燃料的二氧化碳排放因子在政府间气候变化专门委员会编制的《2006 年 IPCC 国家温室气体清单指南》的基础上计算所得，并如表 9－2 所示转换成基于重量的单位。

表 9－2　各种燃料的排放因子

排放因子	单位	燃料类型
2. 0483	吨 CO_2/吨能源利用	煤
2. 5808	吨 CO_2/吨	精煤
0. 8193	吨 CO_2/吨	其他精煤
3. 0651	吨 CO_2/吨	原油

① 由于 2010 年的国家投入产出表是 2007 年投入产出表的扩展表，因此在本研究中使用了 2007 年的国家投入产出表。

续表

排放因子	单位	燃料类型
21.8403	吨 CO_2/10000 立方米	天然气
3.0149	吨 CO_2/吨	汽油
3.0967	吨 CO_2/吨	煤油
3.1605	吨 CO_2/吨	柴油
3.2366	吨 CO_2/吨	燃油
3.1663	吨 CO_2/吨	LPG
3.0651	吨 CO_2/吨	其他石油产品
3.0425	吨 CO_2/吨	焦炭
7.4263	吨 CO_2/10000 立方米	焦炉煤气
3.2617	吨 CO_2/吨	其他焦化产品

（四）情景设置

在下列情景中，假定能源税和碳税的税率（见表 9 - 3）。根据先前的一些研究，中国的碳税预计是统一的并且相对较低以保护竞争力和经济发展（Wang、Yan 等，2009；Lu、Tong 等，2010）。我们在三个情景 A1、A2 和 A3 中设定了不同的碳税税率，分别为每 1 吨二氧化碳 100 元、50 元和 10 元。考虑到税率对成本的增加具有可比性，设置能源税和碳税的税率，表明能源税和碳税对于每单位化石燃料将支付类似的税款，与情景 A3 和情景 B 相对应。情景 C1、C2 和 C3 是碳税和能源税的组合。

表 9 - 3　模拟情景

方案	描述
A1	碳税:100 元每吨 CO_2
A2	碳税:50 元每吨 CO_2
A3	碳税:10 元每吨 CO_2
B	燃油税:石油、煤、天然气交货价格的 5%
C1	A1 + B
C2	A2 + B
C3	A3 + B

此外，已有文献对税收收入再利用进行了讨论。为提高税收工具对减排的效果以及缓解收入再分配的不均衡（Chamon、Liu 等，2013；Du、Liu 等，2014），通过减少间接税收和向家庭给予价格补贴对税收进行再利用。

注意到现有能源税绝大多数只对一次能源征收（Han、Su 等，2008；Liu 和 Sun，2014），我们将能源税的情景设置为"仅对一次能源石油、煤炭和天然气执行"，以更接近现实情况并避免分散。

四 模拟结果

（一）总体经济影响

在所有情景中，我们模拟了不同的税收组合对中国宏观经济指标和产业结构的影响。这些税收对生产成本以及特定商品的价格产生的影响最大。表 9－4 显示了 GDP、个人实际可支配收入和价格指数的变化。

结果表明征收碳税或能源税将对所有的指标产生负面影响，但影响的大小不同。基本上，正如方程式（1）至（8）所描述的，能源税将首先冲击原油、原煤和天然气的销售价格；此外，该影响会通过所有商品的生产成本传导至下游，最终影响家庭消费。从表 9－4 中可以看出，在情景 A1 至 A3 中，仅征收碳税对 GDP 的影响超过情景 C1 至 C3 中的影响。相比之下，情景 C1 至 C3 中，实际可支配的个人收入受到了比情景 A1 至 A3 中更为不利的影响。

此外，碳税和能源税都是某种意义上的"缩减税收"，其总税收收入随着排放总量或化石能源利用的减少而减少。在碳税的问题上，随着二氧化碳排放总量或化石能源使用量的减少，税收占生产成本的比例逐渐减少。在表 9－4 中，对 GDP 和实际可支配收入的负面影响尽管在初始阶段存在波动，但两者都随着时间的推移而减少。

通过对比情景 A1 至 A3 和情景 C1 至 C3，我们发现碳税和能源税结合的混合税收的影响不等于碳税和能源税的影响的总和。在 2015 年，情景 A1 和 C1 下，税收对 GDP 的影响都是－0.381%。此外，在大部分时间（2020～2040 年），情景 C1（A1＋B）下税收对 GDP 的影响与情景 A1 下十分相似。

然而，在最后几年（2035～2040年），情景C1下的影响变得比情景A1下更小。这可以反映出碳税和能源税都会作用于化石能源消费和相关排放量这一事实，换句话说，这两种税收会“削弱”对方。就实际可支配的个人收入而言，情景A1至A3中的影响大于情景C1至C3中的影响，正如表9-4所示。

表9-4　对GDP和实际可支配收入的影响

单位：%

	2015年	2020年	2025年	2030年	2035年	2040年
GDP						
A1	-0.381	-0.762	-0.581	-0.496	-0.480	-0.458
A2	-0.194	-0.392	-0.293	-0.250	-0.243	-0.232
A3	-0.039	-0.080	-0.059	-0.050	-0.049	-0.047
B	-0.193	-0.351	-0.285	-0.265	-0.276	-0.286
C3	-0.039	-0.080	-0.059	-0.050	-0.049	-0.047
C2	-0.193	-0.390	-0.294	-0.249	-0.241	-0.230
C1	-0.381	-0.758	-0.582	-0.496	-0.476	-0.454
个人实际可支配收入						
A1	-0.391	-0.658	-0.514	-0.458	-0.467	-0.464
A2	-0.199	-0.340	-0.259	-0.230	-0.236	-0.235
A3	-0.040	-0.070	-0.052	-0.046	-0.048	-0.047
B	-0.271	-0.378	-0.319	-0.302	-0.317	-0.331
C3	-0.041	-0.070	-0.053	-0.047	-0.048	-0.048
C2	-0.202	-0.343	-0.264	-0.234	-0.237	-0.235
C1	-0.397	-0.665	-0.524	-0.466	-0.469	-0.465

在所有的情景中，由于边际生产成本的增加，部门投资都受到了直接影响。与消费支出相比，投资减少的比例几乎是2025年之前的两倍。尽管2025年之后较低，但是直至2040年其仍超过消费支出减少比例的1.5倍。情景B是一个例外情况，该情景中投资减少的比例是消费支出减少比例的1.2～1.9倍。这个结果表明能源税，如之前所述作为一个基础更广泛的税

种，不仅影响制造业，同时也通过能源产品的价格影响家庭消费和商业部门。当考虑到居民用车辆和相关的交通运输使用相当大比例的石油产品，这一点尤其如此（见图 9－3 和图 9－4）。

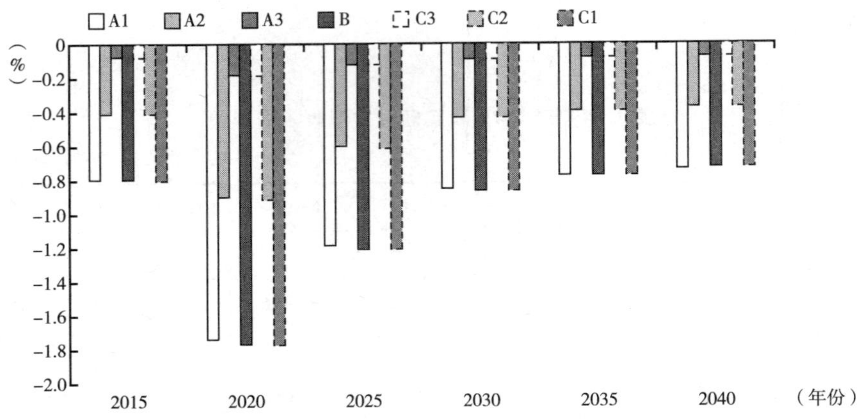

图 9－3　国内私人固定资本投资总额的变化

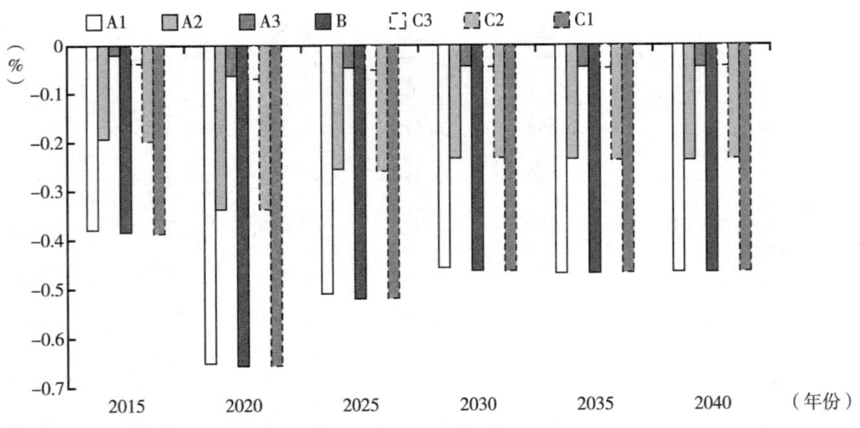

图 9－4　个人消费支出的变化

（二）对二氧化碳排放和能源使用的影响

能源税和碳税都会减少二氧化碳的排放并鼓励节能。

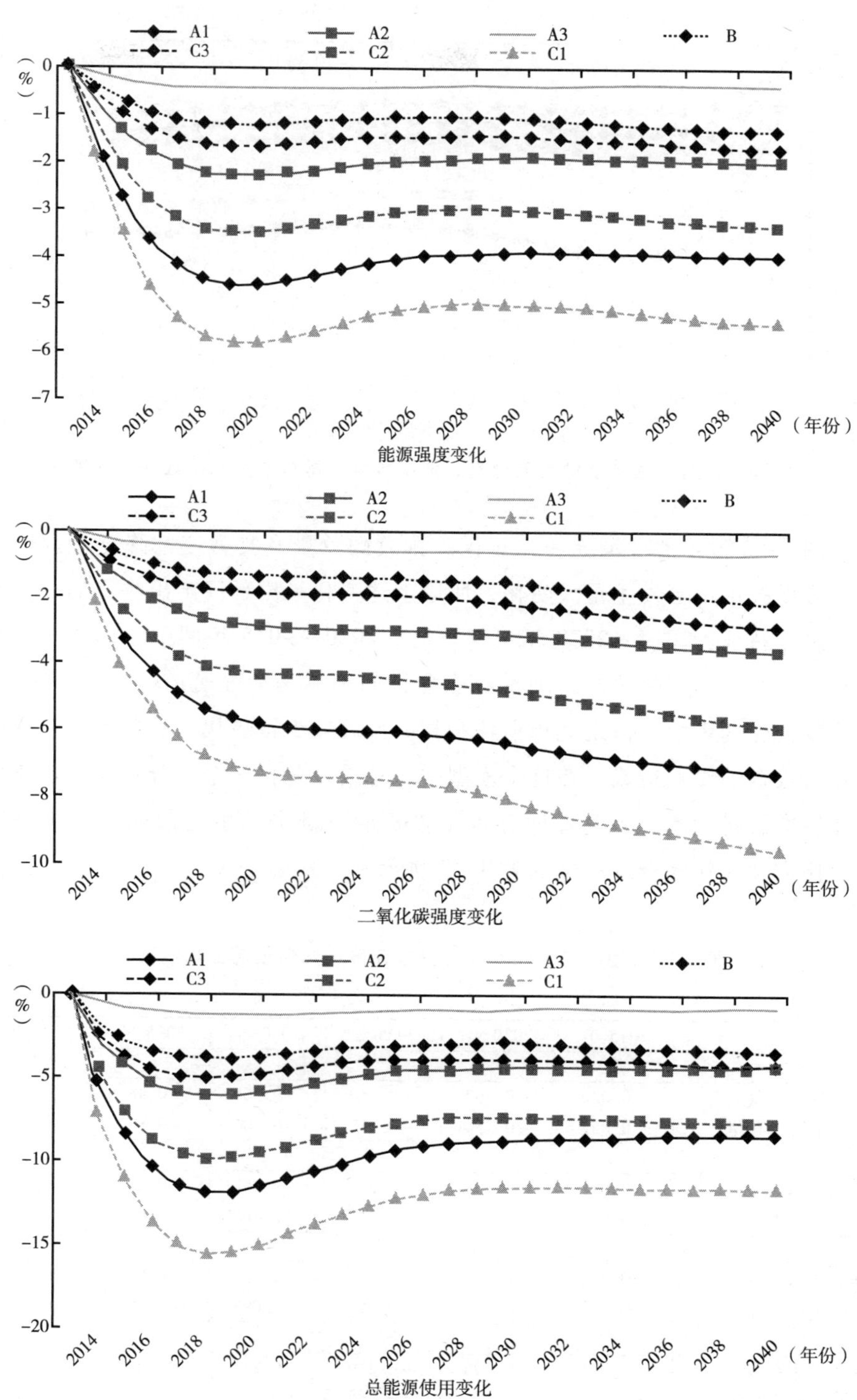
A1
A2
A3
B
C3
C2
C1
（%）
0
-1
-2
-3
-4
-5
-6
-7
2014
2016
2018
2020
2022
2024
2026
2028
2030
2032
2034
2036
2038
2040
（年份）
能源强度变化
A1
A2
A3
B
C3
C2
C1
（%）
0
-2
-4
-6
-8
-10
2014
2016
2018
2020
2022
2024
2026
2028
2030
2032
2034
2036
2038
2040
（年份）
二氧化碳强度变化
A1
A2
A3
B
C3
C2
C1
（%）
0
-5
-10
-15
-20
2014
2016
2018
2020
2022
2024
2026
2028
2030
2032
2034
2036
2038
2040
（年份）
总能源使用变化

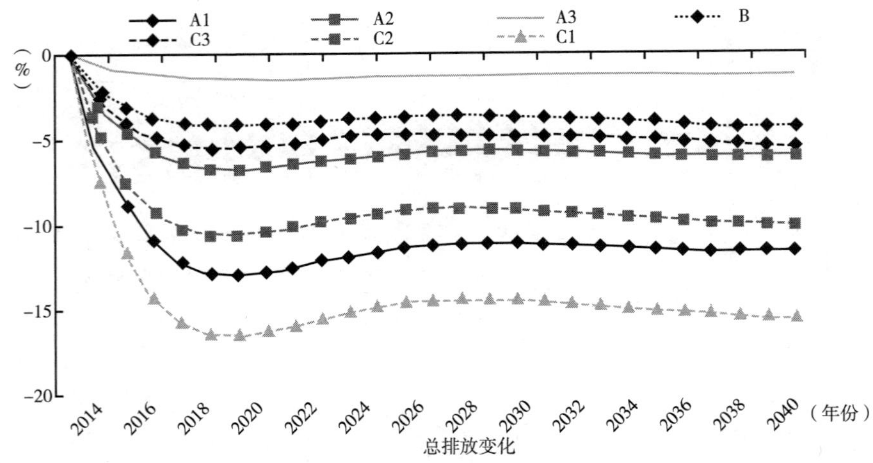

图 9－5　所有情景中能源消耗总量、能源强度、排放总量和排放强度的变化

图 9－5 显示能源消耗和二氧化碳排放的总量及其强度都降低了。因为我们假设技术不会发生重大变化，所以上述变化是由部门产出决定的，呈现三个阶段特征：2014～2020 年快速下降；2020～2025 年回弹；2025～2040 年稳定。在快速下降阶段，碳税和能源税的影响是最显著的。尽管 GDP 在此阶段会受到影响，但是能源消耗和相关排放减少得更快。这些变化主要由税收对投资的影响造成。在这个模型中，总投资包括三个部分：住宅、非住宅和资本设备。此外，商业库存也是投资的一部分，由当前的平均价格决定。住宅和非住宅资本存量如表 9－5 所示。

表 9－5　地区住宅和非住宅资本存量不同情景的变化情况

单位：%

方案	2015 年	2020 年	2025 年	2030 年	2035 年	2040 年
A1						
住宅资本存量	－0. 036	－0. 402	－0. 540	－0. 509	－0. 483	－0. 477
非住宅资本存量	－0. 055	－0. 584	－0. 872	－0. 904	－0. 872	－0. 836
A2						
住宅资本存量	－0. 019	－0. 208	－0. 277	－0. 258	－0. 244	－0. 241
非住宅资本存量	－0. 028	－0. 301	－0. 447	－0. 460	－0. 442	－0. 424
A3						
住宅资本存量	－0. 004	－0. 043	－0. 056	－0. 052	－0. 049	－0. 049
非住宅资本存量	－0. 006	－0. 062	－0. 091	－0. 093	－0. 090	－0. 086
B						
住宅资本存量	－0. 021	－0. 190	－0. 249	－0. 241	－0. 238	－0. 244
非住宅资本存量	－0. 019	－0. 195	－0. 293	－0. 314	－0. 324	－0. 337

续表

方案	2015 年	2020 年	2025 年	2030 年	2035 年	2040 年
C3						
住宅资本存量	-0.004	-0.043	-0.057	-0.053	-0.050	-0.049
非住宅资本存量	-0.006	-0.061	-0.091	-0.094	-0.090	-0.086
C2						
住宅资本存量	-0.018	-0.208	-0.279	-0.262	-0.247	-0.242
非住宅资本存量	-0.027	-0.296	-0.445	-0.461	-0.444	-0.425
C1						
住宅资本存量	-0.036	-0.402	-0.545	-0.517	-0.489	-0.479
非住宅资本存量	-0.053	-0.573	-0.868	-0.907	-0.875	-0.838

事实上，非住宅资本存量是比住宅资本存量更重要的减少能源消耗的驱动力。征收能源税或碳税后，由于边际生产成本的增加，各部门将会减少新投资。由于没有足够的时间完全切换到新的制造技术和能源替代技术，新项目投资主要由相对先进的技术组成并减少对原有生产技术的规模扩大。随着时间的推移，制造部门转向使用节能技术、低碳技术或低碳能源，相应的新投资逐渐增加，从而从高耗能技术的锁定效应中解放出来。当技术进步进入相对稳定的周期，新一轮的节能投资完成之时，不存在其他更先进的技术来取代它（请注意，本研究假设技术或能源不会发生重大变化），这减缓了实际资本存量的增量积累。

（三）对高能耗产业的影响

根据国家发改委发布的定义，“高能耗产业”是指非金属矿物制品行业，化工原料和化工制品行业，金属冶炼及压延加工业，电力、热力的生产和供应业，石油加工、炼焦和核燃料加工业（NBS，2011）。这些高能耗行业预计受到碳税和能源税的影响最大。同时，这些行业也是中国的支柱产业。2013年，这些行业的增加值比2012年平均增加了10.1%，位于汽车制造业之后排名第四，排在第一位和第二位的行业是计算机、通信和其他电子设备制造业，以及电力机械及设备制造业。因此，评估碳税和能源税对这些行业的影响很重要。一般来说，能源税和碳税都会有效地减少这些行业的能源使用。

图9-6显示碳税和能源税的影响依部门而不同。一般来说，所有部门的就业水平都会在短期内降低而在长期内恢复。在所有的碳税情景下，电力、热力的生产和供应业就业水平所受影响最小。非金属矿物制品业在2020年所受影响最为严重（A1和C1情景下分别为-14.86%和-15.09%），但

2020 年之后有所恢复。碳税对石油加工、炼焦和核燃料加工业的影响与其他行业相比在 2030 年和 2040 年相对较大，从 2020 年的排名第三变成 2040 年的排名第一。在没有碳排放税的情景（情景 B）中，情况各有不同。石油加工、炼焦和核燃料加工业与金属冶炼及压延加工业在 2030 年和 2040 年是所受影响最为严重的两个行业。能源税和碳税之间的另一不同之处在于情景 B 中的影响并未随着时间的推移而减少，这不同于情景 A 和 C 中的情况。

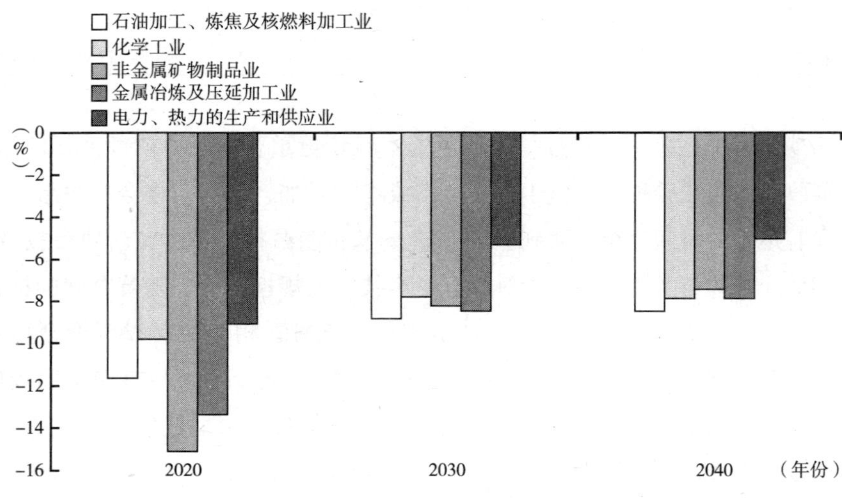

图 9-6（a） 情景 A1 中的就业影响

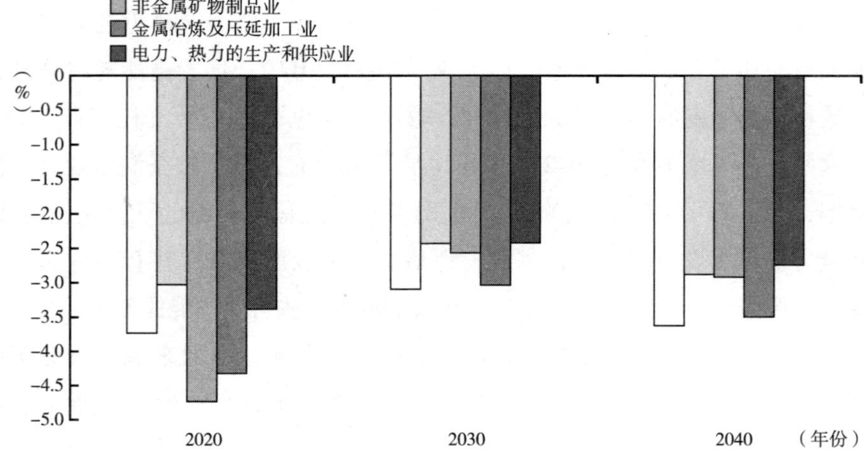

图 9-6（b） 情景 B 中的就业影响

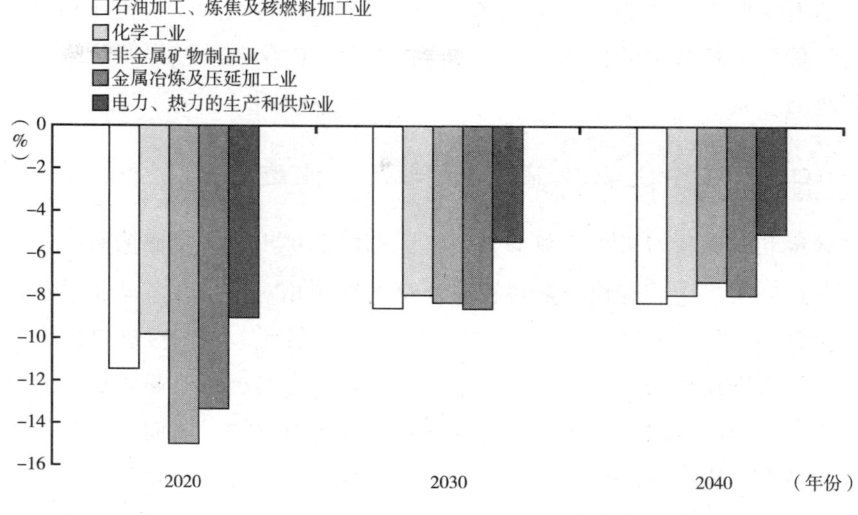

图 9－6（c）　情景 C1 中的就业影响

从变化程度的角度来看，根据对整个经济的影响，能源税“抵消”了碳税的影响，这意味着 C1 情景下的影响非常接近 A1 情景下的影响，但是不接近（A1＋B）情景下的影响。在各行业之中，石油加工、炼焦和核燃料加工业的产出下降是最大的，几乎所有的石油产品如柴油、汽油、燃油、液化石油气以及焦炭产品等都包含在这个部门之中。在这个涵盖范围广泛的行业中，燃油所受影响最为严重，2020 年其承受了 24.68% 的产出损失，2030 年是 26.73%，这也是所有行业中所遭受的最大损失。在所有的重工业中，液化石油气行业在 2020 年的产出减少是最小的，比参考情景减少了 7.06%，甚至小于专业技术服务业（其产出下降了 7.29%）。

在不同的情景中，能源消耗所受的影响各不相同。与就业和产出的影响一致，非金属矿物制品业 2020 年在所有部门的能源消耗中的减少量最大，下降了 20.12%（C1 情景下）。在 2020 年之后的长时间内，石油加工、炼焦和核燃料加工业以及金属冶炼及压延加工业能耗减少的反弹弱于其他行业。与就业和产出不同，碳排放和能源结合税涉及的能源使用的减少要明显大于仅征收碳税情景下的能源使用的减少。在能源税情景 B 中，电力、热力的生产和供应业的能源使用比化工行业减少的要多。然而，在碳税情景 A 和 C 中，在 2020 年之后，化工行业的能源利用减少比例比电力行业要多。

所有这些被选择的重工业对整个经济的节能贡献很大。与基线相比，这些行业能源消耗减少的比例从 32.3% 到 94.5% 不等，远远大于其他各部门的平均减少量。

（四）两种税收政策对高耗能产业进出口的影响

碳税和能源税对进出口总额以及不同部门的进出口有不同的影响。

在这些情景中，碳税和能源税对出口的影响相对稳定，其减少量相对于基线情景来讲为 -3.5% ~ -2%（见图 9-7）。然而，它们对进口的影响更为显著。在碳税情景（A1 和 C1）中，在税收政策实施短时间之后，进口大幅下降，在 2019 年接近 -6%，之后又较为缓慢地增加。然而，在仅征收能源税的情景（B）中，进口所受影响就小得多。由于碳税针对所有排放，包括那些并未直接消耗大量能源但仍然存在二氧化碳排放的部门，诸如化工行业和交通运输业，所以整体经济受到了大多数部门成本增加的影响。因此，所有这些部门的生产都受到了影响，包括那些主要依赖进口中间投入品的部门。相比之下，能源税直接关注利用能源且在国内生产链中占主导地位的生产部门，在这些部门中，进出口受影响的趋势相同。

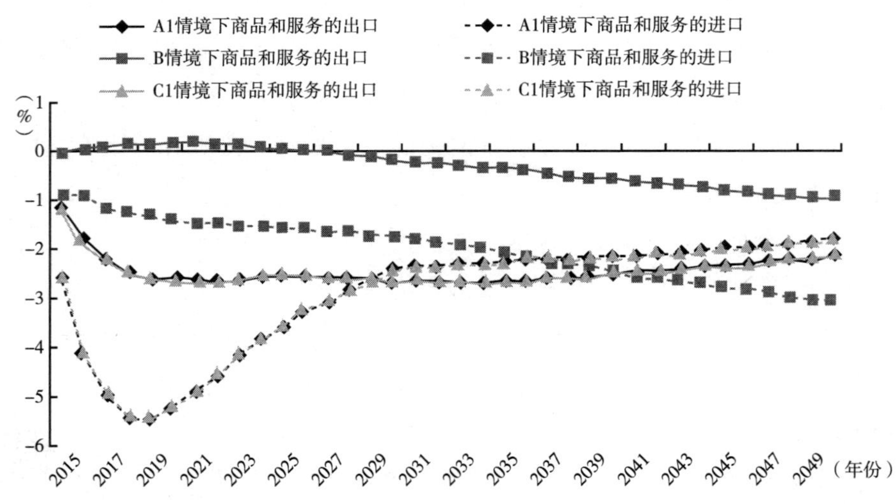

图 9-7　A1、B、C1 相对于基线情景的进出口变化

为了进一步调查税收对重工业的影响，我们将石油加工、炼焦和核燃料加工业分解为子行业。在碳税情景（A1）中，因为进口下降的程度高于出口，所以大部分能源密集型部门的净出口倾向于在最初的 3～5 年增加，在之后的 10～15 年减少，然后变得稳定，低于基线水平［见图 9－8（a）］。但是电力、化工行业和焦炭部门的净出口从政策实施的一开始就下降。此外，焦炉煤气、其他焦炭产品以及其他石油产品部门的净出口的增加远远超过其他行业，并且在比基线情景更高的水平上变得稳定。由于部门影响的不同规模，在情景 B 中，化工行业经历了与大多数其他能源密集型产业类似的过程。化工行业的净出口在 2015 年增加了 0.54%，然后于 2020 年开始减少，而不像情景 A1 和 C1 中那样从一开始就减少［见图 9－8（b）和图 9－8（c）］。虽然化工部门的出口是由其国内价格决定的，但是当税收政策首先实施的时候，化工制品的价格迅速上涨，国内需求急剧萎缩。与此同时，由于生产技术的锁定效应，生产商无法在短期内迅速减少生产。相比之下，化工部门生产的很大一部分是用作其他部门的中间投入品，其产量也将因为边际成本的增加而减少。其他部门对化学品的需求也因此下降。尽管出口总额和进口总额都减少了，但是在短期内，进口额的减少要大于出口额的减少，从而产生净出口的少许增加。从长远来看，因为世界市场对中国出口的需求是一个相对价格的指数函数，所以化工部门的出口总额即使在价格调整之后仍然会下降。

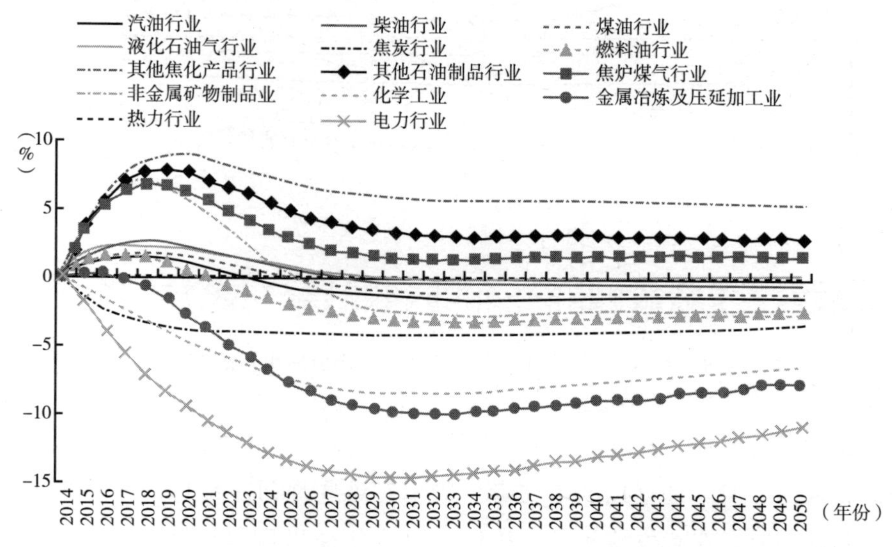

图 9－8（a）　情景 A1 中能源密集型产业净出口的变化

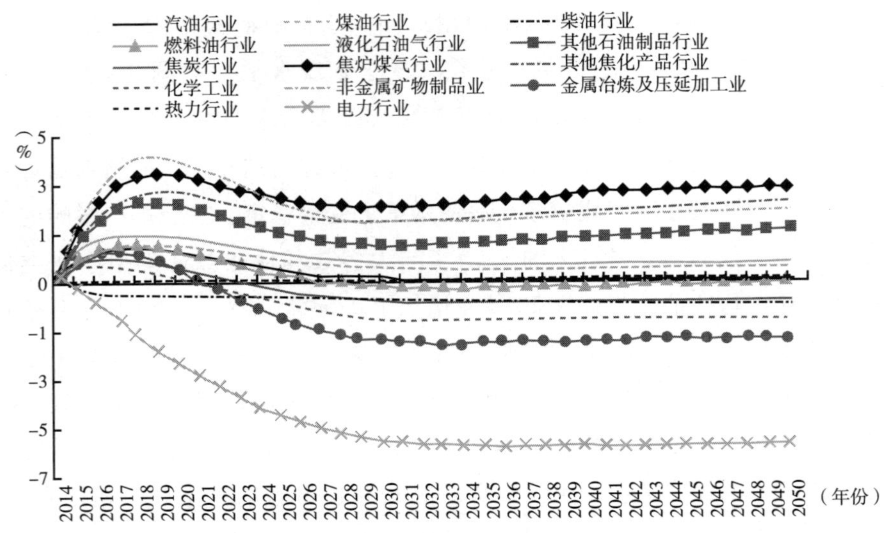

图 9-8（b） 情景 B 中能源密集型产业净出口的变化

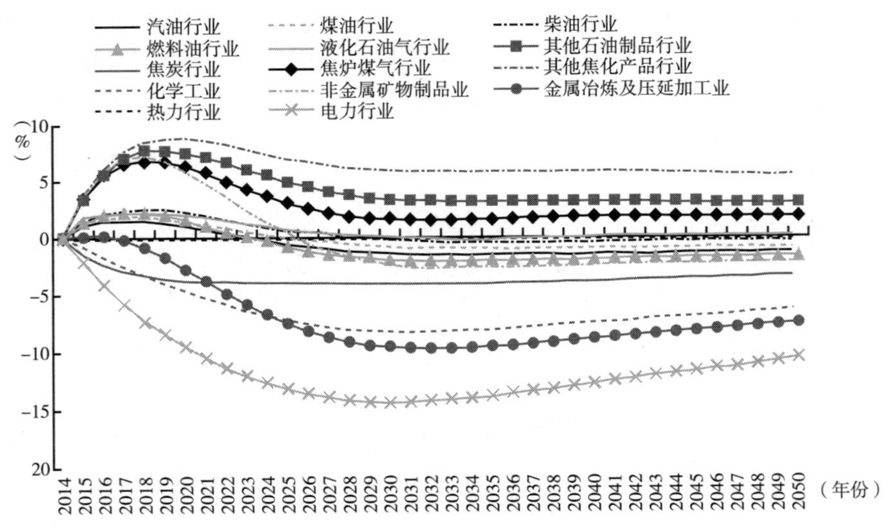

图 9-8（c） 情景 C1 中能源密集型产业净出口的变化

正如前文所述，发电、化工和焦炭行业都需要大量的能源作为投入品或中间投入品，但不是直接的消耗者。碳税对这些部门净出口的影响更为显著。与此同时，在碳税情景中，2030～2032 年净出口明显反弹，但是这一结果并未在能源税情景中出现。

（五）对能源密集型产业竞争力的影响

中国经济快速增长的一个主要推动力被认为是重工业产品在出口总额中发挥着支撑作用。这一高出口和高增长战略的成本一直是一个争论热点，越来越多的研究指出这是一个排放转移的问题，这些重工业在向国外出口成品的同时在国内排放污染物和温室气体（Douglas 和 Nishioka，2012；Guo 和 Zhang 等，2012；Ren 和 Yuan 等，2014）。因此，有理由担心对这些重工业征税将不仅损害其国际竞争力，也会损害其国内竞争力。因此有必要通过考虑相关的环境成本来分析这些行业的竞争力，这一成本可通过碳税来反映。

“部门竞争力”的定义在不同研究中各不相同，大多数与税收相关的研究通过国内产品出口到国际市场的比例来衡量竞争力（Baek 和 Jung 等，2014；Meleo，2014；Wang 和 Wang，2014；Zhang，2014）。然而，在本研究中，我们更关注国内市场，而且意在反映税收对国内商品和进口商品之间竞争力的影响。因此，对给定部门的“国内竞争力”，我们采用如下公式衡量：

$$CMP_i = \frac{NE_i}{D_i} = \frac{E_i - M_i}{Y_i - E_i + M_i} \tag{9}$$

对于某个行业 i，CMP_i 是国内竞争力，NE_i 是净出口，D_i 是行业 i 的国内总需求，E_i 是出口，M_i 是进口，而 Y_i 则是行业 i 的总产出。

在一定程度上，某个部门的进口比例代表这个部门的开放程度和对外来产品的依赖程度，它们共同反映某一行业的国内竞争力。相比之下，某个部门中出口占总产出的比例则反映了国内和国际市场的相对重要性。占比越大，该部门对出口的依赖度就越高。因此，在某一给定的情景中对 CMP 进行考察时，我们会发现，虽然其他焦化产品和其他石油产品的 CMP 比参照情景中的 CMP 要低，但所有其他重工业则更依赖于出口，这一点恰好验证了这一普遍认识，即重工业出口的扩张是中国实现相对较快经济增长的主要驱动力。考虑到焦化产品和其他石油产品只是整个经济的一小部分，我们可以得出一个合理的结论，即碳税和能源税都增强了重工业对出口的依赖性。能源税发挥的作用更大，并放大了情景 C1 ~ C3 中碳税的影响。不同情景中与基线相比 CMP 的差异见图 9 – 9。

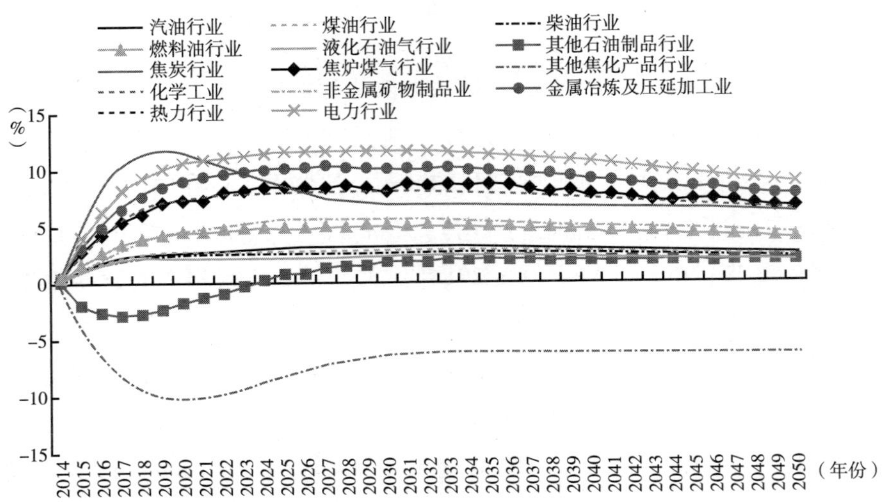

图 9－9（a） 与基线相比，情景 A1 中 CMP 的差异

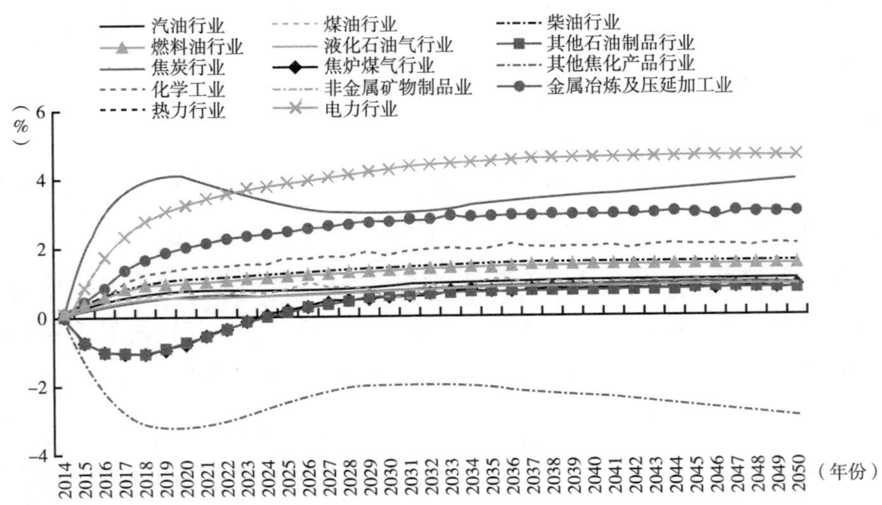

图 9－9（b） 与基线相比，情景 B 中 CMP 的差异

（六）能源税和碳税在成本和效率方面的比较

在本部分，我们将对两个问题进行探讨：在总征税额相同的情况下，哪

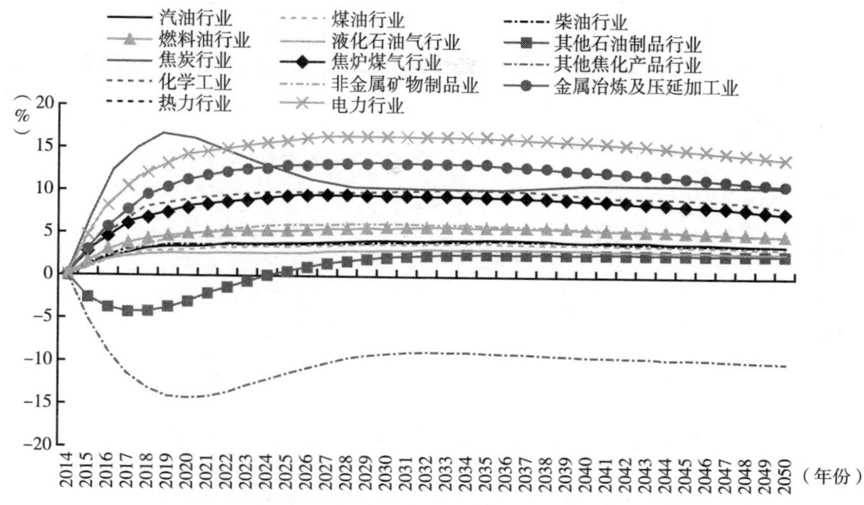

图 9-9（c）　与基线相比，情景 C1 中 CMP 的差异

种税收能够降低更多的二氧化碳排放即效率更高？在降低二氧化碳排放量相同的情况下，哪种税收的经济影响更大？

我们采用 5% 的能源税作为基准来分析税收收入不变的情况下哪种政策在减排方面更高效。如果将碳税定为 11.87 元/吨二氧化碳，那么到 2020 年，碳税总收入与税率 5% 的能源税所实现的税收总收入是一样的，即同为 926.6 亿元。但两者的经济影响是不同的。与碳税的影响相比，在实施之初，能源税政策下的能源强度和碳排放强度的下降幅度更大，此后，能源强度和碳排放强度持续下降，同时，碳排放强度的变化速度也更快，如图 9-10 所示。

总减排量也有所不同。在政策实施初期，碳税下二氧化碳减排效果显著，减排量达到 4.0817 亿吨，而能源税实现的二氧化碳减排量则为 2.9713 亿吨，并且这一关系一直持续到 2021 年。随着时间的推移，碳税所实现的年度总减排量会逐渐降低，而能源税则会继续增加年度总减排量。到 2040 年，11.87 元/吨二氧化碳的碳税所实现的减排总量为 6963 万吨二氧化碳，而 5% 的能源税所实现的减排总量则达到 4.436 亿吨二氧化碳。

此外，两者对整体经济的影响也存在不同之处。到 2020 年，虽然能源税和碳税的税收总收入是一样的，并且同样都被返还给了居民家庭，但是，在能源税情景中，GDP 增速比基线低了 0.74%，而在碳税情景中，GDP 增

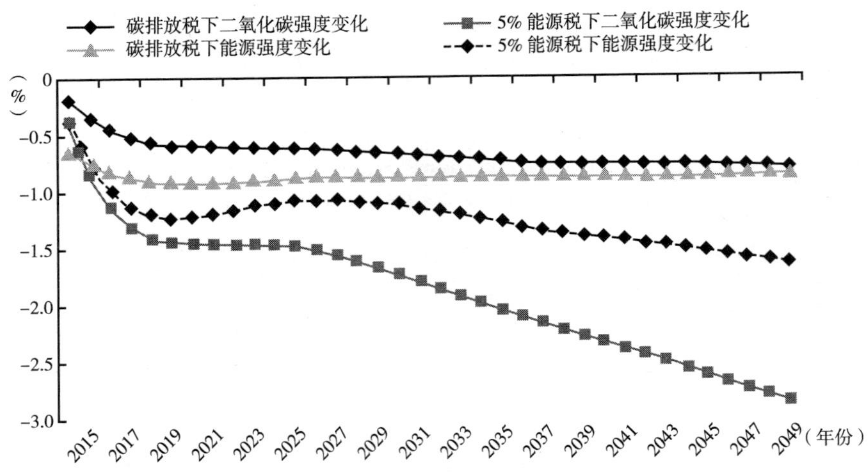

图 9-10　11.87 元/吨二氧化碳的碳税和税率为 5%的能源税所对应的碳排放强度和能源强度变化

速只比基线低了 0.37%，即前者的一半。然而，在实际可支配收入方面，两者的差距并不显著：11.87 元/吨二氧化碳的碳税导致实际可支配收入降低了 0.325%，而 5% 的能源税则导致实际可支配收入降低了 0.378%。经济影响差异主要来自投资，其中包括部门固定投资和存货，再加上部门进口和出口。由于碳税不是直接针对能源的使用，而是针对所有排放活动，所以这种机制在减排措施方面为制造业提供了更多的选择，从而使经济能够通过市场机制实现复苏和自我调节。在所有碳税情景中，GDP 损失都会逐年缩小。到 2030 年和 2040 年，与基线相比，GDP 损失分别为 0.230% 和 0.215%。与此相反，能源税则不够灵活，到 2030 年和 2040 年，其造成的 GDP 损失分别为 0.265% 和 0.286%。

从对偶的角度，我们分析了这两种税收减排总量相同时的经济影响。还是以税率为 5% 的能源税在 2020 年实现的效果作为参照，可以发现 10.3 元/吨二氧化碳的碳税就能够实现相同的减排水平。2020 年，这两种税收便能够减少二氧化碳排放 3.6964 亿吨。2020 年，10.3 元/吨二氧化碳的碳税导致 GDP 损失 0.063%，此后会逐步下降到 0.047%（2025 年）、0.040%（2030 年）、0.039%（2035 年）和 0.037%（2040 年）。

基于前文两方面的比较，可以得出这样的结论，即能源税和碳税将会取得不同的效果，也就是说，在减少能源使用和碳排放方面它们具有不同的功能。在政策模拟中，如果将减排设定为首要任务，那么能源税比碳税的起效速度更快，效率也更高，尽管其经济成本更大。从长远来看，能源税能够显著降低能源强度和二氧化碳排放强度，而就碳税而言，在初始阶段，能源强度和二氧化碳排放强度都会下降，但此后两者都会发生反弹。

五 结论

在本项研究中，我们对碳税和能源税的功能以及它们对整个经济和产业效益的综合影响进行了分析，得出的主要结论如下。

从长期来看，能源税和碳税都将有助于减少部门能源消耗以及相应的二氧化碳排放；从短期来看，这会导致生产成本的上升，并导致轻微的 GDP 损失。在所有情景中，随着税率的提高，GDP 会出现小幅下滑。在政策影响最大的情景 A1 中，GDP 下降幅度最大，达到 0.762%。在仅实施能源税的情景（B）中，虽然 GDP 损失不是最大的，但其对总投资和总消费的影响是最大的。在 2020 年，情景 B 对 GDP 的影响是 -0.272%。然而，其对总投资和居民总消费的影响分别达到 -1.76% 和 -0.66%，这在所有情景中是最大的。这意味着与碳税相比，能源税更能够影响新项目或现有项目的改造。换句话说，通过限制高耗能部门投资的方式，能源税能够更加有效地降低能源密集型产品的生产和消费水平。

与能源税相比，碳税在短期内降低能源消耗和排放量方面的效果比较明显。然而，在碳税情景中，存在能源使用出现反弹的情况。模拟结果表明，能源税逐步显现效果，并且反弹并不明显。在所有碳税情景中，能源强度和二氧化碳排放强度开始表现为下降，随后会出现上升。与此相反，在能源税情景中，并没有发现这种趋势。在所有情景中，二氧化碳排放强度并未表现出 U 形变化特征。在所有情景中，二氧化碳排放强度均呈单向递减趋势。结合其他经济指标，这表明当能源强度和能源消费总量出现反弹时，二氧化碳排放强度仍继续下降，说明能源税和碳税政策确实在推动“能源清洁化”方面发挥了作用。

一个典型的例子为发电行业。中国经济在高速增长，与此同时，日益增长的电力需求引发了更多的二氧化碳排放。为了能够在确保电力供应充足的同时实现约束性减排目标，发电行业必须通过清洁能源技术、二氧化碳捕获和存储技术以及效率提升技术等技术手段①或其他方式如转换能源来源，来降低二氧化碳排放，而这些都将增加能源成本。

政策手段的选择应以预期效果为基础。例如，能源税和碳税的最初目的都是减少能源消耗总量和二氧化碳排放总量。就降低二氧化碳排放强度而言，碳税在实施的开始阶段就取得显著效果，并在之后逐步加强。相比之下，能源税的初期效果相对较小，但随着时间的推移，其长期效果会越来越大。对于税收水平，两种税收的税率越高，其对经济的冲击就越大。因此，为了保护部门竞争力，最初的税率应定得比较低，然后随着时间推移逐步提高，以减少能源消耗和二氧化碳排放。

能源税和碳税两者不是简单的重复。我们的分析很清楚地表明，如果同时征收能源税和碳税，与只征收其中一项相比较，二氧化碳排放强度和能源强度的下降幅度都会大得多，而其对就业和产出的影响则相对较小，接近单独实施碳税或能源税所产生的影响。

能源密集型行业仍然是中国经济增长的主要驱动力之一。② 在本研究中，我们分析了这两种税收对能源密集型部门的影响。一般而言，非金属产品加工行业是受影响最大的部门，其中包括水泥加工、玻璃加工和其他产品加工行业，其次则是金属制品加工行业和石油加工行业。在产量和能源消耗量方面，这三个行业受到的影响最为严重。与公认的观点相反，电力生产和供应行业所受影响最小。这可能反映出这一事实，即与其他三个行业相比，发电行业技术相对单一，但具备更大的技术灵活性，可以在化石燃料和可再生能源之间做出选择，也就使其燃料组合更广泛，相比之下，水泥行业的燃料组合则比较有限。

就国际贸易而言，能源税和碳税对进口和出口都有影响，但对进口的影响似乎更为显著。相较于只使用能源作为燃料的部门，那些利用能源作为中间投入品或原材料的部门受到的冲击更大。如果将部门竞争力定义为出口占总需求的比例，其意义应该是“国内产品在国内市场上的竞争力”。在基线情景中，除纺织和木材加工等轻工业外，多数制造业的 CMP 为负值，从价值角

① 虽然在此模拟的整个时间段中我们假定科技或能源结构方面无重大变化，但实际上按照自然发展过程，科技和能源结构是会进步的。

② 2004～2013 年第二产业的年均 GDP 贡献率为 51.6%，参见 http://data.stats.gov.cn/workspace/index；jsessionid = BEF6DA9415820B5442F67FD1197C5E01? m = hgnd。

度来看，这意味着国内行业的竞争力水平低于世界平均水平。然而，在实施能源税和碳税政策之后，除其他石油产品和其他焦化产品行业外，几乎所有行业的 CMP 都有所提升。相对于单独实施能源税或碳税，能源税和碳税组合实施政策在提升行业 CMP 方面发挥的作用更大，同时，其发挥的作用也超过了能源税和碳税情景下的总和。因此，如果将提高国内产业竞争力设定为一个政策目标，那么组合税收应是一个很好的策略。

就能源税或碳税政策而言，实施时间越晚，要达到相同减排量所需成本就会越高。换言之，为了能够以较低的成本实现既定的减排目标，中国需要尽早实施此类税收。因为推迟实施碳税收政策就意味着后期需要实行更高的税率，并会引起更大的经济损失。

总而言之，这项研究针对推出能源税和碳税的可能情景进行了初步分析，并且得出了一些结论。但在后续的进一步研究中，还有许多重要问题有待解决。例如，收入循环就是一个关键问题，它决定了税收政策在实践中是否能够被接受。不同的收入投资方向，决定了相关成本以及减排政策的效果。不同的收入循环规模（如在国家层面或省级层面）决定了整个经济体系发展的平衡性。此外，保持部门和产品在国际市场上的竞争力也非常重要。对国际竞争力进行的全面分析需要将中国经济融入全球经济和全球贸易体系之中，同时，需要对国内和国际经济体的行业特点加以考量。

参考文献

[1] Baek, C. E. , Jung, Y. et al. , "Effects of Regulation and Economic Environment on the Electricity industry's Competitiveness: A Study Based on OECD Countries," *Energy Policy* 2014, 72: 120 - 128.

[2] Bartocci, A. and Pisani, M. , " 'Green' Fuel Tax on Private Transportation Services and Subsidies to Electric Energy, A Model - based Assessment for the Main European Countries," *Energy Economics*, 2013, 40 (supplement 1): s32 - s57.

[3] Baumol, W. J. and Oates, W. E. , *The Theory of Environmental Policy*. Cambridge: Cambridge University Press, 1998.

[4] Chamon, M. , Liu, K. et al. , "Income Uncertainty and Household Savings in China," *Journal of Development Economics*, 2013, 105: 164 - 177.

[5] Conefrey, T., Gerald, J. D. F. et al., "The Impact of a Carbon Tax on Economic Growth and Carbon Dioxide Emissions in Ireland," *Journal of Environmental Planning and Management*, 2012: 1-19.

[6] Cosmo, V. D. and Hyland, M., "Carbon Tax Scenarios and Their Effects on the Irish Energy Sector," *Energy Policy*, 2013, 59: 404-414.

[7] Douglas, S. and Nishioka, S., "International Differences in Emissions Intensity and Emissions Content of Global Trade." *Journal of Development Economics*, 2012, 99 (2): 415-427.

[8] Du, J., Liu, X. et al., "State Advances and Private Retreats? — Evidence of Aggregate Productivity Decomposition in China," *China Economic Review*, In Press, Corrected Proof.

[9] Fang, G., Tian, L. et al., "The Impacts of Carbon Tax on Energy Intensity and Economic Growth - A Dynamic Evolution Analysis on the Case of China," *Applied Energy*, 2013, 110: 17-28.

[10] Fischer, C. and Springborn, M., "Emissions Targets and the Real Business Cycle: Intensity Targets Versus Caps or Taxes," *Journal of Environmental Economics and Management*, 2011, 62 (3): 352-366.

[11] Gerlagh, R. and Zwaan, B., "Options and Instruments for a Deep Cut in CO_2 Emissions: Carbon Dioxide Capture or Renewables, Taxes or Subsidies?" *The Energy Journal*, 2006, 27 (3): 25-48.

[12] Guo, J. e., Zhang, Z. et al., "China's Provincial CO_2 Emissions Embodied in International and Interprovincial Trade," *Energy Policy*, 2012, 42: 486-497.

[13] Hammar, H., Löfgren, A. et al., "Political Economy Obstacles to Fuel Taxation," *The Energy Journal*, 2004, 25 (3): 1-17.

[14] Han, F., Su, M. et al., "Primary Research on China's Energy Tax," *Review of Economic Research* (Chinese), 2008, 55: 2-13.

[15] Haufler, A. and Mardan, M., "Cross - border Loss Offset Can Fuel Tax Competition," *Journal of Economic Behavior & Organization*, 2014, 106: 42-61.

[16] "Resource Taxing Reform and New Energy Policy," Ifeng Finance, 2010.

[17] Jenkins, J. D., "Political Economy Constraints on Carbon Pricing Policies: What are the Implications for Economic Efficiency, Environmental Efficacy, and Climate Policy Design?" *Energy Policy*, 2014, 69: 467-477.

[18] Jiang, K. J., Hu, X. L. et al., "Impact of Carbon Tax and Analysis on Related Issues," *2050 China Energy and CO_2 Emissions Report* (in Chinese) Science Press,

2009：413－445.

[19] Jiang, Z. and Shao, S., "Distributional Effects of a Carbon Tax on Chinese Households: A Case of Shanghai," *Energy Policy*, 2014, 73: 269－277.

[20] Johansson, O. and Schipper, L., "Measuring the Long Run Fuel Demand of Cars: Separate Estimations of Vehicle Stock, Mean Fuel Intensity, and Mean Annual Driving Distance," *Journal of Transport Economics and Policy*, 1997, 31: 277－292.

[21] Johnson, K. C., "Refunded Emission Taxes: A Resolution to the Cap－versus－Tax Dilemma for Greenhouse Gas Regulation," *Energy Policy*, 2007, 35 (5): 3115－3118.

[22] Li, Z., "An Econometric Study on China's Economy, Energy and Environment to the Year 2030," *Energy Policy*, 2003, 31: 1137－1150.

[23] Liang, Q. M., Fan, Y. et al., "Carbon Taxation Policy in China: How to Protect Energy and Trade Intensive Sectors?" *Journal of Policy Modeling*, 2007, 29: 311－333.

[24] Lin, B. and Li, X., "The Effect of Carbon Tax on Per Capita CO_2 Emissions," *Energy Policy*, 2011, 39 (9): 5137－5146.

[25] Liu, M. and Sun, "Policy Recommendations on China's Energy Tax Reform," *China Petrochem* (Chinese), 2014, 11: 46－56.

[26] Lu, C., Tong, Q. et al., "The Impacts of Carbon Tax and Complementary Policies on Chinese Economy," *Energy Policy*, 2010, 38 (11): 7278－7285.

[27] Ma, H., Oxley, L. et al., "Substitution Possibilities and Determinants of Energy Intensity for China," *Energy Policy*, 2009, 37 (5): 1793－1804.

[28] MacKenzie, I. A. and Ohndorf, M., "Cap and Trade, Taxes, and Distributional Conflict," *Journal of Environmental Economics and Management*, 2012, 63 (1): 51－65.

[29] Martin, R., Preux, L. B. et al., "The Impact of a Carbon Tax on Manufacturing: Evidence from Microdata," *Journal of Public Economics*, 2014, 117: 1－14.

[30] Mazumder, D. B., "Biofuel Subsidies Versus the Gas Tax: The Carrot or the Stick?" *Energy Economics*, 2014, 44: 361－374.

[31] Meleo, L., "On the Determinants of Industrial Competitiveness: The European Union Emission Trading Scheme and the Italian Paper Industry," *Energy Policy*, 2014, 74: 535－546.

[32] Miller, S., Wei, D. et al., "The Economic Impact of the Michigan Climate Change Action Plan on the State's Economy," Report to the Michigan Department

of Environmental Quality. Washington, DC, The Center for Climate Strategies, 2010.

[33] *The National Economic and Social Development Statistics Report for 2010.* National Bureau of Statistics of the People's Republic of China, 2010.

[34] *Energy Statistical Yearbook of China 2012.* National Bureau of Statistics and National Energy Administration, 2013.

[35] Ngan, H. W., "Electricity Regulation and Electricity Market Reforms in China," *Energy Policy*, 2010, 38: 2142 - 2148.

[36] Parry, I. W. H. and Small, K. A., "Does Britain or the United States Have the Right Gasoline Tax?" *The American Economic Review*, 2005, 95 (4): 1276 - 1289.

[37] Ren, S., Yuan, B. et al., "The Impact of International Trade on China's Industrial Carbon Emissions Since its Entry into WTO," *Energy Policy*, 2014, 69: 624 - 634.

[38] Richman, D. S., Shao, G. et al., "Multiregional Stock Adjustment Equations of Residential and Nonresidential Investment in Structures," *Journal of regional science*, 1993, 33 (2): 207 - 219.

[39] Rose, A., D., Wei, et al., "Regional Macroeconomic Assessment of the Pennsylvania Climate Action Plan," *Regional Science Policy & Practice*, 2011, 3 (4): 357 - 379.

[40] *The 12th Five - year Plan on Energy Saving and Emission Reduction.* The Central Government Report.

[41] Sterner, T., "Fuel taxes: An Important Instrument for Climate Policy," *Energy Policy*, 2007, 35 (6): 3194 - 3202.

[42] Sterner, T., "Distributional Effects of Taxing Transport Fuel," *Energy Policy*, 2012, 41: 75 - 83.

[43] Wang, J., Yan, G. et al., "The Study on China's Carbon Tax Policy to Mitigate Climate Change," *China Environmental Science* (in Chinese), 2009, 29 (1): 101 - 105.

[44] Wang, Z. X. and Wang, Y., "Evaluation of the Provincial Competitiveness of the Chinese High - tech Industry Using an Improved TOPSIS Method," *Expert system with applications*, 2014, 41: 2824 - 2831.

[45] Xin Wang, J. F. L., Ya Xiong Zhang, "An Analysis on the Short - term Sectoral Competitiveness Impact of Carbon Tax in China," *Energy Policy*, 2011, 39 (7): 4144 - 4152.

[46] Zhang, K. H., "How Does Foreign Direct Investment Affect Industrial Competitiveness? Evidence from China," *China Economic Review*, 2014, 30: 530 - 539.

[47] Zhang, Z. and Baranzini, A., "What do We Know about Carbon Taxes? An Inquiry into Their Impacts on Competitiveness and Distribution of Income," *Energy Policy*, 2004, 32: 507 - 518.

[48] Zhou, N., Levine, M. D. et al., "Overview of Current Energy - Efficiency Policies in China," *Energy Policy*, 2010, 38: 6439 - 6452.

第十章

火力发电运行管理标准的环境经济效果分析*

刘 宇　胡晓虹　孟 渤

一　前言

中国经济经历了高速增长，同时伴随着工业化和城市化的快速发展。毫无疑问，中国在经济发展方面取得了显著成就，但来自环境方面的压力也越来越大。例如，中国的电力行业已成长为世界第二位，装机容量已经从1949年的1.85GW上升至2007年的713.29GW，年均增长率高达10.8%。绝大部分发电厂是燃煤电厂（几乎占2007年总装机容量的78%）和水力发电厂（占2007年总装机容量的20%以上），核电厂只占总装机容量的1%左右（Russell Pittman等，2010）。发电企业的大气排放已经成为酸雨和大气中细小颗粒物聚集等污染问题的主要来源，而酸雨和大气中细小颗粒物主要是由二氧化硫（SO_2）排放以及氮氧化物（NOx）排放造成的（Dallas Burtraw等，2005）。为了实现减排目标，中国环境保护部已于2012年1月1日出台了《火力发电厂大气污染物排放新标准》（ESAPTPP2011）。新标准不仅对排放水平造成影响，而且通过诸如改变商品和服务的市场价格等各种渠道对经济系统产生了影响。对于政策制定者来说，了解以下问题是非常重

* 本文修改稿以“Economic and Environmental Implications of Raising China's Emission Standard for Thermal Power Plants: An Environmentally Extended CGE Analysis”为题在 *Resources*, *Conservation and Recycling* 发表。

要的：当实施这一新标准时，需要付出多少经济代价（如 GDP 损失）？市场价格和国内消费结构会发生何种变化，变化的程度如何？在推出新标准后，减少污染和节约能源的目标能否实现？如果这些目标能够实现，何种类型的能源产品对促进减排的贡献最大？产业结构发生何种变化，变化的程度如何？所有以上这些问题都亟待回答。

目前，关于《火力发电厂大气污染物排放标准》的相关影响，存在两个主要研究方向。其中一个研究方向将研究重点放在以技术或战略为导向的问题上，这些问题主要是关于如何通过定性分析和案例研究（Sun，2001；Shang 等，2007；Jing 等，2009；Fu，2011；Sun，2012）在火电行业实现污染减少和能源节约；另一个研究方向则侧重利用各种模型，如排放权交易模型（Wang，2005）、数学模型（Liu，2008）、综合空气质量模型（Sheng，2011）等。现有的与《火力发电厂大气污染物排放标准》有关的大部分文献主要解决的是技术问题，有关其经济影响的讨论甚少。相较于之前的研究，本文的重点是阐明二氧化硫和氮氧化物在整个经济体系中的产生和减排机制，同时，本文在扩展的可计算一般均衡模型（CGE）基础上对“十二五”规划期间新标准对中国经济和环境的综合影响进行了模拟。此外，本文将以大规模企业调查（2007 年污染物普查数据库[①]）为基础的企业层面微观信息集成到传统的投入产出数据库之中，这有助于提高本研究中所采用的可计算一般均衡模型参数校准的质量和可靠性。

二　《火力发电厂大气污染物排放标准》的主要内容

中国环境保护部于 2004 年 1 月 1 日发布了《火力发电厂大气污染物排放标准 2003》，该标准对烟尘、二氧化硫和氮氧化物这三种污染物设定了排

① 2012 年 2 月 6 日，国家统计局决定进行第一次全国污染源普查，目的是增强对环境的监督和管理。普查的标准时间为 2007 年 12 月 31 日，标准期为 2007 年。普查的目标是中国境内的污染物排放，包括工业污染源、农业污染源、生活污染源和集中式污染治理设施。调查的内容包括各种污染源的基本情况、主要污染物的产生和排放情况，以及污染治理等。本文采用的污染物数据库为 2007 年投入产出表中关于国民经济行业的主分类部分，同时还包括 2007 年生活污染源的调查资料，这些数据全面地整理出了使用 5 种能源产品（煤、石油气、汽油、炼焦、电力和燃气）的 135 种行业的废气投入产出情况，还附带其他相关资料。

放限值。控制的关键是推动火力发电烟气脱硫。该标准的实施在控制大气污染物排放、保护生态环境、促进电力行业技术进步等方面发挥了非常重要的作用。《火力发电厂大气污染物排放标准 2003》实施后，电力行业的烟尘和二氧化硫排放期望能得到更有效的控制。然而，随着氮氧化物排放量的持续增加，之前的硫酸雨污染已经演变为硫酸雨和硝酸雨的混合污染。在中国，城市大气环境形势依然严峻，区域性大气污染问题已变得比以往任何时候都更加突出。此外，《火力发电厂大气污染物排放标准 2003》对氮氧化物排放的控制要求与发达国家有很大的不同。《火力发电厂大气污染物排放标准 2003》所设定的相关标准已无法满足环境保护的相关要求，同时也无法满足当前或将来加强对火电行业排放的控制的要求。考虑到对火力发电厂氮氧化物的排放进行控制已经迫在眉睫，需要对《火力发电厂大气污染物排放标准 2003》进行相应的修订。因此，环境保护部发布了新版的标准。在新标准中，除上述三种污染物外，汞及其化合物的排放也被列入控制范围，并设定了相应的限值。但在本文中，我们将研究重点放在两种最重要的污染物上：二氧化硫和氮氧化物。在新标准中，新建火力发电锅炉和燃气轮机的二氧化硫排放浓度被控制为 100 毫克/立方米（现有火力发电锅炉则执行 200 毫克/立方米这一标准）。对于氮氧化物，在 2004 年 1 月 1 日至 2011 年 12 月 31 日这一期间已经通过环境影响评价的新建的和现有的火力发电锅炉都必须全面采用烟气脱硝，从而将氮氧化物的排放浓度控制在 100 毫克/立方米这一范围之内。对于那些在 2003 年 12 月 31 日之前获批的火力发电锅炉，其氮氧化物排放浓度应该控制在 200 毫克/立方米这一范围之内。

三　模型和数据

可计算一般均衡模型一直以来被广泛应用于政策影响分析中。本文采用中国科学院科技政策与管理科学研究所和维多利亚大学中国经济政策研究中心联合开发的静态可计算一般均衡模型。该模型包括 135 个工业部门、3 种生产要素（劳动力、资本、土地）以及 6 个经济主体（产品、投资、家庭、出口、政府和存货）。

本文采用长期封闭假设，因为对于废气脱硫或脱硝来说，从开始投资到系统成功运行需要数年时间，短期封闭不适合这种情况。长期封闭假设的具体条件如下。①劳动市场。在长期封闭期假设中，就业水平取决于人口出生率、死亡率、劳动参与率以及人口数量等因素。因此，我们假定总就业人数长期保持不变，而劳动力需求则取决于工资水平。②资本市场。在长期封闭假设中，根据租金水平的高低，资本可以在行业间进行转移。因此，长期封闭假设往往伴随着资本的调整，通过调整使资本回报率差异不断收窄，直至达到相同水平。③投资市场。在长期封闭假设中，投资是由资本存量决定的。④消费行为。一般来说，支出是由收入水平决定的。因此，政府消费和家庭消费均依赖于一个共同的受可支配收入影响的效用函数，同时，两者都与收入存在正相关关系。⑤贸易差额。在长期封闭假设中，假定名义贸易差额与名义 GDP 之比保持不变。

考虑到在中国目前的条件下能源投入属于刚性需求，在该模型中，本文仍假设能源是投入生产之中的中间投入（见图 10－1）。中间投入是能源中间投入和非能源中间投入的总和。中间投入通过里昂惕夫函数被嵌套进入模型之中，而里昂惕夫函数的特点就是为不同的投入品设定了固定比率。不同能源投入之间的替代关系可以通过 CES 函数来表达。能源部门能够生产出能源商品，而这些能源商品又可具体分为电力、煤炭、石油气、炼焦、石油和天然气等。

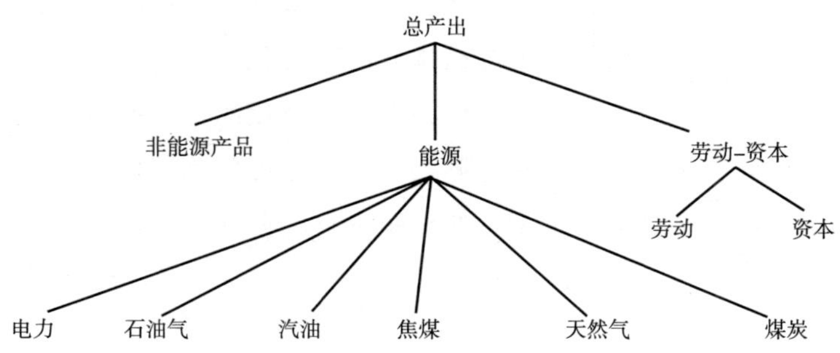

图 10－1　可计算一般均衡模型生产嵌套

能量方程式的中间投入要素可表述为：

$$X_j = \underset{i=1}{\overset{6}{CES}}\left\{\frac{X_{ij}}{A_{ij}};\rho_j, b_{ij}\right\} \tag{1}$$

该方程式表示了 j 行业所使用的国内商品和进口商品的不变替代弹性成分。其中，X_j 表示的是 j 行业所使用的能源产品数量；X_{ij} 表示的是 j 行业利用来自国内商品和进口商品的能源产品 i 所实现的产出；A_{ij}表示的是 j 行业利用能源产品的技术参数；b_{ij}表示的是 j 行业利用能源产品的份额参数；ρ_j 表示的是 j 行业利用能源产品的不变替代弹性系数。如果能源产品 i 被用于能源行业，那么替代弹性系数则为 0。以火电行业为例，火电行业主要依靠煤炭产生电力；因此，煤炭是主要的中间投入品，并且不能用其他能源产品来代替煤炭。但一般来说，能源替代是指燃料间的替代。如果能源产品 i 被用于非能源行业，那么替代弹性系数为 0.5，这与 GTAP－E 模型（Jean－Marc Burniaux et al.，2002）中的替代弹性基本一致。

考虑到火电行业有必要根据排放标准对废气进行净化处理，我们设置了废气脱除率①变量。同时，针对使用不同能源的不同行业，该模型将废气排放分为来自燃烧过程的排放和来自加工过程的排放两类。来自燃烧过程的排放是指生产过程中燃烧某种化石能源（煤炭、石油气、汽油等）所产生的排放；来自加工过程的排放则被定义为生产过程中某些特定工艺过程所产生的排放。来自加工过程的排放与工业产出水平有关。换句话说，如果工业产出保持不变，那么排放量也将保持不变。相关函数如下：

$$p_i = x_i \omega_i \tag{2}$$

p_i 表示的是来自 i 行业相关加工过程的排放；x_i 表示的是 i 行业的产出；ω_i 表示的是来自 i 行业相关加工过程排放的废气脱除率。

然而，来自燃烧的排放量随着化石能源燃烧量的变化而变化，并且变化保持在同一水平上。考虑到不同能源投入之间能够相互替代，我们能够对能源投入变化导致污染物排放量下降的机制进行建模。特定函数如下：

$$b_j = xl_{ij} \times \alpha_j \tag{3}$$

b_j 表示的是来自 j 行业相关燃烧过程的排放；xl_{ij}表示的是 j 行业使用能源 i 所产生的排放；α_j 表示的是 j 行业燃烧排放的废气脱除率。

根据长期封闭假设，本文通过三个渠道对经济影响以及火电行业带来的污染物减少进行了模拟。①投资驱动。火电行业对脱硝和脱硫设备的投资将带动其上游产业的扩张，然后将对相关上游产业产生积极影响。②成本驱动。为了达到新排放标准，火电行业需要增加投资成本和运营成本，而这将导致火

① 废气脱除率＝废气排放量/废气产生量，描述了排出气体的产生和排放。

电行业的产出下降。③废气脱除率变化。对脱硝和脱硫设备的投资将会大幅提高废气脱除率，从而能够减少污染物排放并加强末端处理成效。简言之，我们对火电行业在脱硝和脱硫设备方面的投资、火电行业生产税率以及火电行业排放末端处理脱除率三个外生变量进行了研究。通过对这三个变量进行研究，我们模拟了新标准实施对经济和污染物减排的影响。

我们所使用的经济数据库以国家统计局公布的涉及 135 个部门的 2007 年投入产出表为基础。环境数据库则以环境保护部发布的 2007 年污染普查数据为基础，其中包括 135 个行业层面的主要大气污染物（二氧化硫和氮氧化物）排放数据。

四　模拟结果分析

（一）宏观经济影响

（1）模拟结果显示，提高火电行业排放标准给经济发展带来了巨大的负面影响。如表 10－1 所示，中国 GDP 将因此降低 1.33%。如果从支出方面对 GDP 进行分解，结果表明，GDP 下降主要是由于投资的变化。从长期来看，资本回报率、就业和技术进步将保持不变，而资本存量的下降将会压低投资，这将进一步影响到经济增长率。

表 10－1　对中国宏观经济的影响

单位：%

项目	变动	项目	变动
宏观经济变量		进口	0.18
GDP	－1.33	实际汇率	－0.18
CPI	－0.28	贸易条件	0.11
家庭消费	－0.80	生产要素市场	
投资	－2.00	资本存量	－1.91
出口	－0.42	实际工资	－2.71

（2）就商品价格变化而言，模拟结果表明，CPI 将下降 0.28%。因此，提高火电行业排放标准并不会抬高物价。相反，这将会抑制物价。原因共有

两点。首先，提高火电行业的生产税率将增加火电行业的成本，这将直接抬高电价。然而，此类中间投入价格的上涨将直接转嫁给用电量大的行业，如基础化工原料制造业、铁合金冶炼业、有色金属矿采选业和黑色金属矿采选业等。其对家庭消费品（房地产、家电、食品等）的影响非常有限。另外，由于实际工资和劳动力成本的降低，家庭主要消费品的价格也将出现下降。

（3）提高火电行业排放标准对中国的进出口也将造成影响。由于实际汇率贬值（-0.18%），即本币出现升值，与国际市场相比，出口价格将会上涨，出口量将降低 0.42%。然而，我们假设进口价格保持不变，因此，进口商品会变得更便宜，这将导致进口量增加 0.18%。

（4）提高火电行业排放标准对改变国内需求结构具有积极影响。模拟结果表明，家庭消费和投资将分别降低 0.80% 和 2.00%。家庭消费降低的主要原因是 GDP 下降导致国民收入减少。与私人消费小幅下降相比，投资额的下降幅度更大，这主要是由资本存量的降低（-1.91%）造成的。就国内需求结构而言，私人消费降低所占比重较小，而投资降低所占比重则要大得多。随着新标准的推出，在百分比和绝对量两方面，投资降幅都比消费降幅要大得多。因此，提高火电行业排放标准可以在一定程度上改善中国的内需结构。

（5）从长期来看，就业水平将保持不变。由于资本存量的减少，劳动力边际产出将会下降。生产者将会根据自己所面对的资本租金和工资水平来决定生产要素的量。一方面，由于实际工资降低，劳动力需求将会增加；另一方面，受到火电行业生产税的直接或间接影响，相关行业的劳动力需求将会减少，进而导致劳动力在不同行业之间发生转移。

（二）对行业层面的影响

火电行业生产税的提高会提高生产成本，并会推动电价上涨，从而对电力行业上游和下游产业造成影响。对其他专用设备需求的增长将会增加产出，从而对上游和下游产业产生影响。此外，与电力行业没有直接联系的其他行业，也将会通过间接渠道受到影响，如劳动力市场、资本市场和贸易格局改变等。

1. 主要“输家”

图 10-2 展示了受冲击最大的 10 个行业所发生的变化。火电行业的产

出将下降4.37%。大多数受损的行业均为资本密集型行业，如基础化工原料制造业（-4.19%）、黑色金属冶炼业（-2.98%）、有色金属开采业（-2.78%）、有色金属冶炼业（-2.61%）、黑色金属开采业（-2.34%）、输配电及控制设备制造业（-2.32%）、有色金属压延加工业（-2.04%）、建材制造业（-1.96%）、建筑业（-1.90%）等。虽然这些行业的产出都遭受很大的冲击，但造成它们产出下降的原因不尽相同。工业产出影响可分为以下三类。

（1）直接影响。火电行业受到了直接冲击，同时，其受损程度也是最高的。火电行业生产税率的提高将会直接推升火电行业的成本，从而导致电价上升。由于96%的电力被用作中间投入，电价上升将会传导到下游产业，从而使那些耗电量大的行业发生收缩。

（2）通过下游产业间的联系对经济造成的影响。上游产业成本上升对下游产业的负面影响主要体现在，电价上升直接推升了下游产业的成本，成本大幅上升导致下游产业不得不降低产出。下游最大的“输家”包括基础化工原料制造业、有色金属开采业、有色金属冶炼业、黑色金属开采业以及有色金属压延加工业等。

（3）通过上游产业间的联系对经济造成的影响。投资变化对上游产业（如建筑业）造成了影响。因为建筑行业94%的产出取决于投资水平的高低。总投资的降低首先影响到建筑业，然后进一步影响到其他上游产业，如建材制造业、输配电及控制设备制造业等，因为这两个行业的产出主要被用作建筑业中间投入品。

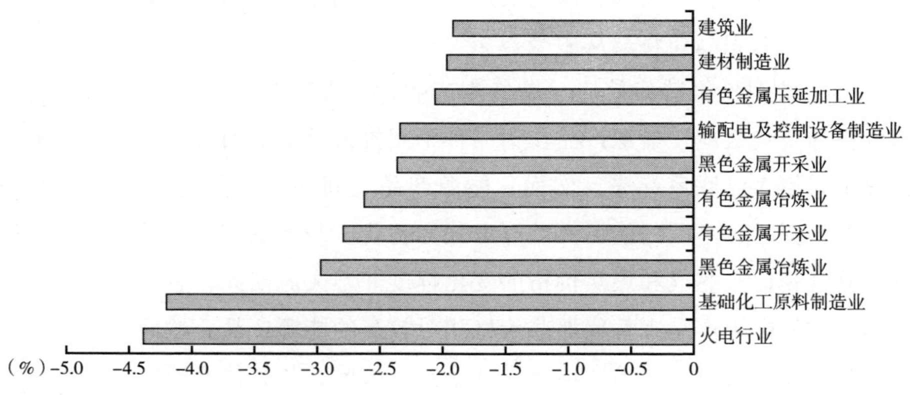

图10-2　主要受损行业的产出变化

2. 主要“赢家”

图 10－3 显示了排名前十的受益行业。其他专用设备制造业的产出增加最大，增幅达到了 9. 09％。其他受益行业大多属于劳动密集型行业，如水产品加工业（1. 71％）、皮革制品业（1. 14％）、针织品制造业（0. 89％）、毛纺织品业（0. 68％）、屠宰和肉类加工业（0. 55％）、渔业（0. 41％）、林业（0. 39％）、燃气生产和供应业（0. 33％）、纺织制成品制造业（0. 31％）等。根据不同的冲击传导机制，相关情况可分为以下几类。

（1）直接影响。受益最大的行业是其他专用设备制造业。为了满足新标准的要求，火电行业必须引进更多的其他专用设备，这些专用设备将占到其总投资额的 50％左右。因此，其他专用设备制造业的产出将会增加。

（2）从劳动力工资下降中获得成本优势。林业、畜牧业和渔业均属于劳动密集型行业。因此，劳动力工资下降将推动这些行业的产品价格一同下跌，产出将会因生产要素价格下降而扩大。

（3）通过上游和下游产业间联动对出口造成的影响。畜牧业和渔业是屠宰和肉类加工业以及水产品加工业的主要投入品来源。此外，皮革业的主要投入品来源则是屠宰和肉类加工业。中间投入价格的下降将导致这三类行业生产成本的下降。因此，上下游产业间的联动效应使屠宰和肉类加工业、水产品加工业和皮革业获得了成本降低的进一步优势，并推动这些商品出口的增长。同时，由于国内价格下降以及出口份额的增长，针织品制造业等也将从中受益。

（4）下游产业的拉动作用。出口导向型产业的迅速扩张也将拉动其上游产业产量的增长。例如，因为其产品主要被用作针织品制造业的主要中间投入品，毛纺织品业将会从中受益。

（5）能源价格替代效应。燃气生产和供应业产量的增加主要归因于能源价格的替代效应。能源产品作为一种中间投入品能够通过里昂惕夫函数与其他中间投入品联系起来。然而，能源产品之间的关系是通过 CES 函数来表达的，同时，不同的能源产品可以互为替代。与火电行业以及其他能源行业的价格相比，燃气和煤炭价格的变化幅度并不大。因此，企业会选择天然气和煤炭等能源产品来替代那些价格相对较高的能源产品。然而，由于下游重工业收缩，煤炭行业的产出将受到限制。因此，与其他能源产品相比，燃气生产和供应业的产出上升更为明显。

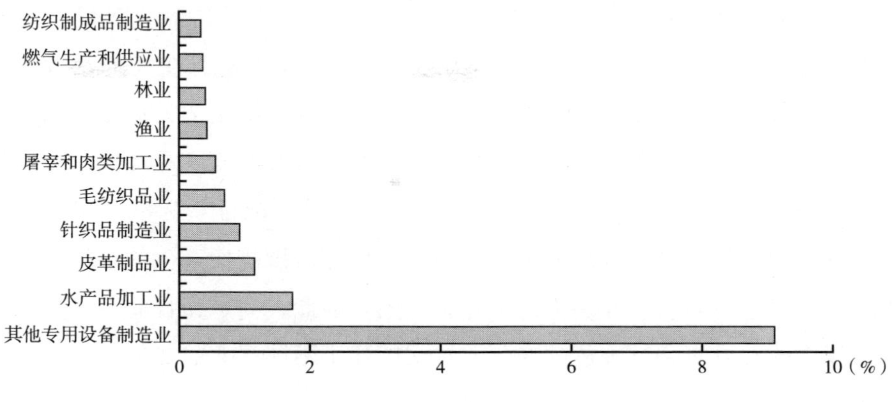

图 10－3　主要受益行业的产出变化

（三）对二氧化硫与氮氧化物排放的影响

火力发电厂的新标准，不仅对整个经济造成了冲击，还大大减少了大气污染物的排放。如表 10－2 所示，二氧化硫与氮氧化物的排放量显著降低，分别减少了 21.89% 和 13.18%（绝对量分别减少 572.42 万吨和 170.76 万吨），但产量降低的幅度并不大。出现这种情况的原因是火力发电厂安装了脱硫脱硝设备，提高了火电行业的废气脱除率，使火电行业的大气污染物排放量明显降低。

从使用方式来看，中间行业排放的二氧化硫与氮氧化物分别降低了 23.05%（571.25 万吨）及 13.6%（170.38 万吨），而消费者使用的二氧化硫与氮氧化物仅分别降低了 0.85%（1.16 万吨）及 0.86%（0.37 万吨）。至于排放方式，化石能源燃烧减排是实现总减排的主要原因，而加工过程中的减排比例则微乎其微（不到 1%）。化石能源燃烧排放的二氧化硫与氮氧化物分别减少 23.37%（569 万吨）和 13.67%（169.81 万吨），而加工过程中排放的二氧化硫与氮氧化物仅分别减少 1.9%（3.42 万吨）与 1.76%（0.95 万吨）。

燃烧排放的二氧化硫以及氮氧化物是在使用煤炭、石油气、汽油以及炼焦和煤气的过程中产生的，而在电力终端使用过程中不产生二氧化硫以及氮氧化物。因此，在众多能源产品中，煤炭燃烧所产生的二氧化硫和氮氧化物减排是实现排放总量减少的最关键因素，而其他能源产品的作用则相对较小。结果显示，二氧化硫以及氮氧化物的排放量分别减少了 438.74 万吨和

164.84 万吨，其原因就在于煤炭。煤炭在燃烧时排放的二氧化硫以及氮氧化物在总量中分别占 77.11%、97.07%。第二大因素是石油气与汽油。对于石油气来说，二氧化硫以及氮氧化物这两种空气污染物的排放量分别减少了 125.58 万吨和 0.52 万吨；而对于汽油来说，二氧化硫以及氮氧化物的排放量分别减少了 4.29 万吨、4.18 万吨。一般而言，减排新标准对减少煤炭的使用最为有效，进而有效地减少了各行业中煤炭燃烧所产生的空气污染物排放。但对于不同的行业，情况可能会不同。因此，为了在行业层面深入分析二氧化硫和氮氧化物排放的变化，本文阐述了不同行业的二氧化硫和氮氧化物排放的变化趋势及原因。

表 10－2　对空气污染物二氧化硫和氮氧化物的影响

	SO_2		NO_x	
	占比(%)	绝对值(万吨)	占比(%)	绝对值(万吨)
总产量	－0.67	－94.08	－2.24	－29.83
排放总量	－21.89	－572.42	－13.18	－170.76
使用方式(排放)				
中间使用	－23.05	－571.25	－13.6	－170.38
消费使用	－0.85	－1.16	－0.86	－0.37
排放方式(排放)				
过程排放	－1.90	－3.42	－1.76	－0.95
燃烧排放	－23.37	－569.00	－13.67	－169.81
能源产品(燃烧排放)				
煤	－30.90	－438.74	－15.32	－164.84
石油气	－22.98	－125.58	－6.37	－0.52
汽油	－1.23	－4.29	－4.13	－4.18
焦炭	－0.33	－0.40	－0.33	－0.15
天然气	3.42	0.01	－1.09	－0.11
电力	0.00	0.00	0.00	0.00

各行业大气污染物排放的变化与以下两点紧密相关：行业的能源结构以及相对价格变化导致的不同能源产品之间的替代。因此，本研究首先要阐明 6 种能源产品变化的原因，然后分析各行业的排放结果。模拟结果显示，只有煤炭的价格有所降低，其他 5 种能源产品的价格都有不同程度的上升。煤炭价格降低的原因主要有两个。首先是下游的火电行业产量降低，导致对上

游的煤炭行业的需求减少。其次，煤炭行业属于劳动密集型行业，劳动报酬的降低使煤炭行业的成本相对降低。电力价格上升，是因为新排放标准使火电行业的生产成本最终提高。[①] 至于石油气、汽油、炼焦和煤气的价格上涨，原因在于上游生产成本提高。其中，石油气和焦炭价格上涨主要是由于上游行业电力价格上涨，而汽油和煤气价格上涨是由于上游石油气行业价格上涨。

1. 对主要行业二氧化硫排放的影响

为便于分析各行业二氧化硫排放的变化，我们选取了增排和减排最多的5个行业。一般而言，二氧化硫排放的变化取决于以下三个要素：行业产出的变化，由相对价格变化引起的能源产品之间的替代，以及最初的排放总量及行业所占比例。

表 10－3 主要行业二氧化硫的变化

单位：万吨

	排放总量	过程排放	燃烧排放	煤炭	石油气	汽油	焦炭	天然气
前5个减少的行业								
火电行业	-582.14	-0.01	-582.14	-444.93	-127.69	-9.47	-0.05	0.00
基础化学原料业	-1.27	-0.37	-0.90	-0.18	-0.64	-0.02	-0.06	0.00
炼铁业	-1.04	-0.34	-0.70	-0.22	-0.02	0.00	-0.45	0.00
有色金属冶炼业	-0.73	-1.38	0.65	0.42	0.11	0.03	0.09	0.00
砖材料制造业	-0.43	-0.20	-0.23	-0.10	-0.10	-0.01	-0.02	0.00
前5个增加的行业								
农业	3.76	0.00	3.76	0.20	0.00	3.55	0.00	0.01
造纸业	1.84	0.00	1.85	1.52	0.27	0.05	0.00	0.00
棉纺织业	1.19	0.00	1.19	0.64	0.53	0.03	0.00	0.00
渔业	0.84	0.00	0.84	0.01	0.00	0.83	0.00	0.00
水泥业	0.76	-0.13	0.89	0.84	0.04	0.01	0.01	0.00

行业二氧化硫排放的变化呈现两个重要特征。首先，如表10－3所示，减排高度集中于一个行业，而排放增加则来自于分散的多个行业。在实现减排的行业中，火电行业的排放量下降最多，减排达582.14万吨，而其他4

① 由于火电行业的短期投资牵涉到偿还贷款和利息支付问题，因此，相关的支出将在某种程度上计入企业的生产成本中。

个行业加起来的减排总量不足 5 万吨（基础化学原料业减排 1.27 万吨，炼铁业减排 1.04 万吨，有色金属冶炼业减排 0.73 万吨，砖材料制造业减排 0.43 万吨）。这是因为行业排放总量的43%来自火电行业，其排放基础非常大，因此，即使是微小的产量变化也会导致排放的巨大波动。与实现减排的行业不同的是，二氧化硫排放增加的行业则相对分散。其中，农业排名第一，水泥制造业排名第五，各增加 3.76 万吨、0.76 万吨，在这两个行业之间仅有 3 万吨的差距。

其次，就排放方式而言，燃烧产生的排放通常占主要地位，而过程中的排放则较少。模拟结果表明，除了有色金属冶炼业，其他 9 个行业中燃烧产生的排放起着举足轻重的作用。基础数据库显示，这些行业的排放主要来自能源的燃烧，而加工过程的排放则微乎其微。例如，农业和渔业不存在过程排放。火电行业、造纸业及棉纺织业加工过程中的排放在排放总量中（燃烧时的排放 + 加工中的排放）仅占不到 1% 的比重。水泥业和砖材料制造业加工过程的排放仅在排放总量中占不到 10% 的比重。而这一比重在基础化学原料业和炼铁业中则相对较高，分别达到了 16% 和 23% 。这些行业加工过程的排放比重与行业排放总量的变化相一致。而与其他行业不同的是，有色金属冶炼业加工过程的排放在其排放总量中占超过 79% 的比重。在这种情况下，加工过程的排放在排放总量变化中起主导作用。

由于火电行业直接遭受新标准的冲击，其减排量最大，因此需进一步解释。火电行业的减排，几乎全部来自燃烧时的减排，而加工过程的排放变化很小。这是因为在基础数据库中，火电行业的燃烧排放占排放总量的 99.8% 。因此，即使该行业产量变化很大，加工过程的排放在排放总量中的作用依然很小。该模型显示，火电行业燃烧减排 582 万吨，但是加工过程中仅减排 85 万吨。这是因为火电行业提高了燃烧废气脱除率，使得燃烧产生的废气排放量大幅下降。更确切地说，排放减少主要不是因为能源使用减少，而是燃烧废气脱除率提高了。就能源产品的种类来看，煤炭和石油气是火电行业最重要的两大投入品。因此，燃烧时排放量减少主要是由于煤炭和石油气的排放量减少了（分别减少了 445 万吨和 128 万吨）。此外，火电行业中不存在可替代能源，因为煤炭是最重要的中间投入品，其并非仅用于燃烧。

最后，还有两个行业（有色金属冶炼业及水泥业）需要加以解释，因为这两个行业的燃烧与加工过程中的排放变化与其他行业有很大不同。对于大多数行业来讲，这两种排放方式变化的方向是一致的，但是在这两个行业中，加工过程的排放减少了，而燃烧时的排放却增加了。例如，有色金属冶炼行业的排放总量减少了 0.73 万吨，其中，加工过程造成的排放减少了 1.38 万吨，燃烧造成的排放增加了 0.65 万吨。生产过程排放的降低是由于产量紧缩，而燃烧排放的增加是由于其能源利用组成中电力的比重非常高，达到了 65%。因此，能源的平均价格因电价增加被推高，导致其他 5 种能源的使用产生了根本性的增加。这种增加幅度超过了产量降低的幅度。但是，电力的最终使用并不产生排放，因此，燃烧 5 种能源产品产生的排放就会增加。当有色金属冶炼行业的主要中间投入品是煤炭和汽油时，这两种能源投入通过燃烧使该行业的排放增加。水泥业和造纸业面临着相同状况。

2. 对主要行业氮氧化物排放的影响

一般而言，除火电行业外，其他行业的氮氧化物排放变化很小。原因与二氧化硫的排放状况基本一致，但又存在些许不同。因此，我们将集中对这两种排放进行比较。

首先，从行业覆盖角度来看，行业源的氮氧化物和二氧化硫排放变化基本相同。在氮氧化物排放减少幅度最大的前 5 个行业中，有 4 个行业的二氧化硫排放减少幅度居前 5 位（火电行业、基础化学原料业、炼铁业和砖材料制造业）；在氮氧化物排放增加幅度最大的前 5 个行业中，有 3 个行业的二氧化硫排放增加幅度居前 5 位（水泥制造业、造纸业和棉纺织业）。可以看出，氮氧化物和二氧化硫排放具有相似的产生机制。

表 10－4　主要行业氮氧化物的变化

单位：万吨

	排放总量	加工过程排放	燃烧排放	煤炭	石油气	汽油	焦炭	天然气
前 5 个减少的行业								
火电行业	－173.83	－0.13	－173.70	－168.63	－0.54	－4.40	－0.02	－0.12
基础化学原料业	－0.37	－0.08	－0.30	－0.20	－0.01	－0.03	－0.06	0.00
炼铁业	－0.30	－0.06	－0.24	－0.09	0.00	0.00	－0.15	0.00
砖材料制造业	－0.15	－0.09	－0.06	－0.05	0.00	－0.01	0.00	0.00
公路运输业	－0.07	0.00	－0.07	－0.00	0.00	－0.07	0.00	0.00

续表

	排放总量	加工过程排放	燃烧排放	煤炭	石油气	汽油	焦炭	天然气
前5个增加的行业								
水泥业	1.17	-0.25	1.41	1.39	0.00	0.02	0.01	0.00
造纸业	0.64	0.00	0.64	0.61	0.00	0.03	0.00	0.00
棉纺织业	0.35	0.00	0.35	0.33	0.00	0.02	0.00	0.00
贸易	0.20	0.00	0.20	0.09	0.00	0.10	0.00	0.01
其他食品加工业	0.18	0.00	0.18	0.15	0.00	0.03	0.00	0.00

其次，氮氧化物的排放变化幅度相比二氧化硫的排放变化幅度更小。除火电行业外，其他行业的排放变化很小。火电行业的氮氧化物排放减少了173.83万吨，除水泥业（1.17万吨）外，所有其他行业没有发生1万吨以上的变化。可以发现，在排放增加中居第5位的其他食品加工业仅增加了0.18万吨的氮氧化物排放，而在排放减少中居第5位的公路运输业仅仅减少了0.07万吨的排放。

最后，在能源产品方面，燃烧造成的氮氧化物排放和二氧化硫排放是由不同的能源产生的。这是因为在基线排放数据库中，不同能源产品的排放在组成上是不同的。从所有行业的平均情况来看，煤炭、石油气、汽油和其他能源产品的氮氧化物排放比例分别为88%、1%、7%和4%，二氧化硫排放比例分别为58%、24%、13%和5%。可以清楚地看出，煤炭是这两种污染物的主要来源。

五 结论和政策建议

本研究使用可计算一般均衡模型模拟了提高火力发电厂的排放标准对中国经济和空气污染物排放造成的影响，模拟结果表明，提高火力发电厂的排放标准将极大地减少大气污染物的排放。氮氧化物排放和二氧化硫排放将分别降低21.9%和13.2%。但是从经济角度分析，宏观经济的代价很高。计算表明，新标准将使中国的GDP降低1.33%。从价格和国内需求结构上看，新标准将不会推升CPI；相反，它将抑制通货膨胀并改善国内需求结构。在工业产出方面，火电行业产出将降低4.37%。新政策有利于降低高能源损耗产业的产出，促进生活消费品行业的产出，进而减少大气污染物的排放。另外，由于劳动力价格下降，它还会增加私人消费和其他劳动密集型行业的产出。根据模拟结果，我们提出以下主要政策建议。

（1）火电行业的减排政策应逐步落实。模拟结果表明新标准对 GDP 的影响很大，因此，政府在制定和实施减排政策时应考量经济稳定情况。经济发展和环境治理应互为补充，不应在短期内为达到减排目标而忽视经济发展。

（2）更多投资应投入到节能设备中来。新规范的实施将促进相关节能技术和市场的发展，二氧化硫和氮氧化物净化设备的新兴市场规模将达数千亿元。政府应该加强国外技术转移（流入）并协助国内公司进行技术改造，努力使这些产业在绿色经济和可持续发展的新经济领域起到带头作用。

（3）应调整火电行业的产业结构。火电行业是空气污染物的主要产生来源。从长远来看，火电行业应逐渐改变现在对煤炭的依赖，实现能源投入从非再生自然资源向再生自然资源的转变，如水电和风电。从短期来看，火电行业应加强气体排放的监控和管理，加强节能减排技术的研究和开发，从“终端管理”向基于流程的减排转变。

参考文献

[1] The Standards of Air Pollutant Control for Power Plants Manual (the Second Draft), Chinese Research Academy of Environmental Sciences and State Power Environmental Protection Research Institute (in Chinese).

[2] Zhong Xiang Zhang, "Can China Afford to Commit Itself an Emissions Cap: An Economic and Political Analysis," *Energy Economics*, 2000, 22: 614.

[3] Russell Pittman & VanessaYanhua Zhang, "Electricity Restructuring in China: How Competitive will Generation Markets Be?" *The Singapore Economic Review*, 2010, 55: 377 - 400.

[4] Dallas Burtraw et al., "Economics of Pollution Trading for SO_2 and NO_X," *Resources for the Future*, 2005 (3).

[5] Sun, S., "Application of Engineering Economic Analysis in the Making of Pollutant Discharge Standards and the Determination of Pollution Control (in Chinese)," *Urban Environment & Urban Ecology*, 2006, 14: 14 - 15 + 33.

[6] Shang, J. C. , Zhang, L. Q. , "Research and Application of Technologies in Energy Saving, Emission Reducing and Optimal Resource Allocation of Electric Power System (in Chinese)," *Power System Technology*, 2007, 31 (22): 58 – 63.

[7] Jing, P. , Yue, T. , Li, X. Y. , Gao, X. J. , Zhang, Y. C. , "Control Standards, Policy Analysis and Research on Nitrogen Oxides in Thermal Power Plants (in Chinese)," *Research Progress*, 2009, 4: 19 – 23.

[8] Sun, W. M. , Zhang, J. , "Discussion on Power Generation Company's Countermeasures to New Emission Standard of Air Pollutants (in Chinese)," *Electric Power Environmental Protection*, 2012, 28 (01): 12 – 14.

[9] Fu, R. , "Technical and Economic Analysis on the New Emission Standard of Air Pollutants for Thermal Power Plants (in Chinese)," *Energy Technology and Economics*, 2011, 23 (12): 56 – 60 + 65.

[10] Qin, Z. , "Technical and Economic Analysis on the Power Plant Denitration Project (in Chinese)," *Manager' Journal*, 2014, 2: 387.

[11] Wang, S. , "The Influence and Countermeasure on the Thermal Power Plants of China GuoDian Group From the Atmospheric Pollutant Emission Standard (in Chinese)," NanJing University of Information Science & Technology, Degree Paper, 2005.

[12] Wang, Z. S. , "Numerical Simulation on Effect of Coal – fired Power Plants and Industrial Boilers and Motor Vehicle Source Pollutants Emission Standards (in Chinese)," Chinese Research Academy of Environmental Sciences, Doctor Degree Paper, 2013.

[13] Wang, Z. , "Research on China's Power Industry Emissions of Sulfur Dioxide Control Mode under the New Standard Conditions (in Chinese)," Central South University, Doctor Degree Paper, 2013.

[14] Liu, Z. Q. , "Study on the Estimation of NO_x Emission from Thermal Power Industry in China (in Chinese)," North China Electric Power University, Doctor Degree Paper, 2008.

[15] Sheng, Q. , "The Study on Emission Standards for Main Sources of NO_x and Simulation of Their Environmental Impact (in Chinese)," Chinese Research Academy of Environmental Sciences, Doctor Degree Paper, 2011.

[16] Lin, B. Q, Liu, X. Y. , Zou, C. Y. , Liu, X. , "Resource Tax Reform: A Case Study of Coal from the Perspective of Resource Economics Social Sciences in China (in Chinese)," *Social Sciences in China*, 2012, 2: 58 – 78 + 206.

[17] Xie, J. , Saltzman, S. , "Environmental Policy Analysis: An Environmental Computable General Equilibrium Approach for Developing Countries," *Journal of Policy Modeling*, 2000, 4: 453 – 489.

[18] Dixon, P. B, Rimmer, M. , Dynamic General Equilibrium Modeling For Forecasting

and Policy: A Practical Guide and Documentation of Monash, 2002.

[19] Xu, Y. and Masui, T. , "Local Air Pollutant Emission Reduction and Ancillary Carbon Benefits of SO_2 Control Policies: Application of AIM/CGE Model to China," *European Journal of Operational Research*, 2009, 198: 315 - 325 .

[20] He, Y. X. , Zhang, S. L. et al. , "Economic Analysis of Coal Price - Electricity Price Adjustment in China based on the CGE Model," *Energy Policy*, 2010, 38: 6629 - 6637.

[21] Jean - Marc Burniaux & Truong Truong, "GTAP - E: An Energy - Environmental Version of the GTAP Model," https://www.gtap.agecon.purdue.edu/resources/res_display.asp?RecordID =923.

图书在版编目(CIP)数据

全球价值链、中国经济增长与碳排放 / 孟渤，高宇宁主编. -- 北京：社会科学文献出版社，2017.6
ISBN 978-7-5201-0736-5

Ⅰ.①全… Ⅱ.①孟… ②高… Ⅲ.①经济发展-关系-二氧化碳-排气-研究-中国 Ⅳ.①F124 ②X511

中国版本图书馆 CIP 数据核字（2017）第 088078 号

全球价值链、中国经济增长与碳排放

主　　编 / 孟　渤　高宇宁
副 主 编 / 薛进军　王　直

出 版 人 / 谢寿光
项目统筹 / 周　丽　高　雁
责任编辑 / 颜林柯

出　　版 / 社会科学文献出版社 · 经济与管理分社（010）59367226
地址：北京市北三环中路甲 29 号院华龙大厦　邮编：100029
网址：www.ssap.com.cn
发　　行 / 市场营销中心（010）59367081　59367018
印　　装 / 北京季蜂印刷有限公司

规　　格 / 开　本：787mm × 1092mm　1/16
印　张：16.5　字　数：273 千字
版　　次 / 2017 年 6 月第 1 版　2017 年 6 月第 1 次印刷
书　　号 / ISBN 978-7-5201-0736-5
定　　价 / 89.00 元